Katharine Gaskin, Justin Davis Smith, Irmtraut Paulwitz u. a.

Ein neues bürgerschaftliches Europa

Eine Untersuchung zur Verbreitung und Rolle von Volunteering in zehn Ländern

Herausgegeben von der Robert Bosch Stiftung

D1619550

Katharine Gaskin, Justin Davis Smith, Irmtraut Paulwitz

in Zusammenarbeit mit
Jorgen Anker, Dan Ferrand-Bechman, Marie-Thérèse Bregentzer,
Henk Jan van Daal, David Daniel, Freda Donoghue,
Stefan Ivanov Dontchev, François Durin, Ulla Habermann,
Roumiana Hristova, Eva Jeppsson Grassman, Inger Koch-Nielsen,
Katarina Košt'álová, Britta Olby, Sigrid Reihs, Helen Ruddle,
Michel Simon, Andrew Shaw, Lars Svedburg, Anne Verbeek

Ein neues bürgerschaftliches Europa

Eine Untersuchung zur Verbreitung und Rolle von Volunteering in zehn Ländern

Herausgegeben von der
Robert Bosch Stiftung

Lambertus

Das dieser Veröffentlichung zugrunde liegende Original wurde in englischer Sprache unter dem Titel „Katharine Gaskin/Justin Davis Smith: *A new civic Europe?* A study of the extent and role of volunteering" im Selbstverlag des „Volunteer Centre UK" in London 1995 veröffentlicht.

Aus dem Englischen übertragen von Irmtraut Paulwitz.

Die Deutsche Bibliothek – CIP-Einheitsaufnahme

Gaskin, Katharine:
Ein neues bürgerschaftliches Europa: Eine Untersuchung zur Verbreitung und Rolle von Volunteering in zehn Ländern/Katharine Gaskin; Justin Davis Smith; Irmtraut Paulwitz. In Zusammenarbeit mit Jorgen Anker ... Hrsg. von der Robert Bosch Stiftung.
[Aus dem Englischen übertragen von Irmtraut Paulwitz]. – Freiburg im Breisgau : Lambertus, 1996
Einheitssacht.: A new civic Europe? <dt.>
ISBN 3-7841-0896-2
NE: Smith, Justin Davis:; Paulwitz, Irmtraut:

(c) 1996, Lambertus-Verlag, Freiburg im Breisgau
Umschlaggestaltung: Grafik-Design Christa Berger, Solingen
Umschlagfoto: Uwe Stratmann, Wuppertal
Herstellung: Druckerei Rebholz GmbH, Freiburg im Breisgau
ISBN 3-7841-0896-2

Inhalt

11   Vorwort zur deutschen Ausgabe

12   Einführung zur deutschen Ausgabe: Die "Eurovol-Studie" im Kontext einer weltweiten Volunteer-Bewegung
Irmtraut Paulwitz

Studie "A new civic Europe?"

19   Vorwort

EINFÜHRUNG

20   1. Ausgangslage der Studie
21   2. Hintergrund der Studie
23   3. Ziel und Methoden
24   4. Aufbau des Berichts
24   5. Zielgruppe
24   6. Weitere Arbeit

Teil 1
DAS HISTORISCHE UND POLITISCHE UMFELD VON VOLUNTEERING IN EUROPA

25   Einleitung

26   1.   Zur Geschichte des Volunteering

28   1.1.   Die Entstehung des Wohlfahrtsstaates
31   1.2.   The mixed economy of welfare

31   2.   Konzept und Kultur des Volunteering

31   2.1.   Die Kirchen
32   2.2.   Volunteering in öffentlichen Einrichtungen
33   2.3.   Mitgliedschaft in Organisationen
33   2.4.   Bürgerpflicht
34   2.5.   Soziale Partizipation und Status der Frauen
35   2.6.   Beziehungen zum Staat

36   3.   Regierungspolitik hinsichtlich Volunteering und nicht-staatlicher Organisationen

38	4. Die Nachkriegszeit und die letzten zwei Jahrzehnte
38	4.1. Großbritannien
40	4.2. Republik Irland
42	4.3. Belgien
43	4.4. Niederlande
45	4.5. Deutschland
46	4.6. Frankreich
48	4.7. Dänemark
50	4.8. Schweden
51	4.9. Bulgarien
52	4.10. Slowakei
54	5. Volunteering und Arbeitslosigkeit
59	6. Zusammenfassung

Teil 2
VERBREITUNG UND GESTALTUNG VON VOLUNTEERING IN EUROPA

63	Einleitung
64	1. Verbreitung des Volunteering
64	1.1. Gesamtraten des Volunteering
64	1.2. Persönliche und demographische Merkmale des Volunteering
67	1.3. Sozio-ökonomische Merkmale des Volunteering
68	1.4. Häufigkeit des Volunteering
70	1.5. Zeitlicher Umfang des Volunteering
71	2. Organisatorische Einbindung der Volunteers
71	2.1. Anzahl und Art der Organisationen
73	2.2. Mitgliedschaft in Organisationen
73	3. Aufgabenbereiche der Organisationen
77	4. Art der unbezahlt geleisteten Arbeit
83	5. Zugang zu Volunteering
83	5.1. Möglichkeiten, Volunteering ausfindig zu machen
86	5.2. Einstieg in das Volunteering
87	5.3. Gründe für die Beteiligung am Volunteering

90   6.   Einarbeitung, Unterstützung und Supervision von Volunteers

91   6.1.   Einarbeitung in das Volunteering
92   6.2.   Angemessenheit der Einarbeitung
94   6.3.   Angemessenheit von Supervision, Unterstützung und Begleitung
95   6.4.   Rückerstattung von Auslagen

96   7.   Vorteile und Nachteile durch Volunteering

97   7.1.   Vorteile durch Volunteering
102   7.2.   Nachteile durch Volunteering

106   8.   Personen ohne Volunteer-Tätigkeit im Jahr 1994

106   8.1.   Gründe für Nicht-Volunteering
109   8.2.   Potentielle Volunteers

110   9.   Einstellung zu Volunteering

119   10.   Zusammenfassung der wichtigsten Strukturen und Trends

119   10.1. Schematische Erfassung des Volunteering in Europa
122   10.2. Charakteristische Ausprägungen in den einzelnen Regionen

Teil 3
ORGANISATION DES VOLUNTEERING IN EUROPA

127   Einleitung

128   1.   Untersuchte Organisationen

129   1.1.   Alter der Organisationen
131   1.2.   Einnahmen und Ausgaben der Organisationen
133   1.3.   Personal der Organisationen
133   1.4.   Management der Organisationen

135   2.   Arbeit der Organisationen

136   2.1.   Zielgruppen, die von den Organisationen unterstützt werden
139   2.2.   Die wichtigsten Arbeitsaufgaben der Organisationen
142   2.3.   Reichweite der Organisationen
146   2.4.   Zielgruppen der Organisationen und Umfeld ihrer Dienstleistungen

147   3.   Einbindung der Volunteers in die Organisation

147   3.1.   Die Ebenen der Einbeziehung und die organisatorische
                  Abhängigkeit
148   3.2.   Die Anzahl der in den Organisationen engagierten
                  Volunteers
150   3.3.   Die Fluktuation bei den Volunteers
151   3.4.   Der zeitliche Arbeitsaufwand der Volunteers
153   3.5.   Der Beitrag der Volunteers im Vergleich zu den Voll-
                  zeitbeschäftigten
153   3.6.   Die Volunteer-Tätigkeiten

157   4.   Gewinnung und Unterstützung von Volunteers

157   4.1.   Richtlinien für Volunteers
159   4.2.   Methoden zur Gewinnung von Volunteers
160   4.3.   Zugangsvoraussetzungen für Volunteers
162   4.4.   Verantwortung für die Gewinnung und Begleitung
                  von Volunteers
163   4.5.   Unterstützung und Einarbeitung von Volunteers
164   4.6.   Ausgaben der Orgnisationen für Volunteers

166   5.   Vorteile und Nachteile durch die Mitwirkung von Volunteers

166   5.1.   Vorteile durch die Mitwirkung von Volunteers
168   5.2.   Nachteile durch die Mitwirkung von Volunteers

170   6.   Herausforderungen im Bereich des Volunteering

170   6.1.   Hauptaufgaben, denen sich der frei-gemeinnützige
                  Sektor gegenübersieht
172   6.2.   Optimismus oder Pessimismus hinsichtlich der Zukunft
                  von Volunteering
174   6.3.   Einstellungen zum Volunteering

178   7.   Zusammenfassung der Diskussion zur Organisation des
           Volunteering

      Teil 4
      SCHLUSSFOLGERUNGEN

181   1.   Muster und Trends im Volunteering
184   2.   Die Kultur des Volunteering
186   3.   Die Gewinnung von Volunteers
186   4.   Förderung des Interesses am Volunteering

187   5.   Unterstützung und Einarbeitung
189   6.   Volunteering von jung und alt
190   7.   Volunteering und hauptamtliche Mitarbeiter
191   8.   Volunteering und finanzielle Förderung
192   9.   Volunteering und Demokratie
194   10. Ein neues bürgerschaftliches Europa?

ANLAGEN

199   1.   Zur Untersuchung des Volunteering in der
           Bevölkerungsstruktur

199   1.1.   Methodologische Aspekte
205   1.2.   Fragebogen: Volunteers in Europa

211   2.   Zur Untersuchung der Organisationsstruktur des Volunteering

211   2.1.   Methodologische Aspekte
218   2.2.   Fragebogen: Organisation des Volunteering

226   3.   Das Forschungsteam der Studie mit Anschriften

Ergänzungen zur deutschen Ausgabe

229   Zum aktuellen Stand freiwilligen Engagements in Deutschland
      und in einigen Ländern Europas
      Sigrid Reihs

241   Bürgerschaftliches Engagement und Professionalität
      Irmtraut Paulwitz

268   Literatur

272   Adressen von Anlauf- und Vermittlungsstellen

Vorwort zur deutschen Ausgabe

Die Eurovol-Studie „Ein neues bürgerschaftliches Europa. Eine Untersuchung zur Verbreitung und Rolle von Volunteering in zehn Ländern", die die Robert Bosch Stiftung hiermit in deutscher Bearbeitung vorlegt, setzt in mancherlei Hinsicht neue Maßstäbe.

Erstmals hat sich ein europaweites Forschungsvorhaben vergleichend mit dem Volunteering, dem freiwillig-ehrenamtlichen Engagement, befaßt.

Erstmals haben Forscherinnen und Forscher selbst diese Arbeit bewußt als Volunteering mit hohem ehrenamtlichen Einsatz geleistet.

Erstmals haben sich auch verschiedene private Stiftungen, als solche selbst Formen bürgerschaftlichen Engagements, miteinander für eine solche Studie eingesetzt. Indem die Robert Bosch Stiftung die deutsche Beteiligung ermöglichte, konnte überdies zum ersten Mal das wiedervereinigte Deutschland in den europäischen Vergleich einbezogen werden.

Die Aufnahme der auch für den innerdeutschen Dialog bedeutsamen Ergebnisse in der Öffentlichkeit hat die kritische Diskussion um Freiwilligkeit und ehrenamtliches Engagement in der Bürgergesellschaft wesentlich bereichert. Auf allen Ebenen unseres Gemeinwesens wächst die Erkenntnis, daß die Freiwilligkeit der Bürgerinnen und Bürger ein kostbares, aber vernachlässigtes Gut ist.

Die Eurovol-Studie kann diese Erkenntnis vertiefen. Wir danken darum allen, die sie erarbeitet, und allen, die Fragebogen beantwortet oder sich für Interviews zur Verfügung gestellt haben, und nicht zuletzt den anderen Stiftungen und Partnern bei der Förderung.

Wir hoffen, daß diese Veröffentlichung Anstöße gibt zum besseren Verständnis, zur weiteren Verbreitung und zur klugen Ermutigung bürgerschaftlichen Engagements in und für Europa.

Stuttgart, Juni 1996

Robert Bosch Stiftung
Dr. Ulrich Bopp

Einführung zur deutschen Ausgabe:

Die „Eurovol-Studie" im Kontext einer weltweiten Volunteer-Bewegung

Irmtraut Paulwitz

Freiwilliges und bürgerschaftliches Engagement – im angelsächsischen Sprachraum „Volunteering" genannt – ist nicht nur in Europa, sondern in aller Welt ein historisch gewachsenes Phänomen, das für mitmenschliche Solidarität Zeichen setzt. Im Westen wie im Osten, im Süden wie im Norden sind weltweit Tag für Tag, Stunde um Stunde Menschen als Volunteers unterwegs und tätig. Oft wirken sie still im Verborgenen und unscheinbar, aber auch in öffentlich-brisanten, ökologisch lebensrettenden, sozial selbstaufreibenden und friedenstiftenden Situationen. Ihre Tätigkeiten sind häufig mit viel persönlichem Einsatz und wenig mit „Amt" und „Ehre" verbunden. Weltweit werden Menschen aller Altersgruppen, aller Kulturen und Hautfarben, aus allen Lebenslagen kommend als Volunteers aktiv. Auf allen Kontinenten werden Bürgerinnen und Bürger als Volunteers mit der Überzeugung auf den Plan gerufen, daß weder privates noch staatliches Handeln allein ausreicht, lokale und globale Angelegenheiten ohne ihre Volunteer-Beteiligung als Grundlage für eine Solidargemeinschaft zu lösen. Sie betrachten ihr Engagement als einen persönlichen Beitrag zur sozialen, kulturellen, umweltbezogenen und wirtschaftlichen Entwicklung in einer sich verändernden Welt.

Zur öffentlichen Vertretung und Verbreitung solcher gemeinsamen Ziele wurde in den 70er Jahren die Weltorganisation *International Association for Volunteer Effort* (IAVE) in den USA ins Leben gerufen. Inzwischen gehören diesem *Internationalen Zusammenschluß zur Förderung von freiwilligem und bürgerschaftlichem Engagement* als Mitglieder Volunteers, Professionelle und Organisationen vor allem des nicht-staatlichen gemeinnützigen Voluntary und Volunteer-Sektors aus beinahe 100 Ländern aller Kontinente der Welt an.

Mit einer *Universal Declaration on Volunteering* wurde 1990 auf der IAVE-Weltkonferenz in Paris gemeinsam eine weltweit verbindende Handlungsgrundlage erarbeitet und verabschiedet. In der Präambel wird – in Anlehnung an die Menschenrechtskonvention (1948) – richtungsweisend festgehalten, „daß jeder Mensch das Recht auf freie

Vereinigung und auf Zusammenschluß zu friedlichen Zwecken hat". Darauf aufbauend wurde eine nationenübergreifende *Definition von Volunteering* mit folgenden *Merkmalen* entwickelt:

(a) Freiwilliges Engagement basiert auf persönlicher Motivation und Wahlmöglichkeiten. Es entsteht aus freiem Willen, mit eigener Entscheidung und ist ein Weg zur bürgerschaftlichen Beteiligung im Gemeinwesen. Freiwilliges und bürgerschaftliches Engagement findet in Form von Aktivitäten einzelner oder in Gruppen statt und wird in der Regel im Rahmen einer Organisation ausgeübt.

(b) Durch die Förderung von Volunteer-Engagement werden zwischenmenschliche Solidarität und alltägliche Lebensqualität als Humanvermögen erhöht.

(c) Im Streben nach einer besseren und Frieden liebenden Welt gibt freiwilliges und bürgerschaftliches Engagement Antworten auf große Herausforderungen unserer Zeit. Es kann zur wirtschaftlichen Belebung beitragen und sogar Arbeitsplätze durch neue Berufsprofile (Professionen) schaffen.

In diesem Sinne haben sich die IAVE-Mitglieder in ihrer Deklaration auf grundlegende *Handlungsprinzipien* geeinigt:

(a) Volunteers erkennen das Recht eines jeden Menschen (Mann, Frau oder Kind) zu freier Vereinigung an, unabhängig von Herkunft, Religionszugehörigkeit, körperlichen, psychosozialen und materiellen Lebensbedingungen. Sie respektieren die Würde und die Kultur jedes einzelnen Menschen.

(b) Volunteers gewähren anderen im partnerschaftlichen Umgang unentgeltliche Unterstützung; sie handeln in dieser Form in der Regel durch ihre Zugehörigkeit zu einer freien gemeinnützigen Organisation. Sie decken Bedarfslagen im Gemeinwesen auf und bewirken Beteiligung bei der gemeinsamen Problembewältigung.

(c) Über freigewähltes Engagement können Volunteers ihre persönlichen Potentiale fördern. Sie gewinnen neue Fertigkeiten und Wissen, sie entfalten eigene Fähigkeiten, Selbständigkeit und Kreativität. Sie können Mitmenschen dazu anregen, ebenfalls aktiv zu werden und bei Problemlösungen auch selbst Hand anzulegen.

(d) Volunteers setzen auf diese Weise ein Beispiel zur Übernahme von sozialer Verantwortung und fördern damit Solidarität in Familien, im Gemeinwesen und im internationalen Verbund.

Neben diesen übergeordneten Handlungsprinzipien gibt die Volunteer-Deklaration auch *Anhaltspunkte für konkrete Handlungsweisen*:

(a) Freiwillig Tätige sollten im Rahmen ihres eigenen Engagements Menschen in ihrer Reichweite gezielt ansprechen und persönlich zum Mitwirken ermutigen.

(b) Durch aktives Nachfragen bei ihren Organisationen hinsichtlich allgemeiner Information und Bekanntgabe von Richtlinien, Zielen und Arbeitsgrundlagen sollten Volunteers gute eigene Arbeitsbedingungen fordern. Parallel dazu sollten Volunteers für den Entwurf von gemeinsam festgelegten Tätigkeiten sorgen und sich dabei auf ihre persönlichen Fähigkeiten, ihre verfügbare Zeit und abgestimmten Verantwortlichkeiten verlassen können.

(c) Die Zusammenarbeit mit weiteren Mitgliedern der Organisation sollte in einem Geist gegenseitiger Achtung und Verständigung stattfinden. Bei Bedarf sollten Volunteers Fortbildung erhalten, und sie sollten bei ihren Tätigkeiten Vertraulichkeit wahren.

Damit ein optimales Zusammenspiel gelingt, haben die IAVE-Mitglieder in ihrer Volunteer-Deklaration auch *für die beteiligten Organisationen Mitarbeitsvoraussetzungen* definiert:

(a) Organisationen, die die Menschenrechte und die Grundprinzipien für freigewähltes Engagement achten, sollten entsprechende Rechte und Pflichten für Volunteer-Aktivitäten bestimmen; sie sollten die Bedingungen für Volunteer-Beteiligung im Einzelfall regeln und dafür sorgen, daß diese Vorgaben von allen Seiten eingehalten werden.

(b) Die Organisationen sollten jedem einzelnen Volunteer passende Aufgaben übertragen und dazugehörige Einarbeitung, Begleitung sowie regelmäßige Anerkennung für die Mitwirkung sichern.

(c) Volunteers sollten durch die Organisation angemessenen Schutz durch Versicherung gegenüber Gefahren bei der Ausübung ihrer Tätigkeiten und Haftpflichtversicherung bei Schäden an dritten Personen erfahren.

(d) Durch Vergütung von Auslagen sollten die Organisationen Zugang zu freigewähltem bürgerschaftlichen Engagement für alle Menschen schaffen.

(e) Zu einem qualifizierten Handlungskonzept durch die Organisationen gehört auch die Festlegung von Bedingungen, unter denen das Engagement-Bündnis von beiden Seiten beendet werden kann.

Mit einer abschließenden Proklamation am Ende der „Charta" zum freiwilligen und bürgerschaftlichen Engagement fordern die Mitglieder des IAVE-Zusammenschlusses weltweit Regierungen, internationale Einrichtungen, Geschäftswelt und Medien zu einem gemeinsamen und partnerschaftlichen Handlungsbündnis auf. Es gilt eine Welt zu schaffen, die Zugang zum Volunteer-Engagement für alle Menschen fördert und unterstützt als ein Zeichen der Solidarität zwischen Menschen und Nationen (vgl. Universal Declaration on Volunteering, 14. September 1990). Im Kontext dieser, sich weltweit Geltung verschaffenden IAVE-Rahmenkonzeption zur Förderung und Verbreitung des Volunteer-Engagements sind in *14 Weltregionen* geographisch zugeordnete Arbeitsbündnisse entstanden. Dort finden alle zwei Jahre – im Wechsel mit der IAVE-Weltkonferenz – regelmäßige Volunteer-Kongresse zum fachlichen und persönlichen Lehr- und Lernaustausch statt; dort werden regionale, nationale bis lokale Ziele und Arbeitsprogramme rund um das Volunteering vorgestellt, diskutiert und handelnd auf den Weg gebracht; dort wird miteinander und voneinander gelernt; dort werden neue Ländervertretungen und Einzelpersonen wie „neue Familienangehörige" empfangen und in die Volunteer-Gemeinschaft aufgenommen. Dort begegnen sich jung und alt, Arme und Reiche, Inländer/innen und Ausländer/innen, Volunteers mit Handicaps, Interessierte aus Wissenschaft, Wirtschaft, Politik, Kunst, Kultur und Religionsgemeinschaften. Alle Beteiligten und Interessierten sind willkommen, wenn das oberste Ziel der Förderung von Volunteering im Mittelpunkt bleibt, wenn anstelle von Macht- und Ohnmachtsverhältnissen Gemein-Sinn und zwischenmenschliche Partnerschaft praktiziert werden. Niemand der Hinzutretenden wird zu etwas gezwungen. Es gibt keine abgerungene IAVE-Mitgliedschaft ohne eigene freiwillige Entscheidung, keine Hierarchisierungen, keine Ausgrenzungen.

Die Leitungskomitees für IAVE und die Unterregionen werden demokratisch alle vier Jahre nach einer gemeinsam erarbeiteten Satzung weltweit durch IAVE-Mitglieder gewählt. Die Präsidentschaft liegt seit zwei Wahlperioden bei einer „ehrenamtlichen" Frau und Mutter aus Sydney, Australien.

Eines dieser 14 IAVE-Weltarbeitsbündnisse wird durch die geographische *Region „Europa"* gebildet. Seit der Öffnung des Eisernen Vorhangs sind in wachsender Zahl Volunteer-Vertretungen aus fast allen europäischen Ländern miteinander vernetzt und in einen dialogischen Austausch getreten. Europabezogene Volunteer-Konferenzen fanden seit Beginn der 80er Jahre in folgenden Ländern statt: Schweiz, Großbritannien, Israel, Niederlande, Frankreich, Spanien, Dänemark, Rußland und Schweden. Bisher sind deutsche Repräsentanten in diesem internationalen IAVE-Volunteer-Verbund leider nur spärlich vertreten; Deutschland hat bisher auch noch nicht zu einem europaweiten Volunteer-Kongreß eingeladen.

Entsprechend der weltweiten IAVE-Rahmenkonzeption werden zur Zeit im europaweiten Volunteer-Arbeitsbündnis folgende *Ziele und Aufgaben* verfolgt:

(a) Aufbau und Unterstützung von nationalen Volunteer-Ressourcen-Zentren als „Plattform" für Konsensbildungsprozesse und als „Gegenüber" sowohl für Regierungen als auch für den bezahlten, professionalisierten Dienstleistungssektor.

(b) Sicherstellung von Rechten und Pflichten für einen freien Zugang jedes Menschen zum Volunteer-Engagement, auch über nationale Grenzen hinweg.

(c) Entwicklung einer europaweiten Vernetzung aller vorhandenen, nationalen Volunteer-Infrastrukturen durch die Herstellung von Informationsmaterialien in englischer Sprache für den internationalen Austausch.

In ganz Europa wurde der internationale *Day on Volunteering* am 5. Dezember eines jeden Jahres eingeführt. 1995 wurde er erstmals in Brüssel auf Einladung des *European Volunteer Centre* (in Verbindung mit UNESCO und UNO, unterstützt von der Europäischen Kommission und dem Europarat) mit Volunteers und professionellen Gästen aus europäischen Ländern im Europäischen Parlament begangen (vgl. European Volunteer Centre, 1996).

Zum jüngsten fachlichen Schwerpunkt in allen IAVE-Weltregionen gehören gegenwärtig nationale und international vergleichende Forschung und Evaluationsbestrebungen zum Phänomen „Volunteering".

Überall entstehen Fragen nach Volunteer-Handlungsergebnissen, nach soziokulturellen und sozialpolitischen Ausgangslagen, nach dem infrastrukturellen Bedingungsgefüge und nach den Motivationen der Menschen, die sich als Volunteers verstehen und sich selbst dem Volunteering zuordnen. Es geht um Einblicke in soziale Milieus, die öffentlichen und fachlichen Augen nicht unbedingt zugänglich sind.

In diesem Umfeld steht auch die hier vorgelegte „Eurovol-Studie". Das Forschungskonzept entwickelte sich aus der Begegnung europäischer Volunteers und Professioneller: Wir wollten Detaillierteres voneinander erfahren, als wir uns dies gegenseitig bei den Volunteer-Kongressen oder durch Besuche vor Ort im anderen Land übermitteln konnten.

Die Ausgangslage dieses Forschungsvorhabens war allerdings nicht viel anders als bei jedem „gewöhnlichen" Volunteering-Beginn: Die Arbeitsbegeisterung und Neugier für diese Forschungsidee in einer internationalen, konzertierten, mehr oder weniger Volunteer-Aktion war groß, aber wo waren die erforderlichen Ressourcen zu finden? Das Forschungsteam war hochmotiviert und „ehrenamtlich" rasch arbeitsfähig zusammengetreten; es war bereit, viel private Zeit und weite Anreisewege an freien Wochenenden in Kauf zu nehmen, aber war unser hochgestecktes Forschungsziel binnen eines Jahres erreichbar?

Die Sprachbarrieren zwischen englisch-, französisch- und deutschsprachigen Forscherinnen und Forschern[1] wurden mittels Volunteer-Unterstützung überwunden, aber würden wir uns fachlich über unterschiedliche sozio-kulturelle, rechtliche und politische Traditionen, über wissenschaftliche Einstellungen und Begrifflichkeiten gegenseitig genügend verständlich machen können?

Wir alle wußten viel über Theorie und Praxis von Volunteering im eigenen Land, aber würde es uns wirklich gelingen, Volunteering in Europa in seinem Facettenreichtum realistisch zu beleuchten und in einer gemeinsamen Studie zu erfassen?

Das Vorhaben kam in Gang, in Deutschland durch die Unterstützung der Robert Bosch Stiftung. Ihr gilt unser besonderer Dank. Am 2. Juni 1995 wurde die „Eurovol-Studie" in London einem international ausgewählten Volunteer- und Fachpublikum in Anwesenheit von Vertretern europäischer Regierungen vorgestellt. Das Echo auf das gemeinsame „Eurovol-Werk" war beeindruckend.

Wir danken allen, die sich auf das Eurovol-Projekt eingelassen haben und sich befragen ließen: Volunteers, die aufgezeigt haben, was sie tun, warum sie tätig werden und wo sie sich Verbesserungen ihrer Handlungsbedingungen wünschen.

Wir – zusammen mit Sigrid Reihs habe ich den deutschen Landesreport für die „Eurovol-Studie" erstellt – danken den Wohlfahrtsorganisationen in der Bundesrepublik Deutschland, die auf unsere umfangreichen Fragen schriftlich geantwortet haben und sich dadurch „in ihre Karten schauen ließen".

Wir danken insbesondere Dr. Katharine Gaskin und Dr. Justin Davis Smith für ihr fachliches und kollegiales Engagement. Sie mußten sich beim Zusammentragen der nationalen Forschungsergebnisse zu einer europaweiten Gesamtstudie am meisten mit den „Sprachverwirrungen Babylons" in Theorie und Praxis auseinandersetzen und für den „Eurovol"-Bericht verantwortbare Lösungswege wählen. Die deut-

---

[1] Bei der Übersetzung der Studie konnte die weitgehend fehlende Form der weiblichen Endung leider nicht aufgearbeitet werden.

sche Übersetzung in ein bestmögliches Volunteering-Verstehen hat wiederum erhebliche sprachliche Probleme bereitet.

Wir danken allen Kolleginnen und Kollegen im Forschungsteam für diesen einzigartigen Prozeß des gemeinsamen Antwortsuchens auf die Leitfrage: Was ist der „Eigen-Sinn" und was ist der „Gemein-Sinn" von Volunteering in Europa?

Studie "A new civic Europe?"

Vorwort

Unser Dank gilt zunächst allen Personen und Organisationen, die bei der Entstehung des nachstehend beschriebenen Projektes mitgewirkt haben.

Die Durchführung dieser Studie wäre nicht möglich gewesen ohne die Unterstützung der *Nuffield Foundation* und den engagierten Einsatz ihrer stellvertretenden Direktorin Pat Thomas.

Für die Bereitstellung finanzieller Mittel danken wir Paul Ramadier und seinen Kollegen am *Directorate General XXIII* der Europäischen Kommission, das die Koordination dieses Projektes finanziert hat, sowie einer Reihe von Stiftungen (einschließlich nationaler Regierungen), die Gelder für die Länderreports zur Verfügung gestellt haben. Besonderer Dank gilt den Mitgliedern der nationalen Forschungsteams (siehe S. 226 f.), die für die Durchführung der Untersuchung in den einzelnen Ländern verantwortlich waren und die zur Planung des Gesamtprojektes wesentlich beigetragen haben. Im Grunde genommen sind sie alle als Mitautoren dieser Studie zu betrachten.

London, Juni 1995

Katharine Gaskin
Justin Davis Smith

Einführung

1. AUSGANGSLAGE DER STUDIE

Das Interesse an Volunteering nimmt zu. Der Trend in den letzten
Jahren – weg von der staatlichen Wohlfahrt, hin zu einem mehr plu-
ralistischen System der Versorgung – hat bei den meisten europäi-
schen Regierungen dazu geführt, daß der *voluntary sector*[1] und die
Volunteers eine größere Rolle bei der Übernahme von direkten
Wohlfahrtsleistungen (und anderen Diensten) spielen.

Daneben gibt es allgemeine demographische und sozio-ökonomische
Trends, die zu einer Steigerung des Interesses an Volunteering führen.
Die alternde Bevölkerung hat eine Diskussion darüber ausgelöst, wel-
che Bedeutung Volunteering als Beitrag zum „aktiven Ruhestand" ha-
ben kann, während die anhaltend hohen Arbeitslosenzahlen über große
Teile des Kontinents hinweg die Frage aufwerfen, inwieweit das Volun-
teering eine zusätzliche Qualifikation mit sich bringt bzw. eine sinnvolle
Tätigkeit für Menschen außerhalb des Arbeitsmarktes darstellt.

In den Ländern des Ostens und Mitteleuropas trägt Volunteering zum
Wiederaufbau der Demokratie nach den Umwälzungen Ende der 80er
Jahre und zur Entwicklung einer neuen „Bürgergesellschaft" bei. Eine
neue Infrastruktur des nicht-staatlichen Sektors entsteht, und von
Volunteers wird ein Beitrag zur Herstellung demokratischer Einrich-
tungen und zur Hilfestellung bei der Leistung von kostengünstigen
Diensten erwartet.

Auch in den westlichen Ländern wird dem Volunteering eine gewisse
Rolle bei der Entwicklung demokratischer Prozesse und bei der
Überbrückung der Kluft zwischen Bürgern und Staat zugeschrieben.
Die Kommunitarismus-Theorien von Amitai Etzioni und anderen, die
großes Gewicht auf freiwilliges Tätigwerden legen, haben bereits im
politischen Umfeld Beachtung gefunden.

Innerhalb der Europäischen Union besteht großes Interesse am
Volunteering, und das seit langem erwartete *White Paper on Associa-
tions and Foundations*, erstellt vom *Directorate General XXIII*, wird
die Sichtweise der Europäischen Kommission hinsichtlich des Volunteering innerhalb der Mitgliedstaaten darstellen.

---

[1] Die engl. Bezeichnung „*voluntary*" steht für nicht-staatlich, frei-gemein-
nützig im Sinne freier Träger, wie z. B. Wohlfahrtsverbände (siehe dazu Olk,
1991: 37 ff).

Dieses Interesse ist nicht nur auf Europa beschränkt. Eine kürzlich veröffentlichte internationale Vergleichsstudie der freien gemeinnützigen Sektoren in zwölf Ländern zeigt den wachsenden Einfluß nicht-staatlicher Einrichtungen und des Volunteering weltweit (vgl. Salamon, Anheier 1994). Gleichzeitig verweist die Welt-Gipfelkonferenz der Vereinten Nationen über soziale Entwicklung in Kopenhagen im März 1995 sowohl in ihrer Schlußerklärung als auch in ihrem Aktionsprogramm auf die Bedeutung der „Förderung sozial nützlicher Volunteerarbeit und die Zuweisung geeigneter Ressourcen zur Unterstützung dieser Arbeit" (vgl. Community Development Foundation 1995).

Die Annahme, daß das Interesse an Volunteering nur dadurch verstärkt wurde, wäre jedoch falsch. Der Bericht der *European Values Group* hat, zum Teil als Reaktion auf abnehmendes Vertrauen in öffentliche Einrichtungen und in die formalen Mechanismen der Demokratie, auf ein Ansteigen der Unterstützung individueller wie auch kollektiver Aktionsformen im vergangenen Jahrzehnt hingewiesen. Der Bericht folgert daraus: „Die Bevölkerungen von Europa und Nordamerika neigen eher dazu, sich bei spontaner, jedoch vorwiegend rechtlicher, politischer Aktion für spezielle Anliegen zu engagieren, als dies ein Jahrzehnt zuvor der Fall war. Dies kann durch die wachsende Bedeutung von post-materialistischen Vorrechten in Verbindung mit stärkerer Selbstdarstellung, durch fehlendes Vertrauen in parlamentarische Institutionen und durch die allgemeine Unzufriedenheit mit dem politischen Prozeß erklärt werden." (vgl. Barker u. a. 1992).

Innerhalb dieses Kontextes, des steigenden Interesses der öffentlichen Politik an Volunteering einerseits und der zunehmenden öffentlichen Unterstützung von bürgerschaftlichem Handeln andererseits, hat das *Volunteer Centre UK* diese Untersuchung über Volunteering in Europa in die Wege geleitet.

2. HINTERGRUND DER STUDIE

Die Untersuchung begann im August 1993 nach einem internationalen Seminar im Oktober 1992 in London, das vom *Volunteer Centre UK* organisiert und von der *Nuffield Foundation* bezuschußt wurde. Sie sollte den gegenwärtigen Erkenntnisstand über das europäische Volunteering überprüfen. Wissenschaftler und Praktiker aus ganz Europa waren nach London zur Teilnahme an dem zweitägigen Seminar und zur Berichterstattung über den Forschungsstand zum Volunteering in ihren eigenen Ländern eingeladen. Die Ergebnisse wurden später vom *Volunteer Centre UK* unter dem Titel „Volunteering in Europe. Opportunities and challenges for the 1990s" publiziert (vgl. Smith, 1993). Auch wenn diese Veröffentlichung Zeugnis ablegt, daß es in vielen Ländern ein verbreitetes Wissen über Volunteering gibt, hat sie doch aufgezeigt, daß große Lücken bestehen, und zwar insbesondere, daß zuverlässige Vergleichsdaten von Volunteering in ganz Europa fehlen. Die Konferenz stellte fest, daß der Mangel an solchen Informationen ein großes Hindernis für ein besseres Verständnis der Dynamik des Volunteering darstellt. Es bestand Übereinstimmung darin, nach Mitteln zur Durchführung einer Vergleichsstudie zu suchen.

Das *Volunteer Centre UK* übernahm die Federführung beim Versuch, die erforderlichen Geldmittel für das Projekt zu erlangen. Im April 1993 war die *Nuffield Foundation* bereit, die Koordination einer Untersuchung zur Erforschung des Erscheinungsbildes von Volunteering in zehn Ländern zu bezuschussen. Die Ausgangslage für die Auswahl der Länder war, daß man an die Teilnehmer der Konferenz 1992 herantrat, die Interesse an einer weiteren Forschung zum Ausdruck gebracht hatten. Die Verfügbarkeit von Ressourcen war ein zusätzlicher Faktor im Auswahlprozeß, denn die teilnehmenden Länder mußten die Geldmittel für die Durchführung ihrer eigenen, nationalen Untersuchung selbst finden. Hauptanliegen war jedoch, eine repräsentative Auswahl von verschiedenen geographischen, kulturellen und politischen Bereichen innerhalb Europas zu bekommen. Schließlich wurden die folgenden zehn Länder zur Teilnahme an der Studie ausgewählt:

Belgien (nur französischsprechender Teil)	Frankreich
Bulgarien	Niederlande
Dänemark	Republik Irland
Deutschland	Slowakei und
Großbritannien	Schweden

In dieser Liste fällt auf, daß Länder aus dem südlichen Europa nicht vertreten sind. Es ist zu hoffen, daß ein oder mehrere Länder dieser Region, z.B. Spanien oder Italien, sich in der Zukunft zu einer entsprechenden Untersuchung aller oder einzelner Teile dieser Studie entschließen werden.

Zur Steuerung der Untersuchung wurde eine Leitungsgruppe eingesetzt. Diese bestand aus Vertretern der nationalen Forschungsteams und einer leitenden Forscherin vom *Centre for Research in Social Policy at Loughborough University of Technology*, die vom *Volunteer Centre UK* zur Durchführung der Studie in Großbritannien und zur

Koordination des Gesamtprojektes ausgewählt wurde. Im Verlauf des Projektes traf sich die Leitungsgruppe viermal.

3. ZIEL UND METHODEN

Die Leitungsgruppe hat drei getrennte Abschnitte der Studie festgelegt:

(a) *Eine Überprüfung der Regierungspolitik hinsichtlich des Volunteering:* In jedem Land sollte eine Überprüfung des Umfeldes von Volunteering durchgeführt werden. Ein kurzer historischer Rückblick und eine Beschreibung der politischen und kulturellen Einbettung des Volunteering sollte darin eingeschlossen sein (siehe Teil 1).

(b) *Ein Überblick über das Volunteering:* Um vergleichbare Daten über das Volunteering aus jedem der Länder zu erhalten, sollte eine Reihe von Fragen in allen beteiligten Ländern beantwortet werden (Omnibus Studie). Informationen sollten gesammelt werden zu Auftreten, Ausprägung, Häufigkeit und Verflechtung von Volunteering; zu den Gründen, weshalb und wie Menschen dazu kommen, Volunteers zu werden (oder Gründe weshalb nicht); zur Einarbeitung, Supervision und Unterstützung, die Volunteers erhalten; zu den Vor- und Nachteilen von Volunteering; zur öffentlichen Einstellung zum Volunteering.

(c) *Eine Studie zur Organisation des Volunteering:* In jedem Land sollte eine Untersuchung von Wohlfahrtseinrichtungen mit Volunteer-Beteiligung durchgeführt werden, um auch dazu eine Reihe von gemeinsamen Fragen zu beantworten. Diese bezogen sich auf die organisationsmäßige Unterstützung des Volunteering, einschließlich der Methoden der Mitarbeitergewinnung, auf die Einarbeitung und das Vorhandensein oder Fehlen eines verantwortlichen Mitglieds im Mitarbeiterstab sowie auf die Organisationsregelungen für das Volunteering. Die Einrichtungen sollten aus einem breiten Spektrum der Wohlfahrtspflege ausgewählt werden und Organisationen einschließen, die in der Arbeit mit älteren Menschen, Behinderten, chronisch Kranken, Obdachlosen, Drogen/Alkohol-Abhängigen, Verbrechensopfern, psychisch Kranken, in der allgemeinen sozialen Fürsorge und in der Dritten Welt-Hilfe tätig sind. Die Auswahl sollte sich auf alle diese Gebiete erstrecken und je nach Eignung soziale Einrichtungen in öffentlicher sowie frei-gemeinnütziger Trägerschaft enthalten. Fallstudien sollten herangezogen werden, um die Informationen der Studie zur Organisation des Volunteering zu ergänzen.

Eine detaillierte Erklärung der für jeden der drei Teile angewandten Methoden wird am Beginn eines jeden Kapitels und im Anhang des Berichts gegeben.

4. AUFBAU DES BERICHTS

Die Gliederung des Berichts folgt eng den drei oben beschriebenen Abschnitten: Teil 1 (S. 25 ff.) gibt einen Überblick über das Umfeld von Volunteering in den einbezogenen Ländern. Teil 2 (S. 63 ff.) stellt die Ergebnisse der Einzelumfragen (Omnibus Studie) dar, und Teil 3 (S. 127 ff.) referiert die Befunde der organisationsbezogenen Untersuchungen. Der letzte Teil (S. 181 ff.) faßt die Studie zusammen und stellt Schlüsselfragen für Politik und Praxis.

5. ZIELGRUPPE

Wir hoffen, daß der Bericht all diejenigen erreicht, die Interesse an der Erforschung und an der Praxis des Volunteering haben. Forschern wird er nützliches Basismaterial für weitere, in die Tiefe gehende Analysen des Volunteering vermitteln; Praktikern wird er wichtige Einsichten in die Arbeit des Volunteering im eigenen Land und in anderen Ländern bieten; bei Politikern auf nationaler und europäischer Ebene wird er Interesse wecken und Anregungen geben, wie das Volunteering am besten gefördert und unterstützt werden kann.

6. WEITERE ARBEIT

Der Bericht bezieht sich nur auf einen Teil der vielen, innerhalb der Zwei-Jahres-Studie (1993 – 1995) gesammelten Daten. Zwischen einer detaillierten Analyse der gesammelten Informationen und einer Überlastung des Lesers mit Material mußte ein Zwischenweg gefunden werden. Wir denken, daß wir dieses Gleichgewicht erreicht haben. Natürlich mußte dabei viel interessantes Informationsmaterial, besonders in bezug auf einzelne Länder, weggelassen werden. Wir hoffen, daß dies nur die erste Studie aus einer Reihe von nachfolgenden Berichten sein wird und daß sowohl weitere Darstellungen von einzelnen Ländern als auch mehr in die Tiefe gehende, statistische Analysen zu gegebener Zeit folgen werden.

Teil 1
Das historische und politische Umfeld von Volunteering in Europa

EINLEITUNG

Quer durch den ungleichen europäischen Kontinent hindurch gibt es ein gemeinsames Merkmal: eine lange Geschichte von Menschen, die in ihren Kommunen unbezahlte Arbeit leisten. Diese tief verwurzelte Tradition des Volunteering wurde von kulturellen, religiösen, politischen und wirtschaftlichen, von Land zu Land wechselnden Faktoren gestaltet und geprägt. Die Auswirkung dieser Faktoren ist vielleicht in Osteuropa am dramatischsten sichtbar, wo der Einfluß des Kommunismus beinahe das ganze Jahrhundert hindurch das Volunteering und den frei-gemeinnützigen Sektor tiefgreifend verändert hat; politische und gesellschaftliche Momente haben hier unverwechselbar ihre Spuren hinterlassen.

In den vergangenen Jahren hat in der Sozialpolitik vieler europäischer Länder eine Veränderung stattgefunden: Der nicht-staatliche Sektor und sein Stellenwert bei der Versorgung mit Wohlfahrtsdiensten hat zunehmend an Bedeutung gewonnen. In einigen Ländern haben der Rückzug und die Neustrukturierung des Wohlfahrtsstaates infolge des wirtschaftlichen und sozialen Drucks zu einer ansteigenden, hohen Profilierung der freiwilligen Dienste geführt. Dagegen haben in den letzten vier bis fünf Jahren in früheren kommunistischen Staaten wirtschaftliche Krisen und die Aufhebung staatlicher Restriktionen ein Wiederaufleben frei-gemeinnütziger Organisationen bewirkt. In beiden Situationen gewinnen Volunteers eine neue Bedeutung, auch wenn die politischen Einstellungen zum Volunteering von Land zu Land beträchtliche Abweichungen zeigen.

Das politische Gewicht, das Volunteers und frei-gemeinnützige Organisationen bei der Leistung von Wohlfahrtsdiensten zugeschrieben wird, sollte jedoch die Tatsache nicht verschleiern, daß das Volunteering traditionell viele unterschiedliche Tätigkeitsbereiche umfaßt; dazu gehören Sport und Freizeit, Umwelt und historisches Erbe, Kunst und Kultur, Religion und Politik. Die Beteiligung von Volunteers auf diesen Gebieten wird in Teil 2 untersucht. Wegen der aktuellen Gewichtung nimmt das soziale Volunteering in diesem Teil eine zentrale

Stelle ein; die Organisationsformen des Volunteering innerhalb dieses Feldes sind Thema von Teil 3.

Teil 1 faßt die von jedem Forschungsteam vorgelegten nationalen Länderberichte zusammen, soweit sie über den Kontext, in dem sich in ihren Ländern ein Volunteering entwickelt hat, Aussagen enthalten. Der Blick ist dabei besonders auf das politische Klima, die Haltung und Vorgehensweisen von Regierungen sowie auf die Beziehung zwischen Volunteering und Staat gerichtet. Wir beginnen mit einem Abriß über die Geschichte des Volunteering in den einzelnen Ländern.

1. ZUR GESCHICHTE DES VOLUNTEERING

Volunteering existiert in Europa seit Jahrhunderten. Viele Länder betonen, daß sie eine lange Tradition von freiwilliger Arbeit aufweisen können.

In Dänemark haben sich seit Jahrhunderten die Familie, frei-gemeinnützige Organisationen, die Kirche und der Staat die Verantwortung in der Fürsorge und der allgemeinen öffentlichen Wohlfahrt geteilt. Wohltätigkeitsvereinigungen, die den Armen halfen, bildeten sich schon Ende des 17. Jahrhunderts. Zusammen mit lokalen Behörden füllten sie – nachdem die katholische Kirche durch die Reformation abgelöst worden war – allmählich die Lücken in der sozialen Versorgung (vgl. Habermann 1993). Irland rühmt sich ebenfalls einer langen Tradition freiwilliger Tätigkeit, die ihren Ursprung wie in vielen anderen Ländern in der Philanthropie, d.h. in der Anerkennung einer Verpflichtung der Reichen gegenüber den Armen, und in der Sozialethik der katholischen Kirche hat (vgl. Ruddle/Donoghue 1993/1995). In Deutschland war bis zur Reformation im 16. Jahrhundert, wie in Dänemark, die Armenhilfe ein Ressort der Kirche, deren Aufgaben allmählich lokalen Behörden übergeben wurden, wobei aber nicht-staatliche Organisationen weiterhin die Arbeit der „Armenpolizei" ergänzten (vgl. Paulwitz 1994b). In Großbritannien läßt sich die Entwicklung organisierter, frei-gemeinnütziger Aktivitäten bis mindestens in das 16. Jahrhundert zurückverfolgen. Die Slowakei berichtet von der Einrichtung „nicht-staatlicher, öffentlicher Dienste und frei-gemeinnütziger Organisationen" im 18. Jahrhundert, und auch Bulgarien spricht von tief verwurzelten, traditionellen Wohlfahrtsorganisationen, wie z.B. dem Roten Kreuz und der Kirche (vgl. Bútorová/Daniel 1995).

In großen Teilen Europas erfolgte im 19. Jahrhundert eine konzertierte Entwicklung nicht-staatlicher Organisationen. Die Slowakei erlebte zahlenmäßig einen raschen Anstieg dieser Organisationen in der zweiten Hälfte des 19. und im frühen 20. Jahrhundert. In Schweden sind im gesamten 20. Jahrhundert Wohltätigkeitseinrichtungen entstanden, die mit städtischen und staatlich geleiteten Armenhilfe-Organisationen zusammenarbeiteten (vgl. Svedberg/Jeppson Grassman 1995). Großbritannien spricht vom letzten Jahrhundert als einem „goldenen Zeitalter" freiwilliger Aktivitäten. In Deutschland hat zu Beginn des 19. Jahrhunderts die Gesetzgebung Regelungen für ehrenamtliches (freiwilliges) Engagement angesehener Bürger getroffen. Diese Art des sozialen Handelns wurde zusammen mit zahllosen privaten Wohltätigkeitsvereinigungen vor allem in der zweiten Hälfte des Jahrhunderts immer deutlicher sichtbar. In Irland begannen – im Anschluß an die katholische Emanzipation Anfang des 19. Jahrhunderts – die religiösen Orden die Führungsrolle bei der Versorgung mit sozialen Diensten, besonders im Bereich von Gesundheit und Erziehung, zu übernehmen. In den 30er Jahren des 19. Jahrhunderts wurden freie gemeinnützige Hospitäler gegründet, und es entstanden hilfeleistende Einrichtungen wie etwa die *Society of St. Vincent de Paul*. In der zweiten Jahrhunderthälfte entwickelten sich in Irland aus der Tradition der Gemeinwesen – Selbsthilfe heraus eine andere Art von Organisation: Genossenschaften und andere lokal ansässige Einrichtungen, die aufgebaut wurden, um der Ausbeutung der Armen entgegenzuwirken. Ähnliche Entwicklungen gab es in Belgien, wo sich neben der Arbeit der Kirche und der Vorherrschaft der oberen Klassen, einschließlich wohlhabender Industrieller, bei den ärmeren Klassen ein eher militantes Selbsthilfe-Volunteering zeigte. Es entstanden Genossenschaften, sich gegenseitig unterstützende Gesellschaften und später auch Gewerkschaften; viele von ihnen entwickelten Wohlfahrtsdienste, die zu Modellen sozialer Sicherung und für wohlfahrtsstaatliche Strukturen wurden. Gesetzliche Regelungen schuf der Staat für die bürgerlichen *comités de patronage* 1880, die entlassenen Gefangenen bei der Eingliederung in die Gesellschaft halfen.

In vielen Ländern ist die Entstehungsgeschichte des freien gemeinnützigen Sektors im letzten Jahrhundert eng mit den staatlichen (In-) Aktivitäten und Maßnahmen der Armenhilfe verbunden. Eine Anzahl von Ländern begann mit der Einrichtung einer solchen öffentlichen Versorgung im frühen und mittleren 19. Jahrhundert. Die Entwicklungen in Deutschland, Belgien und Schweden wurden oben bereits dargestellt. In Schweden entwickelten sich die öffentlichen Dienste neben den nicht-staatlichen Wohtätigkeitsdiensten und führten zu einer fortlaufenden und engen Zusammenarbeit zwischen dem frei-gemeinnützigen Sektor und dem Staat. In Dänemark forderte die politische Rhetorik des 19. Jahrhunderts so wenig staatliche Einmischung wie möglich, um die Eigeninitiative und private Wohltätigkeit der Menschen nicht zu behindern. Aber die Versuche, eine freiwillige Armenhilfe aufzubauen, erwiesen sich als Fehlschlag, und der Staat sah sich gezwungen, mit finanzieller Rückendeckung rettend einzugreifen; dies führte in der Praxis dazu, daß die öffentliche Unterstützung und philanthropische Initiativen zusammenarbeiteten. In Irland leitete das Armenhilfegesetz *(Poor Relief Act)* 1838 die staatliche Wohlfahrtsunterstützung ein. Die Kriterien für Leistungsansprüche waren aber so streng, daß nur Menschen in höchster Not unterstützt wurden.

So war das Aufkommen frei-gemeinnütziger Organisationen häufig eine Antwort auf die sozialen Veränderungen und auf das menschliche Leiden, auf das der Staat zwar reagierte, jedoch mit inadäquaten Mitteln oder in unangemessener Form. Nur in wenigen Ländern (wie etwa in Schweden) bildete sich in der Wohlfahrt eine Partnerschaft beider Akteure heraus. In anderen Ländern operierte der nicht-staatliche Sektor vorrangig dort, wo in der öffentlichen Wohlfahrt Lücken auszufüllen waren. In Dänemark z. B. konzentrierten sich im 19. Jahrhundert die traditionellen Wohltätigkeitsvereine auf Waisen, Kranke, ältere Menschen und andere Gruppen von „verdienstvollen Bedürftigen", während die allgemeine Hilfe für Arme und Armenhäuser in der Verantwortung der lokalen Behörden lag. Auch die vielen neuen, privaten Wohltätigkeitsvereinigungen, die am Ende des 18. Jahrhunderts als Reaktion auf die massiven sozialen Probleme infolge der Industrialisierung entstanden waren, richteten sich weitgehend auf spezielle Zielgruppen aus und überließen die Bewältigung der allgemeinen Not der Politik. In ähnlicher Weise führte auch in Irland die Unmenschlichkeit des staatlichen Systems mit seiner restriktiven Regelung der Anspruchsberechtigung dazu, daß sich viele über die Angemessenheit der Fürsorgeleistungen Sorgen machten. Sie bewirkten, daß viele frei-gemeinnützige Organisationen entstanden, die alternative Vorkehrungen für Gruppen in Not trafen, z.B. für Waisen und vernachlässigte Kinder.

1.1. Die Entstehung des Wohlfahrtsstaates

Wie tief verwurzelt die Ursprünge der öffentlichen Verantwortung für die Wohlfahrt sind, wurde im vorausgehenden Abschnitt bereits aufgezeigt. Der „Wohlfahrtsstaat" als ein ausgeprägtes Konzept ist jedoch ein „Kind der Moderne". In einer Anzahl von Ländern entstand er explizit nach dem Zweiten Weltkrieg, als mit Hilfe einer umfassenden

Gesetzgebung das staatliche System der Wohlfahrtsfürsorge aufgebaut und garantiert wurde.

In Dänemark wurden schon 1848 mit der Annahme der demokratischen Verfassung die Prinzipien der staatlichen Wohlfahrt begründet. Die Verfassung bestätigte zwei wichtige Rechte für die Bürger: Das Recht, frei-gemeinnützige Vereinigungen zu bilden, und das Recht auf Hilfe in Not. Den sozialen Frieden sicherten (bis heute) die Vorkehrungen für soziale Sicherheit auf breiter Basis. Wohlfahrt im weiten Sinne wird seither, entsprechend der sozialdemokratischen Philosophie des Wohlfahrtsstaates, allen Bürgern zuteil. Das Schlüsselprinzip – Solidarität – wurde während der ersten Jahrzehnte des 20. Jahrhunderts weiter entwickelt und 1933 in ein Gesetz gefaßt. Die zunehmende Akzeptanz dieses Prinzips drängte den liberalen Grundsatz, der möglichst wenig staatliche Eingriffe vorsah, zurück.

Im Falle Deutschlands wurde bereits festgestellt, daß die Gesetzgebung bereits früh die Grenzen zwischen öffentlicher und privater Fürsorge verwischte und auf diese Weise den Bürgern eine gewisse moralische Verantwortung ihren Mitmenschen gegenüber auferlegte. Um 1900 entwickelte sich unter dem Einfluß verschiedener sozialer Bewegungen in Politik, Kirche und Gesellschaft parallel zu der Armenunterstützung ein System „sozialer Wohlfahrt" und verdrängte diese schließlich. Gemäß der Verfassung der Bundesrepublik Deutschland von 1949 hat jeder Bürger die Pflicht, im Sinne sozialer Solidarität zu handeln und individuelle sowie kollektive Selbsthilfe in sozialer Verantwortung zu praktizieren. Das „Subsidiaritätsprinzip" fand seinen Niederschlag auch in Gesetzen: Im Grundgesetz wurde festgelegt, daß „die Kommunen im engen Sinne zuerst handeln, und … der Staat nur intervenieren soll, wenn es keine Alternative gibt". Entsprechend sollten Menschen in Not zuerst innerhalb der Familie, der Nachbarschaft, in Selbsthilfegruppen und bei freien Trägern Unterstützung suchen und den Staat als letzte Zuflucht einschalten. Auf diese Weise ist eine Rangordnung in der öffentlichen Verantwortung sichergestellt, so daß die Regierungen auf der kommunalen, Landes- und Bundesebene ebenfalls nach dem Subsidiaritätsprinzip arbeiten (vgl. Wienand 1988).

In einer Vielzahl von europäischen Ländern ist die Entstehung der öffentlichen Wohlfahrtsversorgung und des Wohlfahrtsstaates untrennbar mit der Entwicklung des freie-gemeinnützigen Wohlfahrtssektors verbunden, wobei dieser Sektor eine katalytische Rolle gespielt hat. Die nicht-staatlichen Organisationen haben den Weg zur Erstellung öffentlicher Programme geebnet, sie haben die Not aufgedeckt und einen großen Teil der Wohlfahrtsplanungen in Gang gesetzt. In Schweden z.B. bestand, von den 90er Jahren des letzten Jahrhunderts bis zu den 20er Jahren dieses Jahrhunderts, eine Periode „wissenschaftlicher Philanthropie", mit einer starken Tendenz, daß der Staat viele der von frei-gemeinnützigen Organisationen ausgehenden Initiativen übernahm. Zuerst geschah dies im Sinne ökonomischer Unterstützung und formaler Verantwortung, später erfolgte dies durch die faktische Durchführung der Programme und Projekte. In Dänemark haben die neu etablierten Wohltätigkeitsvereinigungen in ähnlicher Weise die Richtung für die öffentlich durchgeführten Programme gewiesen. Dies geschah in so starkem Maße, daß es der generelle Weg der gemeinnützigen Organisationen wurde, um dem Staat die Verantwortung für die von ihnen eingeführten Dienste zuzuweisen.

In Ländern wie z. B. in Großbritannien und in den Niederlanden, in denen der Wohlfahrtsstaat erst nach dem letzten Weltkrieg nachhaltig ausgebaut wurde, setzen sich die Wohlfahrtsleistungen bereits seit langem aus staatlichen und nichtstaatlichen Leistungen zusammen. Mit anderen Worten: Bereits vor der Übernahme einer Politik der *mixed economy of welfare* oder des Wohlfahrts-Pluralismus und trotz der Rhethorik von einem alles leistenden Staat, hatten nichtstaatliche Organisationen eine Reihe von Diensten innerhalb des Wohlfahrtsnetzes zur Verfügung gestellt.

Selbst in Ländern mit einem starken Wohlfahrtsstaatsmodell, z.B. in den skandinavischen Ländern, in Belgien und in den Niederlanden, haben nicht-staatliche Organisationen nie aufgehört, in der Wohlfahrt eine bestimmende Rolle zu spielen, auch dort nicht, wo der freie gemeinnützige Sektor als Ganzer zu einer relativ unsichtbaren Größe innerhalb des Wohlfahrtsdirigismus herabsank. In den Niederlanden entstand der Wohlfahrtsstaat nach dem Zweiten Weltkrieg als „ein Kompromiß von Ideologien" von Katholiken, Protestanten, Sozialdemokraten, Liberalen und kleineren Kommunen („zuilen" oder „Säulen"). Sie umfaßten alle Arten von Organisationen und Arrangements in der Erziehung, Gesundheit und Wohlfahrt. In diesem Umfeld hatte das Volunteering immer eine wichtige Rolle gespielt. Auch in Schweden, das den Ruf hat, Heimat des „klassischen" Wohlfahrtsstaates zu sein, wurden in der Zeit zwischen 1940 und 1960, einer Zeit, die man als „Jahre der Übernahme" bezeichnen kann, die meisten Wohlfahrtsleistungen an den Staat gebunden. Parallel dazu wurde in beachtlichem Tempo ein System staatlicher Unterstützung für freie gemeinnützige Leistungen unter dem Dach freier Träger ausgebaut, und zwar besonders im Bereich der Jugend- und Freizeitaktivitäten.

1.2. The mixed economy of welfare

Erst im letzten Jahrzehnt zeigten die Regierungen eine veränderte Einstellung zu frei-gemeinnützigen Aktivitäten und zum Volunteering, und zwar in der Form, daß sie Gesetze für eine *mixed economy of welfare* in verschiedenen Ländern erließen. Politischer, ideologischer und finanzieller Druck hat die Regierungen dazu gebracht, die Durchführbarkeit und Wirksamkeit des Wohlfahrtsstaates in Frage zu stellen. Bei der Reform und Reduzierung des öffentlichen Hilfesystems, das zu einer Überbürokratisierung neigt, wandte sich der Staat freien und gemeinnützigen Bemühungen zu. Die Situation in Dänemark ist dafür ein Beispiel: Seit den 60er Jahren werden nicht-staatliche Organisationen als Ergänzung des öffentlichen Wohlfahrtssystems gesehen. Inzwischen neigt die Regierung zunehmend dazu, daß Volunteers öffentliche Dienstleistungen ersetzen oder neue soziale Probleme lösen sollten. Solche Entwicklungen haben in Ländern wie Großbritannien, den Niederlanden, Deutschland und den skandinavischen Staaten stattgefunden.

Vor dem Hintergrund dieses geschichtlichen Abrisses, der deutlich macht, welche wichtige (wenn auch unterschiedliche) Rolle das Volunteering in der sozialen und politischen Entwicklung der europäischen Länder gespielt hat, werden wir im folgenden das Konzept des Volunteering sowie seine Beziehung zum Staat eingehender analysieren.

2. KONZEPT UND KULTUR DES VOLUNTEERING

Hinsichtlich der Entwicklung der Kultur und der Rahmenbedingungen von Volunteering in den verschiedenen Ländern gibt es sehr klare Unterschiede. Eine breite Übereinstimmung scheint jedoch beim Grundkonzept von Volunteering zu bestehen: Es handelt sich um Aktivitäten oder eine Arbeit, die von einem Menschen aus freiem Willen zugunsten anderer Menschen (außerhalb der unmittelbaren Familie), ohne Bezahlung (allenfalls bis auf ein kleines Entgelt und/oder einem Ausgabenersatz) ausgeführt werden. In diesem Abschnitt betrachten wir kurz einige der Faktoren, die die Entwicklung des Volunteering in den verschiedenen Ländern beeinflußt haben.

2.1. Die Kirchen

Häufig liegen die Ursprünge des Volunteering im religiösen Bereich, in den Religionen. Dies wirkt sich sowohl auf die individuelle Motivation als auch auf die organisatorische Entwicklung aus. Religiöses Pflichtgefühl hat Menschen motiviert, über die eigene Familie hinaus soziale Arbeit zu leisten, wobei die Kirchen die Organisationsstruktur aufgebaut haben, um Volunteering zu ermöglichen. Die religiöse Tradition hat bei allen untersuchten Ländern bis zu einem gewissen Grad Einfluß auf das Volunteering gehabt. Die Rolle der Kirche ist in streng katholischen Ländern wie Irland und Frankreich ausgeprägter. In Irland hat die Kirche zu Anfang dieses Jahrhunderts bei der Wohlfahrtsversorgung das Subsidiaritätsprinzip gefördert und in der Fürsorge viele katholische Dachorganisationen eingerichtet, auch wenn in jüngster Zeit die Rolle des Staates und die Notwendigkeit einer Ausdehnung der staatlichen Wohlfahrtsversorgung betont wird.

Die Kirchen haben bei der Entwicklung des Volunteering in den osteuropäischen Ländern (besonders vor und nach der Zeit des Kommunismus) und in Deutschland großen Einfluß gehabt. In Deutschland beherrschen bis heute auf den verschiedenen Ebenen sechs nichtstaatliche Dachorganisationen die Wohlfahrtsszene, von denen drei explizit religiöse Grundlagen haben: das Diakonische Werk der Evangelischen Kirche in Deutschland, der Deutsche Caritasverband und die Zentralwohlfahrtsstelle der Juden in Deutschland.

2.2. Volunteering in öffentlichen Einrichtungen

Wenn auch das Volunteering häufig mit dem nicht-staatlichen Sektor verknüpft wird, so ist die Beziehung keine ausschließliche. Einige Länder kennen traditionell den Einsatz von Volunteers in staatlich geleiteten und öffentlichen Organisationen. In Großbritannien gibt es eine aktive Minderheit von Volunteers, die direkt für staatliche Einrichtungen tätig ist, z.B. bei Abteilungen des sozialen Dienstes und bei Gesundheitsbehörden. Belgien hat neuerdings versucht, in öffentlichen/staatlichen Einrichtungen (vor allem) auf Gemeindeebene Volunteer-Arbeit anzuregen, jedoch mit begrenztem Erfolg, denn dieses wird als Volunteering für eine bestimmte politische Richtung angesehen. Auch wenn in anderen westeuropäischen Ländern in öffentlichen/staatlichen Einrichtungen Volunteering in gewissem Ausmaß vorkommt, in Dänemark und Schweden scheint dies am wenigsten der Fall zu sein.

Eine andere Art von Volunteering entstand in kommunistischen Regimen, als der Staat freie und gemeinnützige Organisationen auflöste oder übernahm und den Bürgern freiwillige Dienste abverlangte. Auch Deutschland erlebte unter dem nationalsozialistischen Regime eine Art Verzerrung des Wesens von Volunteering. Fragestellungen dazu werden später diskutiert. Diese geschichtliche Entwicklung ist zum einen teilweise dafür verantwortlich, daß es derzeit Widerstand gegenüber Volunteering in Deutschland, in der Slowakei und in Bulgarien gibt, zum andern aber auch dafür, daß Volunteering in öffentlichen Einrichtungen in einigen osteuropäischen Ländern auf einem recht hohen Niveau fortbesteht.

2.3. Mitgliedschaft in Organisationen

Volunteering in organisierter Mitgliedschaft ist am deutlichsten zu erkennen und charakteristisch für die skandinavischen Länder. In Schweden z.B. hatte die Entstehung einer Kultur volkstümlicher Massenbewegungen entscheidenden Einfluß auf den freien gemeinnützigen Sektor. Demokratische Vereinigungen, die sich auf die gemeinsame Idee und Absicht berufen, für die Interessen der Gesamtheit ihrer Mitglieder einzutreten und die sich gleichzeitig dem gemeinsamen Gedankengut verpflichtet fühlen (z. B. der Arbeiterbewegung, der Abstinenzbewegung und den freien Kirchen), stellen den Prototyp für die schwedische Freiwilligenbewegung dar.

Dänemark und Schweden nehmen für sich in Anspruch, daß die frei-gemeinnützigen Organisationen im Verhältnis zu den Einwohnerzahlen sehr hohe Mitgliederzahlen besitzen. Jeder Schwede ist im Durchschnitt Mitglied in etwa drei frei-gemeinnützigen Einrichtungen, und neun von zehn Personen gehören solchen Organisationen an. Etwa die Hälfte aller registrierten Mitglieder wird als aktiv eingeschätzt, und ein Drittel hat dort eine Vertrauensstellung inne. Innerhalb dieser breiten Skala ist das Verhältnis von Einzelpersonen, die in Wohlfahrtsorganisationen tätig sind, vergleichsweise gering. Diese typische Struktur des freiwilligen Sektors in Schweden wirkt sich jedoch auf alle Teilbereiche aus: Viele Schweden identifizieren sich folglich so stark mit ihrer Mitgliedschaft, daß sie Schwierigkeiten haben, „die Organisation" als getrenntes und gegenständliches Wesen zu verstehen. (Dieses Phänomen zeigt sich in der Studie, besonders beim Thema „Organisation des Volunteering" in Teil 3).

2.4. Bürgerpflicht

Das Konzept des Volunteering als einer bürgerschaftlichen Verpflichtung ist am Beispiel von Deutschland am besten zu veranschaulichen, auch wenn es in abgeschwächter Form in anderen Ländern vorhanden ist. In Frankreich z.B. kommt die gesetzlich formulierte Forderung, daß

Verbände Volunteers berücksichtigen müssen, aus der Sicht der Beobachter einer Art „Zwangs"-Volunteering gleich. Diese Form der Verpflichtung von Bürgern wurde auch in der Entwicklung des Volunteering unter dem Kommunismus zu einem wesentlichen Faktor. In der Slowakei hat die Machtübernahme durch die kommunistische Partei 1948 zur zwangsweisen Umformung der nicht-staatlichen Einrichtungen (von denen viele zwischen den Weltkriegen an Bedeutung gewonnen haben) zu von Staat und Partei kontrollierten Massenorganisationen geführt. Frei-gemeinnützige Vereinigungen wurden per Gesetz aufgelöst, und die Bürger mußten sich auf neue Organisationen wie die „Nationale Front" und andere „freiwillige" Aktivitäten beschränken, „deren Ausführung Staat und Partei von den Bürgern erwarteten". Das Ergebnis war, daß „Voluntarismus in der Slowakei praktisch aufhörte, öffentlich zu existieren" und daß nur eine kleine Zahl von illegalen Untergrundgruppen die Tradition der echten freiwilligen Dienste aufrecht hielt. Die gegenwärtigen Schwierigkeiten, bei den slowakischen Bürgern den Wert des echten Volunteering neu zu beleben, hängt mit dieser historischen Zwangsverpflichtung zusammen (vgl. Košt'álová 1995a).

In Deutschland wurde das Konzept der bürgerschaftlichen Verpflichtung zu Beginn des 19. Jahrhunderts in die Gesetzgebung aufgenommen, wo es in Form des gesetzlichen Prinzips der Subsidiarität fortbesteht. Die Begriffe „bürgerschaftliche Verpflichtung" oder „Ehrenamt" sind jedoch jüngst wegen der Assoziation mit Zwang in die Kritik geraten; zunehmend wird der Begriff „freiwilliges soziales Bürgerengagement", der die Freiheit der Wahl verdeutlicht, bevorzugt. Diese Bezeichnung entspricht dem Begriff *volunteering* wohl am ehesten. Trotzdem besteht das Konzept der Bürgerverantwortung fort, und immer noch erbringen viele Bürger als freiwillige Mitarbeiter unbezahlte Dienste bei den Einrichtungen der „sechs Spitzenverbände der Freien Wohlfahrtspflege". Mit dem Einbezug des freiwilligen sozialen Bürgerengagements in diese Organisationsstrukturen ist das Volunteering in hohem Maß mit den Verpflichtungen der öffentlichen Dienste und den wohlfahrtsstaatlichen Zielen verwoben (vgl. Paulwitz 1994b).

2.5. Soziale Partizipation und Status der Frauen

Die Rolle der Frauen beim Volunteering ist sowohl in der Vergangenheit als auch in der Gegenwart von großer Bedeutung. In vielen Ländern dominieren in der nicht bezahlten sozialen Arbeit die Frauen.

In einigen Ländern haben Frauen aus den Ursprüngen ihrer Wohltätigkeitsarbeit heraus einen bedeutenden Beitrag zur Entwicklung der professionellen Sozialarbeit geleistet. In der freiwilligen Beteiligung von Frauen gibt es sowohl zwischen den Ländern als auch innerhalb verschiedener Richtungen des Volunteering Unterschiede, auf die wir später eingehen werden.

Für die Niederlande wird festgestellt, daß Volunteering durch Frauen früher ein wichtiger Weg war, um soziale Teilhabe zu erwirken. Frauen aus der Mittelschicht waren stolz, nicht für Bezahlung arbeiten zu müssen, und Volunteer-Arbeit zu verrichten, bedeutete für sie, zu „einer Elite" zu gehören. Diese Einstellung gibt es in ländlichen Gegenden der Niederlande immer noch, wo den Frauen nachgesagt wird, daß sie sich schämen würden, wenn sie sich nicht als Volunteers in einer, besser aber in zwei oder mehreren Organisationen beteiligen würden. Mit der Verstädterung hat sich diese Status-Beziehung umgekehrt: Volunteer-Arbeit ist jetzt zweitrangige Wahl für Frauen, die keine bezahlte Arbeit bekommen können. Die Folge ist, daß diese freiwillig Tätigen „abqualifiziert" werden.

2.6. Beziehung zum Staat

Die obige Diskussion weist nach, wie breit die Palette von Beziehungen des freien gemeinnützigen Sektors zum Staat ist: Von der historisch gewachsenen Nähe zwischen beiden Bereichen in Deutschland und Schweden bis hin zur fast schon vorgenommenen Marginalisierung des frei-gemeinnützigen Sektors in Frankreich, einschließlich der Zwangsbeziehungen beider Sektoren unter dem Kommunismus. In all diesen Formen gibt es große Unterschiede, die die Verbindung annehmen kann. Wie aufgezeigt wurde, kann diese Beziehung aus gegenseitiger Unterstützung bestehen, bei der die Definition von öffentlicher Wohlfahrt das Ergebnis einer Wechselwirkung zwischen dem staatlichen und dem nicht-staatlichen Sektor ist. Oder aber sie verhält sich – um es bildlich zu formulieren – wie zwei große, nebeneinanderher bestehende Institutionen mit kaum nennenswerter Verbindung oder Kommunikation, die sich manchmal sogar mit Feindseligkeit begegnen. Zur kulturell-traditionell bedingten Vielschichtigkeit innerhalb Europas kommt hinzu, daß sich die Beziehungen zwischen beiden Sektoren in einem Land im Laufe der Zeit durch Wechsel der Regierung und der Politik verändern können. Das bemerkenswerteste und am weitesten verbreitete Beispiel für diese politisch bedingten

Änderungen ist der gegenwärtige fast ruckartige Wandel in den politischen Auffassungen, was die Rolle der freiwilligen Arbeit im Wohlfahrtssystem anbelangt.

Die Beziehung des frei-gemeinnützigen Sektors zur Regierung und insbesondere die Auswirkungen der Regierungspolitik auf das Volunteering und auf die nicht-staatlichen Organisationen werden im nächsten Kapitel im Detail beschrieben.

3. REGIERUNGSPOLITIK HINSICHTLICH VOLUNTEERING UND NICHT-STAATLICHER ORGANISATIONEN

Die Untersuchung zeigt, daß auf dem Gebiet des Volunteering weite Bereiche von historisch-politischen Zusammenhängen geprägt sind. Diese reichen von der Unterstützung und der Ermutigung zum Volunteering auf breiter Ebene über praktische Vorschriften (oder Verbote) bis hin zu weitgehender Nicht-Beachtung oder geringschätziger Behandlung. Wir weisen hier mit Nachdruck darauf hin, daß nach unserer Feststellung die gegenwärtige Regierungspolitik in vielen Ländern der frei-gemeinnützigen Wohlfahrtsarbeit betont positiv gegenübersteht. Auch auf die historisch-politischen Positionen, einschließlich der Gesetzgebung, werden wir kurz zu sprechen kommen.

Eine Anzahl von Ländern hat seit langer Zeit in Gesetzen die Definition der freiwilligen Arbeit und deren Organisation festgelegt. Bemerkenswert sind jedoch die Versäumnisse innerhalb einzelner Länder: In Großbritannien und in der Republik Irland ist z. B. die Wohltätigkeit nicht gesetzlich definiert, auch wenn in manchen Gebieten, z. B. bei den Steuerbewilligungen, die Gesetzgebung vollständiger ist. De facto liegt in den Ländern, die untersucht wurden, selten ein umfassendes gesetzliches Rahmenwerk speziell für Volunteering und Volunteers vor. Die Bestimmungen und ihre Auswirkungen auf den Status und die Bedingungen der Volunteers, einschließlich der Versicherung, Schulung und Arbeitsbedingungen, sind sehr unterschiedlich. Belgien hat z. B. ein Gesetz, das sich direkt mit dem Status von Volunteers befaßt: ein Dekret des Rates der Flämischen Kommunität *(Council of the Flemish Community)*, das erst im März 1994 erlassen wurde. Es schreibt die Bereitstellung öffentlicher Zuschüsse zur Deckung der Kosten vor, die in Verbindung mit dem persönlichen Einsatz von Volunteers entstehen, z. B. für Versicherungsbeiträge, Schulung usw., und bestimmt, daß Ausgabenerstattungen für die Konsultation zwischen Volunteers und Professionellen vertraglich festgelegt werden können.

In Frankreich geht die besondere Position des Staates hinsichtlich des Volunteering auf das Gesetz über Verbände von 1901 zurück. Es schreibt vor, daß es keinen Verband ohne eine Mindestzahl von Volunteers geben kann, und verlangt damit die Beteiligung von Volunteers. Mit dieser Forderung bildet Frankreich eine Ausnahme innerhalb der Studie, da der französische Staat in großem Umfang das Volunteering mit administrativen und gesetzlichen Vorgaben fördert. Dennoch ist die Meinung weit verbreitet, daß die französischen Volunteers sehr wenig Unterstützung und Vorbereitung erhalten. Obwohl das Gesetz von 1901 nicht von vornherein ausschließt, daß Volunteering nicht auch außerhalb verbandlicher Strukturen stattfinden kann, ist in der Praxis das Volunteering bis heute an die Verbände gebunden. Folglich hat die damalige Regierung mit einer scheinbar gesetzlichen Basis für weitverbreitete freiwillige Aktivität fast ein Jahrhundert lang das Volunteering tatsächlich geprägt und eingeschränkt.

Wie wir gesehen haben, ist Deutschland ein weiteres Land, wo seit langem bestehende Gesetze das Volunteering beeinflussen. Diese geschichtliche Tatsache hat jedoch Probleme geschaffen: Im 20. Jahrhundert wurde Volunteering sowohl überschwenglich begrüßt als auch scharf verworfen. In Krisenzeiten wurde es vom Staat gefördert, z.B. im Ersten Weltkrieg und in den frühen 30er Jahren im Gefolge der großen Depression. Während des Nationalsozialismus wurde die freie gemeinnützige Arbeit vom Staat übernommen; sehr erfolgreich war auch die politische Rekrutierung von Volunteers. Auf die zwangsweise erbrachte Volunteer-Arbeit – entsprechenden Druck erzeugte die Nazi-Ideologie – folgte in der Nachkriegszeit eine massive Ernüchterung und der Rückzug vieler Menschen aus der freiwilligen Arbeit. Erst seit den letzten zwei Jahrzehnten ist wieder eine Renaissance des Volunteering zu verzeichnen, und diese wurde von der Regierung gefördert.

In anderen Ländern läßt sich der Beginn der staatlichen Anerkennung des Volunteering zurückverfolgen bis zur Einführung einer Verfassung, in der das Recht zur Bildung von Vereinigungen und Verbänden verankert war. In Belgien erfolgte dies 1830, in Dänemark und in den Niederlanden 1848. Dieser Schritt markiert den Beginn der Demokratie, die die Bürgerrechte, einschließlich des Rechtes, sich zu versammeln und zu organisieren, garantierte.

4. Die Nachkriegszeit und die letzten zwei Jahrzehnte

Die meisten europäischen Länder, die in dieser Studie vertreten sind, haben in den vergangenen Jahren wesentliche politische Veränderungen hinsichtlich der frei-gemeinnützigen Organisationen und des Volunteering erfahren. Die erkennbaren Trends sind durchaus vergleichbar; Unterschiede finden sich lediglich im Umfang der Veränderungen. Im folgenden Abschnitt wird die Situation jedes einzelnen Landes dargestellt.

4.1. Großbritannien

In den vergangenen 15 Jahren ist das politische Interesse am Volunteering in Großbritannien deutlich gewachsen. Dies wurde hauptsächlich damit in Verbindung gebracht, daß der nicht-staatliche Sektor bei der Leistung von Wohlfahrts- und anderen Diensten unter einer Gesetzgebung, wie etwa der des *National Health Service and Community Care Act* von 1990, zunehmend an Bedeutung gewann.

Man stimmt im allgemeinen darin überein, daß die freiwillige Mitarbeit in Großbritannien für die Versorgung mit Wohlfahrtsdiensten im 20. Jahrhundert an Gewicht verloren hat, da der Staat größere Verantwortung übernommen hat, obgleich – wie oben schon erwähnt – die nicht-staatlichen Leistungen auch nach 1945 weiterhin eine wichtige Rolle gespielt haben. Nach der Wahl einer radikalen, konservativen Regierung 1979, die das Zurückdrängen des Staates als Hauptakteur zum Ziel hatte, fand das Volunteering allmählich wieder seinen Weg zurück auf die nationale, politische Tagesordnung. Nach 1979 wurde das Volunteering von der Regierung nicht nur als ein Mittel propagiert, die Verantwortung für die Leistungen der staatlichen Wohlfahrtsdienste auf den frei-gemeinnützigen Sektor zu übertragen, sondern auch als ein Weg betrachtet, Geld zu sparen. Im Bericht des Innenministeriums zur *Efficiency Scrutiny of Government Funding of the Voluntary Sector* (Wirkungsüberprüfung hinsichtlich der Regierungsbezuschussung des nicht-staatlichen Sektors) heißt es zum Volunteering: „Die Regierung hat ein Interesse daran, das Volunteering in doppelter Hinsicht zu unterstützen: Es ist eine beachtenswerte Tätigkeit an sich und ein sehr kostenwirksamer Weg für die Leistung wünschenswerter Dienste." (vgl. Home Office 1990)[1]

---

[1] Das englische Original belegt die Zitate aus den einzelnen Länderberichten nicht mit einer genauen Angabe. Die zugesandten Länderberichte sind in der Literaturübersicht (S. 268 f.) mitabgedruckt.

Dem Volunteering wurde auch eine bedeutende Rolle bei der öffentlichen Arbeitsbeschaffung zuteil. In einer Reihe spezieller Arbeitsmaßnahmen in den 80er und 90er Jahren wurde betont, daß das Volunteering bei der Schulung von Arbeitslosen für den Arbeitsprozeß Vorteile haben könnte. In diesem Zeitabschnitt wurden auch mehrere „philosophische" und ideologische Versuche unternommen, die Idee des Volunteering für die Konservative Partei in Anspruch zu nehmen, angefangen mit dem Konzept der „aktiven Bürgerschaft" Ende der 80er Jahre bis zum Konzept der „stillen Mehrheit" Anfang der 90er Jahre.

Zur gleichen Zeit nahm auch die Linke eine Neubewertung ihrer Einstellung zum Volunteering in der britischen Politik vor. Von einer Position der offenen Ablehnung gegenüber dem, was sie als „Rückkehr zur Wohltätigkeit der Vergangenheit" ansah, bewegte sich die Labour Partei in eine Richtung, die das freiwillige Handeln als integrierten Anteil der neuen *mixed economy of welfare* einbezieht und – was noch wichtiger ist – als lebenswichtigen Bestandteil in der Entwicklung einer neuen Partnerschaft zwischen Bürgern und Staat ansieht. Die neue Einstellung der Labour Partei zum Volunteering und dem nicht-staatlichen Sektor wurde 1992 in dem Dokument *Building Bridges – Labour and the Voluntary Sector* erläutert. In diesem Papier wird eine neue Partnerschaft zwischen dem staatlichen und dem freien gemeinnützigen Sektor gefordert, die die Unabhängigkeit der nicht-staatlichen Organisationen garantiert und die fortbestehende Vitalität des Volunteering sichern sollte. Ende 1993 versuchte die Labour Partei diese neue Sichtweise des frei-gemeinnützigen Sektors in die weitere Entwicklung ihrer Politik einzubeziehen und machte Vorschläge zur Überprüfung „der Rolle von Volunteers, des Trainings- und Unterstützungsbedarfs der Volunteers, der Hilfeleistenden und der Professionellen im nicht-staatlichen Sektor" sowie zu „der Beziehung zwischen Bürgern und Kommunen". Neuere Entwicklungen von 1994 im Zusammenhang mit der Wahl eines neuen Parteivorsitzenden verlangten sogar – beeinflußt von der Philosophie des Kommunitarismus und dem Bericht der Parteikommission über soziale Gerechtigkeit – einen landesweiten Bürgerdienst für junge Leute.

Auf der Seite der Konservativen wurde die Regierungspolitik hinsichtlich des Volunteering am umfassendsten in dem Dokument *The Individual and the Community* dargestellt, das 1992 veröffentlicht wurde (vgl. Home Office). Dieses Schriftstück gibt einen Überblick über die gesamte Regierungspolitik hinsichtlich des nicht-staatlichen Sektors: Spenden für gemeinnützige Zwecke, Aktivitäten der Wirtschaft im Gemeinwesen und Volunteering. Im Vorwort schreibt der Premierminister: „Die Regierung wünscht sich mehr Volunteering, mehr Spenden für gemeinnützige Zwecke und mehr Aktivitäten der Wirtschaft im Gemeinwesen". In der Regierungserklärung heißt es: „Die Förderung des Konzeptes (von Volunteering) durch die Regierung hat das Ziel, Vorschläge aufzunehmen und Diskussionen anzuregen, damit Menschen ermutigt werden, über den Beitrag nachzudenken, den sie freiwillig erbringen könnten, und Formen der Anerkennung zu entwickeln für den Beitrag, den viele schon unentgeltlich leisten". Im Frühjahr 1994 veröffentlichte die Regierung zur Förderung des Volunteering die *Make a Difference*-Initiative (vgl. Barrie 1994). Darin ist die Einrichtung eines kleinen Beihilfeprogrammes zur Bezuschussung lokaler Projekte beschrieben, die Volunteers auf innovative Weise beteiligen. Zusätzliche Verfahrensschritte haben Auswirkungen auf das Volunteering bei Arbeitslosen und Behinderten gezeigt. Darüber wird in einem späteren Kapitel berichtet.

Dieser Überblick macht deutlich, daß in Großbritannien das Volunteering und dessen Rolle im öffentlichen Leben eine große politische Bedeutung und Neueinschätzung erfahren hat. Für dieses Land ist es relativ ungewöhnlich, sich ausdrücklich dem Volunteering als einer Aufgabe zuzuwenden und nicht einfach nur über den nicht-staatlichen Sektor als Ganzes zu reden.

4.2. Republik Irland

In der Republik Irland wurde für Ende 1994 ein *White Paper and Charter* für nicht-staatliche Aktivitäten erwartet. Dieses Papier steht im Gegensatz zu dem, was in den letzten drei Jahrzehnten für die Regierung verpflichtende Handlungsgrundlage gegenüber der Unterstützung des Gemeinwesens war. Die Arbeit im Gemeinwesen wird dort als Drei-Wege-Partnerschaft zwischen Familie, staatlichen Einrichtungen und frei-gemeinnützigen Organisationen konzipiert. Die Rolle des Staates sollte nicht darin bestehen, die Fürsorgearbeit im Gemeinwesen selbst durchzuführen, sondern darin, nicht-staatliche Aktivitäten, die „das fürsorgende Herz der Gesellschaft" darstellen, zu finanzieren, zu koordinieren, zu unterstützen und zu regeln.

Trotz der Erklärung der Regierung zur Bedeutung des freien gemeinnützigen Handelns in der Gemeinwesenfürsorge und der Bereitstellung einer Anzahl von Finanzierungsmaßnahmen wurde der Weg, den nicht-staatlichen Sektor in der Republik Irland voranzubringen, weitgehend als Stückwerk und Provisorium kritisiert. Tatsächlich war ab Ende der 70er Jahre eine nachlassende Begeisterung der Regierung für freiwillige Tätigkeit festzustellen. Es wird behauptet, daß sich während dieses Zeitabschnittes das Umfeld von nicht-staatlichen Einrichtungen eher verschlechtert als verbessert habe und die freiwillige Arbeit in einem politischen Vakuum operiere. Neuere Berichte stehen der Behandlung freier gemeinnütziger Organisationen durch die Regierung kritisch gegenüber. In diesen wird die Auffassung vertreten, daß nicht-staatliche Organisationen weitgehend als eine nicht weiter zu thematisierende Selbstverständlichkeit angesehen werden und zugesagte Rahmenbedingungen für eine Beteiligung dieses Sektors an Beratungs- und Planungsprozessen fehlen.

Dabei ist die Republik Irland vielen europäischen Ländern einschließlich Großbritannien in seiner offenen Haltung gegenüber der Fürsorge im Gemeinwesen und dem Gedanken der *mixed economy of welfare* voraus gewesen. In den 60er Jahren haben nicht weniger als vier Regierungsberichte Empfehlungen zur sozialen Gemeinwesenarbeit abgegeben. Einer der einflußreichsten Vorschläge zur Förderung von freiwilliger Mitarbeit war der Bericht *The Care of the Aged* aus dem Jahr 1968. Dieser führte zu einer ungeheueren Zunahme von freiwilligen Beiräten in den sozialen Diensten und zu Ausschüssen im Bereich der Altenhilfe im ganzen Land. Diese Räte bestanden aus Vertretern der nicht-staatlichen Organisationen innerhalb eines Einzugsgebiets und sorgten für eine Reihe von Dienstleistungsprogrammen. Sie erhielten finanzielle Beihilfen von den Gesundheitsbehörden und Unterstützung von der katholischen Kirche. Der Bericht gab den Anstoß zu einem großen Aufschwung in der freiwilligen Arbeit mit älteren Menschen in den 70er Jahren. Ein zweiter Bericht von 1988, *The Years Ahead – A Policy for the Elderly*, betonte die Schlüsselrolle der freien gemeinnützigen Organisationen und legte ein vertragliches Rahmenwerk für deren Dienste fest.

Das *White Paper and Charter* war seit 20 Jahren versprochen. Mindestens fünf getrennte Kommissionen waren beauftragt, in diesem Zeitraum ein politisches Schriftstück zum nicht-staatlichen Sektor zu erstellen. Die Entscheidung, eine Grundlage für freiwillige Mitarbeit auszuarbeiten, erfolgte auf einer großen europäischen Konferenz über die Rolle nicht-staatlicher Organisationen bei der Durchführung von Sozialdiensten im Jahr 1990. Der irische Sozialminister beschrieb die nicht-staatlichen Einrichtungen und freiwilligen Mitarbeiter als „…das Herz jeder gesunden Gesellschaft und lebensnotwendig für deren Funktionieren … Sie sind keine Lückenbüßer… Sie sind keine vorübergehende Maßnahme, (sondern) haben eine lebensnotwendige Rolle in unserer Gesellschaft in Partnerschaft mit dem Staat zu spielen. Regierungen müssen das fürsorgende Herz der Gesellschaft, das durch freiwilliges Handeln verkörpert wird, aktiv pflegen" (vgl. Ruddle/Donoghue 1995).

4.3. Belgien

Das Volunteering ist vom belgischen Staat bis heute weitgehend un-
beachtet geblieben und noch immer ist die Politik ihm gegenüber sehr
zurückhaltend. Auf der Ebene der Gesetzgebung bewegt sich sehr
wenig. 1976 hat der Staat zum ersten Mal die Rolle des frei-gemeinnützigen Sektors für die soziale Entwicklung in einem Erlaß des
französischsprechenden Landesteils von Belgien anerkannt und ein
Förderungsprogramm aufgelegt. Staatliche Unterstützung auf der
Grundlage entsprechender Regelungen erfahren frei-gemeinnützige
Organisationen im Bereich der *éducation permanente* (Fort- und Wei-
terbildung) und der *promotion des travailleurs* (Förderung der Ar-
beitnehmer). Dies wirkte sich positiv auf Initiativen zur Entwicklung
sozialer Verantwortung in allen sozialen Klassen und zugunsten einer
breit gefächerten Reihe von Tätigkeiten, einschließlich Gemeinwesenentwicklung, Fortbildung, öffentliche Erziehung und Jugendorgani-
sationen, aus.

Ein vor über 15 Jahren verabschiedetes Gesetz zur Förderung der Beschäftigung verschlechterte das Ansehen des Volunteering. Seit 1978
werden mit dem staatlichen *programme de résorption du chomage* Arbeitslose in bezahlte Arbeit bei freien Trägern integriert. Die Folge
dieses nachhaltigen Programms ist, daß das Volunteering in Belgien
weiterhin gering geachtet und als niedrige Tätigkeit angesehen wird.
Dadurch, daß die Arbeitslosenunterstützung an persönliche Fürsorgeleistungen geknüpft wird, wie sie traditionsgemäß von frei-gemeinnützigen Organisationen und Volunteers erbracht werden, wurde in der
Öffentlichkeit der Verdacht erzeugt, freiwillige Arbeit ersetze bezahlte
Tätigkeiten. Zudem wird Volunteering gesetzlich als „Arbeit" eingestuft
und verdächtigt, nicht angemeldete, illegale Beschäftigungen (*travail en
noir*) zu kaschieren. Seit freiwillige Aufgaben in bezahlte Arbeitsplätze
umgewandelt werden, gewinnt die Ansicht an Boden, daß Volunteers
dazu beitragen, neue Stellen zu schaffen, und daß sie als Ausbilder für
ungelernte Arbeiter oder Langzeitarbeitslose tätig sein können.

In den letzten Jahren ist die Bedeutung der freiwilligen Arbeit sicht-
barer geworden. Wachsende soziale Nöte, besonders in der persönlichen und sozialen Unterstützungsarbeit, und vermehrt freie Zeit infolge von Arbeitslosigkeit, frühem Ruhestand und Änderungen in den
Beschäftigungsmodellen haben das Volunteering zum politischen Ta-
gesprogramm gemacht. Die Regierung sieht jetzt die freiwillige Tätigkeit als einen Weg zur Lösung der ökonomischen Krise des Wohlfahrtsstaates. Volunteers sollen zahlreiche soziale Probleme lösen, z. B.

die Versorgung von Kranken und Behinderten übernehmen, in der sozialen und beruflichen Bildung tätig werden, Hilfen bei der Integration von Randgruppen geben und Umwelt- und Kulturarbeit erbringen. Der nicht-staatliche Sektor soll auch soziale Probleme aufdecken und lösen. Dieses neue Interesse am Volunteering hat in Belgien zu einer politischen Diskussion über Fragen des Zivildienstes für junge Menschen, über Feiertagsarbeit ohne Bezahlung (jedoch mit einer Bewilligung von Zuschüssen für helfende Tätigkeiten) und über steuerliche und soziale Vorteile für Volunteers geführt. Der frei-gemeinnützige Sektor kämpft um die Anerkennung der wahren ökonomischen Werte des Volunteering, um die Notwendigkeit der staatlichen Unterstützung und Gesetzgebung. Doch der veränderte Status der freiwilligen Mitarbeiter ist in der belgischen Tagespolitik immer noch neu und es ist ungewiß, ob dies so bleibt.

4.4. Niederlande

In den letzten Jahrzehnten ist in den Niederlanden – ganz allgemein gesprochen – die politische Einflußnahme der Zentralregierung insbesondere im Bereich der Wohlfahrt und des Volunteering zurückgegangen, obgleich es nie einen starken, zentralisierten Staat gab, sondern dieser eher einen lockeren Verband der Provinzen darstellt.

Historisch gesehen erfolgte die Reduzierung der wichtigen Rolle des Volunteering innerhalb der *zuilen* (kleine Kommunen) ab den 50er Jahren zu einem Zeitpunkt, als die Professionellen allmählich die Verantwortung für die Wohlfahrt übernahmen. Seit den 70er Jahren wurde der staatliche Einfluß auf die Wohlfahrtsprogramme immer größer, während die Kommunen ihre Mitsprachemöglichkeiten verloren. Die damalige Strategie legte großen Wert auf frei-gemeinnützige Einrichtungen, die aber annähernd zu 100% von der Zentralregierung subventioniert wurden. Seit den 80er Jahren hat sich die Zentralregierung zunehmend zurückgezogen, den untergeordneten Behörden ihre Selbständigkeit und die Etatverwaltung zurückgegeben und zur Privatisierung der Dienste aufgefordert.

Im August 1994 wurde eine Drei-Parteien-Koalition aus Sozialdemokraten, Liberalen und „Demokraten 66" gebildet. Die Sozialdemokraten betonen, daß eine Beteiligung aller Bürger an bezahlter und nicht bezahlter Arbeit für die Gesellschaft als Ganzes und auch für Einzelpersonen bedeutsam sei. Sie begründen dies damit, daß der Wohlfahrtsstaat finanziell, organisatorisch, kulturell und moralisch geschwächt sei, und befürworten so die starken Kürzungen der staatli-

chen Etats. Sie mißbilligen die wachsende Bedeutung der marktori-
entierten Werte und machen sich für ein Gleichgewicht zwischen
Marktkräften, öffentlichen Diensten und Volunteering stark. Besonders in den Bereichen, in denen Menschen keine bezahlte Arbeit erbringen können, wie z.B. behinderte, arbeitsunfähige oder ältere
Menschen, sollte die Möglichkeit zum Volunteering bestehen. Die Liberalen dagegen befürworten das freie Unternehmertum und erheben
die bezahlte Arbeit zu ihrem Ziel, was heißt, daß sie Volunteering
kaum erwähnen. Im Gegensatz dazu möchten die „Demokraten 66"
das Volunteering fördern und Anreize dafür schaffen. Dabei sehen sie
es als Ergänzung zu bezahlter Arbeit an und nicht als Alternative dazu.
Die Christlichen Demokraten, die 1994 in den Niederlanden die
Macht verloren haben, setzen sich für das Volunteering ein und befürworten die Unterstützung der gemeinwesenorientierten Verbände,
die das Volunteering pflegen. Sie sehen auch positive Auswirkungen
des Volunteering für Langzeitarbeitslose.

Die niederländische Gesundheits- und Sozialpolitik der 90er Jahre legt
großen Wert auf die Rolle der Volunteers in der häuslichen Pflege. Das
erneute Interesse an den Volunteers auf diesem Gebiet steht im Gegensatz zu der Position von vor zwei Jahren, als Volunteers manchmal
bespöttelt wurden. Jetzt ist allgemein anerkannt, daß sie Lücken im
Dienstleistungssektor ausfüllen und einen wesentlichen Beitrag zur
häuslichen Pflege leisten können.

Die Meinung geht insbesondere dahin, daß Volunteers dort ihre Dienste anbieten können, wo hauptberuflich Tätige nicht handeln können
oder sollten und wo informelle Familienhilfe nicht genügt. Die Absicht
ist, Volunteer-Tätigkeit stärker als bisher zu spezialisieren. Die Aufmerksamkeit auf der öffentlich-rechtlichen Ebene konzentriert sich
gegenwärtig darauf, festzulegen, welchen angemessenen Beitrag
Volunteers in der Gesundheitsfürsorge leisten könnten, und insbesondere, wie ihre Einbeziehung vonstatten gehen soll und woher neue
Volunteers kommen könnten.

Auch wenn die niederländische Regierung die Entwicklung neuer
Grundsätze in bezug auf das Volunteering nicht als vorrangig betrachtet, so unternimmt sie doch Schritte zur Unterstützung und Ermutigung des Volunteering. Hauptaufgaben sind dabei gesetzliche Re-
formen zur Beseitigung der finanziellen Hindernisse beim Volunteering (z.B. Versicherungskosten und Auslagenersatz) und zur Förderung einer landesweiten Volunteer-Infrastruktur. Maßnahmen zur
Ausbildung von bezahlten und Volunteer-Managern und zur Anregung neuer Entwicklungen im freiwilligen Mitwirken müssen ihrer

Meinung nach ebenfalls ergriffen werden. Auf örtlicher Ebene, wohin die meisten Zuständigkeiten abgewälzt werden, haben eine Reihe lokaler Behörden umfassende Regelungen zum Volunteering sowie Programme zu dessen Unterstützung und Entwicklung erstellt.

4.5. Deutschland

In Deutschland zeigten sich Ende der 70er Jahre markante Veränderungen in der offiziellen Einstellung zum Volunteering. Als Folge der Professionalisierung der Sozialen Arbeit in den vorangegangenen Jahren war das Volunteering oder das „freiwillige soziale Bürgerengagement" zuvor selten Diskussionsgegenstand, weder in der Politik noch in der Praxis. Die vergangenen 25 Jahre haben aber zu einer Wiederentdeckung jener Menschen geführt, die als Volunteers im Feld sozialer Dienste tätig sind; das Volunteering wird neuerdings als eine neu auflebende „soziale Ressource" beschrieben.

Im Kontext der sich verschärfenden sozialen Probleme wird die unbezahlte Volunteer-Arbeit zunehmend als geeignetes Mittel bei der Umstrukturierung der Wohlfahrtsdienste gesehen. Beobachter stellen strukturelle Änderungen fest, die eine neue „Kultur des Helfens" oder eine „Kultur des Sozialen" ankündigen. Während das Volunteering durchaus in vielen Bereichen anzutreffen ist, z.B. im Sport und im Freizeitsektor, im Kultur- und Umweltbereich, in Kunst und Politik, konzentriert sich das ausgesprochene politische Interesse auf das Volunteering in der sozialen Arbeit und im Sport.

Vorrangiger Auslöser dieser politischen Veränderung ist die schwere Krise des Wohlfahrtsstaates im vereinigten Deutschland. Dieser Krise liegen zunächst finanzielle Probleme zugrunde, doch auch demographische und soziale Faktoren haben einen Teil dazu beigetragen. In den letzten fünf Jahren haben sich diese Probleme durch die Wiedervereinigung Deutschlands, die zu besonderen sozialen Schwierigkeiten in den fünf neuen Bundesländer führten, die die frühere DDR (Ostdeutschland) bildeten, weiter zugespitzt. Diese Probleme stammen teilweise aus dem Erbe des radikalen sozialistischen Politiksystems und teilweise aus dem dramatischen Prozeß der Wiedervereinigung seit 1989. Vielen Bürgern Ostdeutschlands bietet die Wiedervereinigung jedoch einmalige Möglichkeiten und Herausforderungen, „die neu gewonnene politische Freiheit in aktiver Weise mitzugestalten, soziale Defizite zu beseitigen und eine neue Gemeinschaft einzurichten", wie es einer der Kommentatoren ausgedrückt hat (vgl. Robert Bosch Stiftung 1994).

Die veränderte Haltung gegenüber dem Volunteering in Deutschland zeigte sich in den 80er Jahren, als mehrere offizielle Erklärungen für mehr Selbsthilfe und Altruismus unter den Bürgern eintraten. Insbesondere in den 90er Jahren lassen sich Veränderungen im Denken und in der Politik in bezug auf den Wohlfahrtsstaat in Deutschland feststellen. Wie in anderen Ländern auch hat die Einführung der Konzepte der *mixed economy of welfare* und des *enabling state* neue Wege einer Verbindung von Staat, freiem Markt und Selbstorganisation angedeutet.

Die neue Politik in Deutschland vereinigt in sich eine Neubewertung der Rolle des Staates, der öffentlichen Einrichtungen und der Marktkräfte. In deren Mittelpunkt stehen neue, nicht-staatliche Versorgungsgruppierungen, Projekte und Initiativen sowie der Beitrag der sozialen Netzwerke und der Selbsthilfe. Es muß jedoch festgestellt werden, daß es der deutschen Volunteer-Szene noch an einer entsprechenden Infrastruktur auf kommunaler, Landes- und Bundesebene mangelt.

Die Bundesregierung hat bestätigt, daß die rechtlichen Rahmenbedingungen für das Volunteering fehlen. 1994 hat das Bundesministerium für Familie und Senioren ein Gutachten mit dem Titel „*Rechtsfragen des freiwilligen sozialen Engagements – Rahmenbedingungen und Handlungsbedarf*" herausgegeben (vgl. Igl 1994). Es stellt die erste grundlegende, dem neuesten Stand entsprechende Zusammenstellung von Rechtsfragen dar, die für das Volunteering relevant sind. Das Gutachten soll „Grauzonen" im Bereich des Volunteering beseitigen. Das Ministerium erklärte, daß das wichtigste Ziel darin bestehe, „in den professionellen Gebieten eine intensive Diskussion über Wege zur Förderung und zum Schutz des Volunteer-Engagements als grundlegende Voraussetzung zu initiieren".

Intensive Debatten zwischen denjenigen, die eine Ausbreitung des Volunteering fordern – entweder aus finanziellen Gründen oder aus Sorge um die Überprofessionalisierung der sozialen Dienste –, und denen, die gegen solche Strategien und gegen den (ihrer Meinung nach) möglichen Mißbrauch des Volunteering kämpfen, kennzeichnen die gegenwärtige Situation in Deutschland (vgl. Paulwitz 1994b).

4.6. Frankreich

Frankreichs Politik in bezug auf das Volunteering beruht auf einem Gesetz aus dem Jahre 1901, das Volunteering in Verbänden vorschrieb und das die weitere Entwicklung alternativer Formen des Volunteering einschränkte. Die Professionalisierung der Sozialen Arbeit und anderer Dienste beeinträchtigt Volunteers und schickt sie weiterhin an den Rand der Fürsorge. Als Folge davon neigen französische Volunteers dazu, ihre Bemühungen auf Tätigkeitsfelder wie Arbeit mit Strafgefangenen, Drogen- und Aidskranken oder Armut und Frauenrechte zu konzentrieren. Seit den 80er Jahren hat es in Frankreich kaum offizielle Anreize gegeben, die zur freiwilligen Mitarbeit ermutigten. Ebenso gibt es keine klare offizielle Politik in bezug auf das Volunteering (vgl. Ferrand-Bechman 1992).

Inzwischen ändert sich die Situation jedoch langsam, da der Staat darauf bedacht ist, daß frei-gemeinnützige Organisationen und Volunteers in der Wohlfahrtsversorgung eine größere Rolle spielen. Die Regierung hat eine Anzahl von Gutachten über verschiedene Aspekte der freiwilligen Arbeit in Auftrag gegeben und damit begonnen, Volunteering in ihren Sprachgebrauch aufzunehmen. In den letzten Jahren sind der Nationalversammlung zwei für unseren Zusammenhang wichtige Gesetzesentwürfe vorgelegt worden. Der erste, 1981 eingebrachte Gesetzentwurf (*André Henry Bill)* enthielt fünf Abschnitte, die sich auf Verbände bezogen und folgende Maßnahmen empfahlen: Gesetzliche Anerkennung des sozialen Nutzens von Volunteering-Verbänden (was zu deren Unterstützung durch staatliche Behörden führen würde); Einführung des Status eines Administrators für Volunteering als „sozialen Repräsentanten" (Verleihung von Rechten und Anerkennung); Bezuschussung der Verbände aus Mitteln der staatlichen sozialen Haushalte; Erweiterung der Mitsprachemöglichkeiten und steuerliche Erleichterungen für Verbände. Die Gesetzesvorlage wurde jedoch nach über einem Jahr der Gespräche zwischen Ministerien und Vertretern der Verbände abgelehnt, und nur geringfügige Verordnungen waren das Ergebnis. Dazu gehörte jedoch die Bildung des *Conseil National de la Vie Associative (CNVA)*, der die Regierung in Sachen Verbände berät. Die zweite Gesetzesvorlage, vom damaligen Premierminister Michel Rocard 1990 eingebracht, enthielt Vorschläge zur Freistellung der Vorsitzenden von freien gemeinnützigen Verbänden zu Repräsentationszwecken und zum Aufbau eines Netzwerks zur Fortbildung von Volunteer-Koordinatoren. Diese Aufgaben sollten durch die Einführung eines Ausbildungsversicherungs-Fonds garantiert werden. Der Entwurf sah auch einen verbesserten sozialen Schutz für Volunteers vor und – vielleicht als wichtigsten Punkt – die Entwicklung einer größeren sozialen Anerkennung des Volunteering. Auch aus diesem Entwurf wurden einige Maßnahmen angenommen, doch trotz der Diskussion darüber, wie man in

Sachen Volunteering weiter verfahren soll, wurden keine nennenswerten Fortschritte in der Gesetzgebung gemacht.

Es heißt, daß in den Augen der französischen Regierung Volunteering im Verdacht stehe, der Schwarzarbeit sehr nahe zu kommen. Nur wenige Maßnahmen wurden zur Ermutigung der Volunteers ergriffen, und freiwillige Mitarbeiter erhielten lediglich begrenzte Rechte zugestanden. Insgesamt haben die politischen Parteien und Institutionen in Frankreich das freigewählte soziale Handeln nur wenig unterstützt. Das Verhältnis des Staates zum Volunteering wird als „äußerst zurückhaltend" beschrieben. Es wird von der Angst beherrscht, daß zu bezahlende Arbeit auf Volunteers übertragen wird. Offen ist, wie sich die neue Perspektive einer *mixed welfare*-Politik auf die Beziehungen zwischen Regierung und Volunteer-Organisationen auswirken wird.

4.7. Dänemark

Während der letzten zehn bis fünfzehn Jahre haben sich in der dänischen Gesellschaft enorme wirtschaftliche und ideologische Veränderungen vollzogen. Große ökonomische Probleme und hohe Arbeitslosenzahlen haben zu einem Überdenken der wohlfahrtsstaatlichen Ideologie gezwungen. Der Wohlfahrtsstaat hat – unter der Federführung der Regierung – sein Gesicht verändert und seinen Bedarf umgestaltet. Neue Denkmodelle sind vorgestellt und neue Wohlfahrtspartner sind einbezogen worden. Dabei hat man sich insbesondere auf den nicht-staatlichen Sektor als möglichen Anbieter von Dienstleistungen konzentriert. Anstatt dem kommerziellen Markt den Vorrang zu geben, hat die Regierung den Mut gehabt, das Zusammenwirken zwischen Staat und nicht-staatlichem Sektor zu fördern, und hohe Geldsummen zur Bezuschussung von Entwicklungsprojekten bereitgestellt.

Nicht-staatliche Organisationen, die in Dänemark in der Wohlfahrt arbeiten, sind seit den 50er Jahren als Ergänzung zum öffentlichen Wohlfahrtssystem betrachtet worden und haben in den Augen der Politiker eine kaum sichtbare Rolle gespielt. Allerdings ist während dieser Zeit der nicht-staatliche Sektor in der Kultur, im Sport und in der Bildung wesentlich in Erscheinung getreten. Inzwischen besteht bei der Regierung eine wachsende Tendenz, sich auch in der Wohlfahrt für Organisationen zu interessieren, die Volunteers einbeziehen, in der Hoffnung, daß diese staatliche Dienste teilweise ersetzen und besondere soziale Probleme lösen können. Diese Erwartungen erstrecken sich auch auf die Durchführung von Sozialdiensten. Nicht-staatliche Organisationen sind jedoch der Meinung, daß sie nicht genügend Ressourcen haben, um staatliche Dienstleistungen zu ersetzen, und deshalb staatliche Zuschüsse zur Durchführung einer solchen Arbeit benötigen. Die verantwortlichen Politiker im Staat scheinen außerdem zu glauben, daß die Unterstützung von nicht-staatlichen Organisationen automatisch zu einer Vergrößerung der Zahl der Volunteers führen wird (vgl. Habermann 1993).

Sowohl die zentrale als auch die lokalen Regierungen sind in zunehmendem Maße am Volunteering als einer Möglichkeit zur Kosteneinschränkung interessiert. Beim Gesetzgeber scheint der Eindruck vorzuherrschen, daß Volunteers ein billiges Arbeitskräftereservoir darstellen. In Dänemark sind einige lokale Behörden dazu übergegangen, Budgets für informelle Pflegekräfte und Volunteers auszuweisen, die unentgeltlich wichtige Dienstleistungen für ältere Menschen erbringen, die gegenwärtig noch Teil der staatlichen Versorgung sind. In den 90er Jahren bestand die Politik der Regierung darin, die freiwillige Arbeit zunehmend in Richtung ausgewählter und kontrollierter Projekte zu lenken, deren Zielgruppe randständige, soziale Gruppierungen sind, die im Zuge der massiven Einschränkung staatlicher Leistungen nicht mehr versorgt werden.

Trotz der weitreichenden Unterstützung des Volunteering seitens des Staates wird kritisiert, daß diese wohlwollende Förderung sich nur auf die positiven Seiten des Volunteering zu konzentrieren scheine und die Tatsache übersehe, daß die Volunteers für spezialisiertere und schwierigere Arbeiten nicht ausgerüstet seien. Beobachter haben davor gewarnt, daß – wenn frei-gemeinnützige Organisationen Verantwortung für Dienstleistungen, für die sie nicht geeignet sind, übernähmen – das Volunteering untergraben werde und daß das Wohlfahrtssystem zusammenbrechen könnte.

Innerhalb des freien gemeinnützigen Sektors besteht die Auffassung, daß die Volunteers zum Einsatz im Präventionsbereich, nicht aber zur Übernahme von schwierigen Versorgungsaufgaben bereit seien, die zur Verantwortlichkeit des Staates gehören; die Volunteers seien wohl darauf vorbereitet, bei der Verbesserung der wohlfahrtsstaatlichen Arbeit mitzuhelfen, aber nicht, diese Dienste zu ersetzen oder zu unterlaufen. Außerdem könnte es sein, so heißt es, daß sie nicht bereit sind, Arbeiten zu erbringen, die außerhalb der hauptsächlichen Zielsetzung der Organisation liegen, nur weil der Staat dies möchte. Während die jetzige dänische Regierung in ihrer Rhetorik eine der leidenschaftlichsten Pro-Volunteering-Einstellungen innerhalb der Länder-studie an den Tag legt, besteht die Sorge, daß man sich in einem Bereich der öffentlichen Wohlfahrt, ohne Unterschiede zu machen, voll auf die Volunteers verläßt.

Außerdem ist festzustellen, daß der dänische Staat dadurch, daß er dem Volunteering keine gesetzlichen Barrieren in den Weg stellt, zugleich auch keine Rechte zur Unterstützung des Volunteering festgelegt hat. Die Steuergesetze und die Regelungen für gemeinnützige Zwecke wirken sich negativ auf die nicht-staatlichen Aktivitäten und auf das Volunteering aus.

4.8. Schweden

Im Vergleich zu anderen europäischen Ländern hat sich die schwedische Regierungspolitik in den letzten Jahren in bezug auf den freigemeinnützigen Sektor und auf das Volunteering insgesamt passiv verhalten und sich nicht eingemischt. Dies geschieht vor dem Hintergrund, daß die Gesetzgebung hinsichtlich nicht-staatlicher Organisationen und der freiwilligen Arbeit sehr zurückhaltend ist, was sowohl Ausdruck einer langen Tradition als auch ein bewußter ideologischer Standpunkt ist, der wiederum darauf abzielt, die Impulse in Richtung freiwilliger Tätigkeiten möglichst nicht zu reglementieren. Die landespolitische Sichtweise tendiert dahin, die lebensnotwendige Rolle dieses Sektors zur Aufrechterhaltung der Demokratie, dessen Fähigkeit, die politischen Formationen zu gestalten, und seine soziale Funktion zu unterstützen (vgl. Jeppson Grassman 1993).

Insbesondere örtliche Behörden haben Organisationen der Sozialen Arbeit umfassend finanziell unterstützt, was als eine „einseitige Abhängigkeit von Regierungssubventionen" beschrieben wurde. In den Jahren von 1960 bis 1980 kam es in Schweden zu einem plötzlichen Aufblühen sogenannter „Identitäts"-Bewegungen und -Organisationen, die z. B. Behinderte und andere spezifische Klientengruppen vertraten. Die Regierung zeigte sich diesen Initiativen gegenüber wohlgesonnen. Ein aktives Zusammenwirken war eher die Regel als die Ausnahme, die Initiativen wurden großzügig bezuschußt.

In den letzten Jahren wurden jedoch die Regierungssubventionen gekürzt, ideologisch vollzogen sich Veränderungen, und die Rolle des nicht-staatlichen Sektors wurde in ökonomischer Hinsicht neu überdacht. Die traditionelle Sicht, die den Volunteersektor als eine Schule für Demokratie und bürgerschaftliche Befähigung betrachtete, weicht mehr und mehr einer instrumentellen Auffassung, die stark von wirtschaftlichen Schwierigkeiten und europäischen Trends geprägt ist. So wird das Volunteering momentan insbesondere von nicht-sozialistischen Parteien als eine Hauptressource angesehen, die die Kosten im expandierenden Wohlfahrtsstaat verringern oder zumindest stabil halten kann. Der Volunteersektor wird als Quelle gesehen, aus der Volunteers als Krankenschwestern, Pfleger und Assistenten in der Wohlfahrtsarbeit mobilisiert werden können. Man erwartet von ihm neue Ideen und Lösungen für soziale Probleme, für die der Staat keine bewährten Strukturen oder politischen Konzepte hat.

Die Politik der Sozialdemokraten hat den öffentlichen Sektor verteidigt – bei gleichzeitiger Öffnung eines Weges für den frei-gemeinnützigen Sektor und für organisatorische Zusammenschlüsse, um größere Aktivitäten bei der Absicherung der Wohlfahrt zu entwickeln. Die 1991 gewählte nicht-sozialistische Regierung unterschied zwischen der Finanzierung, der Kontrolle und der Produktion sozialer Dienstleistungen und nannte die freien gemeinnützigen Organisationen eine „Ergänzung" oder einen „Ersatz" für einzelne Dienste des öffentlichen Sektors. 1993 wurde ein Komitee zur Erarbeitung von Langzeitstrategien für den nicht-staatlichen Sektor gegründet, was zum Teil auf Veranlassung dieses Sektors erfolgte, der dort auch vertreten ist. Dieser Ausschuß gab eine Reihe von Erklärungen ab, die die besondere Qualität und den inneren Wert der Volunteer-Arbeit anerkennend würdigte und deren Überlegenheit in bestimmten Situationen im Vergleich zu öffentlichen Lösungen hervorhob. Gegenwärtig herrscht jedoch die Auffassung vor, daß die Bedingungen, die den nicht-staatlichen Sektor als Ganzen und speziell den Wohlfahrtsbereich umgeben, sehr unklar sind. Von der neuen sozialdemokratischen Regierung, die im August 1994 ihr Amt angetreten hat, hat man wenig Veränderungen hinsichtlich dieser Unsicherheit erwartet. Der Trend scheint in Richtung eines Anwachsens von Dienstleistungen zu gehen, doch bis jetzt gibt es wenige Anzeichen für den Aufbau einer „Vertrags-Kultur" für die Wohlfahrtsdienste (vgl. Svedberg/Jeppson Grassman 1995).

4.9. Bulgarien

Wir haben oben bereits die Auswirkungen des Kommunismus auf die freiwillige Mitarbeit in Osteuropa erwähnt. Mitte der 90er Jahre befindet sich das Volunteering in Bulgarien in einem „sonderbaren Entwicklungszustand" mit unklarer Regierungspolitik, ohne stabile Organisationsformen und ohne gesicherte Rahmenbedingungen. Während die Regierungspolitik einerseits die Rolle der privaten Wohltätigkeit gefördert hat, indem sie auf breiter Ebene Ressourcen für die

Unterstützung der Armen, Alten und Behinderten, der Schulen und der öffentlichen Gesundheitsfürsorge erschloß, war sie nur indirekt um den Aufbau der freiwilligen Arbeit bemüht und hat sich nicht auf Volunteering als einen wesentlichen Bestandteil ihrer Politik konzentriert.

Die Gesetze in Bulgarien erlauben die Einrichtung zweier Arten von Zusammenschlüssen zu gemeinnützigen Zwecken: Stiftungen und Verbände. Der freiwilligen Arbeit in diesen Zusammenschlüssen wird allerdings keine besondere Beachtung geschenkt. Für Stiftungen ist im allgemeinen eine starke Einmischung der öffentlichen Hand typisch, verbunden mit staatlicher Kontrolle und Überwachung auf ministerieller Ebene. Im Zeitraum von 1990 bis 1992 wurde ein generelles System von Regelungen sowohl für die Verbände als auch für die Stiftungen eingeführt. Allgemein formuliert bewirkten die genannten rechtlichen Änderungen so etwas wie einen Übergang von einer Situation, in der lediglich Fachorganisationen (legale Zusammenschlüsse mit gemeinnützigem Zweck) zur Unterstützung spezieller Wohltätigkeitsaktivitäten angeregt wurden, unabhängig von der Form der Organisation, die diese Aktivitäten durchführte.

In der Folge blieb es bei den Aktivitäten der Wohltätigkeitsgesellschaften. Zur Belebung neuer Wohlfahrtsaufgaben werden keine Maßnahmen entwickelt, die auf frei-gemeinnützige Organisationen ausgerichtet sind. Selbst jene Gesetze, die das wohltätige Engagement anregen könnten, sind unzureichend ausgearbeitet oder vage formuliert. Das hat zur Folge, daß deren Leistungen (z.B. Steuerbefreiungen) gar nicht voll ausgeschöpft werden. Die Notwendigkeit umfassender gesetzlicher Rahmenbedingungen für Volunteering wird im freien gemeinnützigen Sektor Bulgariens auf breiter Ebene deutlich ausgesprochen.

Die hohe Arbeitslosigkeit und Armut in Bulgarien, verursacht durch schwere ökonomische und soziale Krisen, haben dazu geführt, daß fieberhaft nach bezahlter Arbeit gesucht wird und daß die Möglichkeiten der freiwilligen Arbeit zurückgedrängt wurden. Dies ist zweifellos einer der Hauptfaktoren für das mangelnde Interesse der Regierung an Volunteering und erklärt das momentane Fehlen eines praktikablen Konzeptes hinsichtlich der freiwilligen Tätigkeit in Bulgarien.

4.10. Slowakei

1989 führte die „Sanfte Revolution" zum Ende der kommunistischen Ära in der Tschechoslowakei; im Januar 1993 wurde der unabhängige, souveräne Staat der Slowakischen Republik errichtet. In den fünf Jahren seit 1989 haben die nicht-staatlichen, gemeinnützigen Organisationen in der Slowakei nach Jahren der Unterdrückung und Indienstnahme durch den Kommunismus wieder zu blühen begonnen. Diese Wiederentstehung wurde dadurch erleichtert, daß 1992 eine neue Verfassung verabschiedet wurde, die allen Bürgern das Recht auf Vereinigung garantierte. Stiftungen wurde der Status einer juristischen Person und eine eigene Besteuerung zuerkannt.

Die im März 1994 gebildete Regierung erklärte, sie beabsichtige, das Wachstum von Bürgerverbänden zu pflegen. Im Sommer 1994 wurden unter Beteiligung der Organisationen des freien gemeinnützigen Sektors neue Vorschläge für die Gesetzgebung entwickelt. Sie richteten sich vor allem auf Steuer- und Einkommensfragen, die als notwendig betrachtet werden, weil die für die Bildung von freien Vereinigungen erforderlichen Haushaltsmittel begrenzt sind und die Unterstützung aus öffentlichen Mitteln abnimmt. Während die zentralen und lokalen Behörden den Nicht-Regierungs-Organisationen (*Non-Government Organisations, NGOS*) eine gewisse materielle Unterstützung in Form von Personal und sogar in Form von Beihilfen gewährten, müssen die zusätzlichen Unterhaltungskosten aus nicht-staatlichen Quellen aufgebracht werden.

Die Regierung beendete jedoch ihre Amtszeit, ohne zu diesem Thema neue Gesetze oder Regelungen erlassen zu haben. Jedenfalls hat sich keines der Gesetze speziell mit Fragen der Volunteers oder des Volunteering beschäftigt. Im Oktober 1994 wurde eine neue Regierung gewählt; ihre Verfahrensweise hinsichtlich der freiwilligen Arbeit ist jedoch noch nicht bekannt. Insgesamt hat sich der slowakische Staat nicht sonderlich um das Volunteering gekümmert und auch keine Grundlagen geschaffen, diese Tätigkeit zu unterstützen und zu fördern. Die NGOS vertreten sogar die Auffassung, daß sie von Regierungsvertretern beargwöhnt werden. Einige der gewählten Politiker haben öffentlich nach der Unbestechlichkeit oder dem Können der Leiter solcher Organisationen gefragt sowie nach ihren Geldquellen, nach ihrem finanziellen Gebaren und danach, ob sie gegenüber „fremden Einflüssen" anfällig sind (vgl. Bútovová/Daniel 1995).

NGOS in der Slowakei haben jüngst ein „Gremium" gebildet, um als Interessengruppe gemeinsam für Veränderungen einzutreten. Eines ihrer größten Anliegen ist es, das Ansehen und die sozialen Werte der freiwilligen Arbeit zu verbessern. Aufgrund der fast vollständigen Auslöschung der Tradition des Volunteering während des Kommunismus und der negativen Auswirkung des „erzwungenen Voluntarismus" in diesem Zeitabschnitt ist das Ansehen der freiwilligen Aktivitäten und das Interesse an ihnen gering. Neben den wirtschaftlichen Schwierigkeiten der Menschen und der Betriebe, die sich gegen eine Unterstützung des freiwilligen Engagements aussprechen, bereiten die kulturellen Einstellungen den slowakischen NGOs bei der Gewinnung von Volunteers große Probleme.

Nach dieser Darstellung der allgemeinen Haltung der einzelnen Regierungen zum Volunteering und zum nicht-staatlichen Sektor konzentrieren wir uns im nächsten Kapitel auf eine spezielle Frage: die Arbeitslosigkeit.

5. Volunteering und Arbeitslosigkeit

Die Beziehung zwischen Arbeitslosigkeit und Volunteering sprachen einige Ländervertretungen in ihrer Studie an; teilweise hat man sich sogar mit besonderen rechtlichen Maßnahmen in bezug auf das Volunteering und auf die Arbeitslosigkeit beschäftigt. In anderen Ländern, z.B. in der Slowakei und in Bulgarien, stellt die Arbeitslosigkeit ein Hauptproblem dar, das dem Interesse und der Teilnahme an freiwilliger Arbeit entgegensteht.

Untersuchungen in Großbritannien haben gezeigt, daß Menschen, die arbeitslos sind, mit geringerer Wahrscheinlichkeit Volunteer-Arbeit leisten als Menschen, die berufstätig sind. Seit 1980 hat die Regierung eine Reihe von Plänen vorgestellt mit der ausdrücklich formulierten Absicht, arbeitslose Menschen zu Volunteer-Arbeit anzuregen. 1982 wurde der *Opportunities for Volunteering Fund* vom *Department of Health* geschaffen, um Arbeitslose in Großbritannien zu ermutigen, in Gesundheits- und Sozialdienstprojekten Volunteer-Arbeit zu leisten. Ähnliche Maßnahmenprogramme wurden in Schottland und Wales aufgelegt. Die *Manpower Services Commission* hat außerdem 1982 Volunteer-Programme gefördert, um Projekte zu unterstützen, an denen sich arbeitslose Volunteers beteiligen. Auf dem Höhepunkt der Maßnahmen nahmen rund 15.000 Volunteers daran teil. Das Programm war auf Menschen ausgerichtet, die als arbeitslos registriert waren und den ausdrücklichen Wunsch nach Weiterentwicklung ihrer Fähigkeiten hatten. Diese Maßnahme lief 1988 aus und wurde durch das unbegrenzte *Community Opportunities Program* ersetzt, das Training und Beratung von Unternehmern beinhaltete, um die freiwillige Übernahme von arbeitslosen Menschen zu unterstützen. Seit dieser Zeit wurden weitere spezielle Beschäftigungsprojekte angeregt oder diskutiert.

Ein zweites Gebiet der Politik, das Arbeitslose und Volunteering in Großbritannien berührt, bezieht sich auf die Gewährung von Arbeitslosenunterstützung und die damit verbundenen Bedingungen, für die Arbeitsaufnahme verfügbar zu sein – Regelungen, die den Empfängern von Arbeitslosenunterstützung auferlegt sind. Während es für Volunteering von Arbeitslosen keine gesetzlichen Barrieren gibt, können in der Praxis Probleme bei der Auslegung der genannten Regelungen entstehen. Diese können verhindern, daß jemand gleichzeitig Volunteer-Arbeit leistet und Unterstützung beansprucht. Verpflichtet sich ein Volunteer im Übermaß zu freiwilligen Tätigkeiten, kann dies als Beweis dafür angesehen werden, daß er nicht ernsthaft nach Arbeit sucht und im Falle eines Angebots für bezahlte Arbeit nicht in der Lage wäre, dieses anzunehmen. Auf Druck des frei-gemeinnützigen Sektors hat die britische Regierung neuerdings Schritte unternommen, die es Arbeitslosen erleichtern, Volunteer-Arbeit zu übernehmen. Sie hat den Zeitraum zur Registratur, der Volunteers zur Verfügung steht, um ihre freiwillige Arbeit zu verlassen und bezahlte Arbeit aufzunehmen, von 24 auf 48 Stunden verlängert. Trotz dieses Zugeständnisses bleibt die Verwirrung über die Auslegungsmöglichkeit der Gesetzgebung bestehen. Damit ist die Sorge verbunden, daß einige Arbeitslose vom Volunteering abgeschreckt werden könnten. Ängste bestehen auch hinsichtlich der Auswirkungen der neuen *Job Seeker Allowance*. Im gleichen Zusammenhang hat die Regierung Erleichterungen für behinderte Arbeitslose geschaffen, die nun durch die Ausübung einer freiwilligen Tätigkeit ihre Invalidenunterstützung nicht mehr verlieren. Diese Rente gilt auch für das *Capacity Benefit*, das das *Invalidity Benefit* im April 1995 abgelöst hat. Es bleibt jedoch die Sorge darüber, inwieweit örtliche Arbeitsämter bei der Einschätzung dessen, ob freiwillige Tätigkeit die Disponibilität zur Übernahme bezahlter Arbeit einschränkt, ihren Ermessensspielraum überschreiten. Zusätzlich werden in der Praxis härtere Auswahlkriterien für die neue Rentenreform angelegt, die die Volunteer-Arbeit für Empfänger von Unterstützung schwieriger gestalten. Deshalb gibt es sowohl Bedenken in dieser Richtung als auch Hinweise darauf, daß einige Behinderte aus Angst vor Verlust der Unterstützung vom Volunteering abgehalten werden.

Eine Reihe dieser Bedingungen bezüglich Arbeitslosenunterstützung und Volunteering sind denen in der Republik Irland vergleichbar. 1993 ergriff das *Department of Social Welfare* eine Initiative und konzipierte die *voluntary work option*, um Arbeitslose ohne Verlust ihrer Arbeitslosenunterstützung zu freiwilliger Arbeit zu ermutigen. Voraussetzung dafür ist, daß das Volunteering die Verfügbarkeit für und die

Suche nach bezahlter Arbeit oder Ausbildung nicht beeinträchtigt. Die Möglichkeiten der freiwilligen Arbeit erstrecken sich auf viele Gebiete: auf Wohlfahrtsdienste, kirchliche Gruppen, Sport und kulturelle Vereinigungen. Die Arbeit muß jedoch für die Entwicklung der Fähigkeiten des Volunteers oder für dessen Vorbereitung auf eine Vollzeitarbeit von Nutzen sein und sollte zudem dem Gemeinwesen Gewinn bringen. Zur Teilnahme an freiwilliger Arbeit bei zusätzlicher Beanspruchung der Unterstützungsberechtigung muß der Arbeitslose sicherstellen, daß die beteiligte freie gemeinnützige Organisation die entsprechenden Antragsformulare ausgefüllt hat und die Genehmigung des lokalen Arbeitsamtes vorliegt.

Eine andere irische Initiative hat 1993 das *Students Summer Jobs Scheme* eingeführt. Dieses ermöglicht Studierenden, die für Arbeitslosenunterstützung während der Sommerferien nicht in Frage kommen, eine für das Gemeinwesen nützliche Teilzeitbeschäftigung aufzunehmen und dafür aus dem Regierungsbudget bezahlt zu werden. Freie Träger können sich als Sponsoren für Studierende betätigen und dadurch, so hofft man, nicht nur eine zusätzliche Hilfe den Sommer über gewinnen, sondern auch Verbindungen zu potentiellen Volunteers aufbauen.

Die Republik Irland hat außerdem zwei Beschäftigungs- und Trainingsprogramme aufgenommen, die für die Personalausstattung von frei-gemeinnützigen Organisationen sehr wichtig geworden sind: das *Social Employment Scheme (SES)* und jüngst das *Community Employment Development Program (CEDP)*. Eine staatliche Trainingsagentur bietet diese Programme an, um Langzeitarbeitslosen durch vorübergehende Teilzeitanstellung bei geeigneten Sponsoreneinrichtungen Arbeitserfahrung zu vermitteln. Im letzten Jahrzehnt sind viele freie Träger, insbesondere kleine, vor Ort aufgebaute Gruppen, von diesen Programmen abhängig geworden, weil sie nur auf diese Weise das benötigte Personal halten können. Dies hat manchmal zu Spannungen zwischen dem Ausbildungsziel der bezuschussenden Agentur und den Bedürfnissen des Mitarbeiterstabes der freien Träger geführt. Für die letzteren liegen die Probleme darin, daß die Mitarbeiter solcher Programme eine Teilzeitanstellung für maximal ein Jahr haben, daß die Trainingsmöglichkeiten begrenzt sind und daß der Mitarbeiterstab häufig nicht über die spezialisierten Fähigkeiten verfügt, die von der Anstellungsorganisation gefordert werden. Darüber hinaus haben freiwillige Gruppen sehr wenig Einfluß auf die Abfolge, die Schwerpunkte und Arbeitsbedingungen, die von diesen Trainings- und Anstellungsprogrammen vorgegeben werden.

In Deutschland haben die fünf neuen Bundesländer (das frühere Ostdeutschland) den plötzlichen Kollaps der großen, staatseigenen Unternehmen erlebt, der eine beispiellos hohe Arbeitslosigkeit zur Folge hatte. Frauen, die davon besonders betroffen waren, werden jetzt gebeten, an Volunteer-Aktivitäten teilzunehmen, oft ohne dabei eine professionelle Unterstützung zu erhalten und mit nur minimaler Vergütung ihrer Ausgaben im Arbeitseinsatz.

Arbeitslose, die Arbeitslosenunterstützung bekommen, dürfen in Deutschland bis zu 17 Stunden in der Woche begrenzt bezahlt oder unbezahlt arbeiten, besonders, wenn dies dem Wohl der Allgemeinheit dient. Wenn Volunteers, die arbeitslos sind, diese Grenzen überschreiten, verlieren sie ihre Unterstützung. Man erwartet von ihnen außerdem, daß sie für Einstellungsgespräche oder für die Aufnahme eines bezahlten Arbeitsverhältnisses unverzüglich zur Verfügung stehen.

In den Niederlanden hat die öffentliche Diskussion über Arbeitsförderung zur Linderung der Arbeitslosigkeit eine lange Geschichte; auch Beschäftigungsprogramme sind immer wieder aufgelegt worden. Seit den 70er Jahren hat die Zentralregierung verschiedene Maßnahmen unternommen, um „zusätzliche" Jobs im frei-gemeinnützigen Sektor zu schaffen. Unter der Leitung von Regierungsabteilungen, die sich mit Beschäftigung und sozialer Sicherheit befassen, bieten Tausende von Projekten zusätzliche Arbeit an, obwohl der Anteil der Arbeitslosen, denen geholfen wurde, sehr gering ist. Auf lokaler Ebene hat eine Anzahl von städtischen Behörden versucht, die Arbeitslosen durch die Entwicklung von Arbeitsmöglichkeiten bei frei-gemeinnützigen Wohlfahrtsorganisationen und Gemeinwesenzentren zu mobilisieren. Die Projekte sind oft auf arbeitslose junge Menschen eingestellt, denen damit Gelegenheit zur Schulung und Volunteer-Arbeit angeboten wird, während andere Programme Emigranten und Flüchtlinge auf Ausbildungsplätze bringen, damit sie dort Arbeitserfahrung sammeln und ihr Niederländisch verbessern.

Infolge der gegenwärtigen Zunahme der Arbeitslosigkeit in den Niederlanden suchen Politiker nun nach Strategien, für die in der Vergangenheit das Klima ungünstig war. Sozialleistungen werden jetzt von den örtlichen Behörden als Anspruch dargestellt, für den vom Empfänger eine Gegenleistung erwartet wird. In der jetzigen Diskussion über Arbeitslosigkeit wird unterschieden zwischen der Unterstützung qualifizierter Leute, damit diese eine bezahlte Arbeit erhalten können, und der Suche nach Arbeitsplätzen (ohne Bezahlung) für Menschen, die offensichtlich nur eine geringe Chance haben, eine reguläre Arbeit zu finden. In manchen Gemeinden wird „erzwungene" freiwillige Arbeit mehr oder weniger als eine Lösung für die Folgen von Arbeitslosigkeit sowohl für einzelne als auch für die Gesellschaft als Ganzes gesehen. Allerdings wird in den Niederlanden heftig über dieses „erzwungene" Volunteering diskutiert, da bei der Einführung solcher Modellprojekte eine Reihe von Schwierigkeiten aufgetaucht sind.

In Dänemark gibt es ähnliche Regelungen, die das Volunteering für Menschen mit Arbeitslosenunterstützung extrem erschweren. Die meisten dieser Barrieren werden jetzt von der Regierung in Angriff genommen. Zahlreiche Maßnahmenprogramme sind mit dem Ziel durchgeführt worden, Arbeitslose zu „aktivieren". Diese Programme wollen die Aktivitäten mit den Unterstützungsleistungen verbinden, indem der Erhalt von Arbeitslosengeld daran geknüpft wird, daß ein gewisser Arbeitsumfang erbracht werden muß; dabei wird die öffentliche Unterstützung als eine Art Gehalt neu definiert. Die Arbeit kann im Rahmen von staatlichen und privaten oder frei-gemeinnützigen Einrichtungen geleistet werden und wird „freiwillige, unbezahlte Aktivität" genannt. Es wird behauptet, daß diese Programme Volunteering-Konzepte verwässerten und viele Mißverständnisse in der Öffentlichkeit und bei Professionellen hervorriefen: vor allem dahingehend, was Volunteering tatsächlich ist, und was es sein sollte.

In Belgien hat es neuerdings Versuche gegeben, Arbeitslosen, die Unterstützung erhalten, Beschränkungen in bezug auf freiwillige Arbeit aufzuerlegen. Ein 1992 eingebrachtes Gesetz, das unter bestimmten Bedingungen die Kürzung der Arbeitslosenunterstützung für Volunteers vorsah, wurde abgelehnt. Anfang 1993 trat jedoch ein anderes Gesetz in Kraft, das für das Volunteering von Arbeitslosen eine offizielle Genehmigung verlangte, dazu eine tägliche Gebühr von den Organisationen für jede arbeitslose Person, die dort Volunteer-Dienste leistete. Dies erlegte Organisationen, die sich für das Volunteering einsetzten, eine zusätzliche finanzielle Bürde auf und führte bei einigen zum Verzicht auf freiwillige Hilfe. Diese Gebühr wurde im April 1994 zurückgenommen, doch die geforderte Genehmigung blieb und entmutigt auf diese Weise weiterhin arbeitslose Volunteers.

Gegenwärtig wird in Belgien verlangt, daß ein Empfänger von Arbeitslosenunterstützung für bezahlte Arbeit zur Verfügung stehen muß. Er kann aber freiwillige Arbeit leisten, im Rahmen einer im voraus festgelegten Zeit und mit vorliegender Genehmigung des Arbeitsamtdirektors. Volunteering kann zugunsten eines öffentlichen Dienstes, einer Organisation öffentlichen Interesses, einer Bildungseinrichtung, eines kulturellen Zentrums oder Jugend-Clubs erfolgen.

Dazu muß der Volunteer eine Erklärung unterschreiben. Es ist möglich, daß der Direktor darauf verzichtet, wenn andernfalls Konflikte mit der freiwilligen Tätigkeit entstehen.

In Schweden fällt auf, daß Regelungen zur Arbeitslosigkeit und zum Volunteering fehlen. Arbeitslose sollen aktiv sein, wo immer es möglich ist. Dies schließt auch freiwillige Arbeit ein, vorausgesetzt, daß sie weiterhin nach einer Anstellung suchen und für eine Arbeitsaufnahme zur Verfügung stehen. Deshalb gibt es keine einschränkenden Regelungen zur Volunteer-Tätigkeit von Arbeitslosen.

Ein anderer Aspekt der schwedischen Politik in diesem Bereich ist, daß Angestellte in großem Umfang in frei-gemeinnützigen Organisationen als sogenannte „subventionierte Gehalts-Angestellte" tätig sind. Mit anderen Worten: Sie sind ehemalige Arbeitslose, die im Rahmen eines Projektes Jobs zur Arbeitsmarktentlastung erhielten und für deren Beschäftigung die Arbeitgeber hohe Subventionen vom Staat erhalten.

In den osteuropäischen Ländern dieser Studie erscheint diese Frage irrelevant und wurde deshalb nicht gestellt. In Bulgarien gibt es z.B. keine Regelungen für das Sozialversicherungssystem und für Volunteering. Außerdem sind keine speziellen staatlichen Programme zur Unterstützung freiwilliger Arbeit vorhanden. Diese werden aufgrund des gegenwärtigen politischen und ökonomischen Klimas für sinnlos und unnötig gehalten.

6. ZUSAMMENFASSUNG

Die dargelegten Diskussionen über die politischen Zusammenhänge im Bereich des Volunteering bestätigen, daß das Umfeld der freiwilligen Tätigkeit in den einzelnen Ländern jeweils sehr verschieden ist. Wenn es auch weitreichende Übereinstimmungen gibt, so wird der Weg der Volunteering-Tradition doch erheblich von der sozialen und politischen Situation eines jeden Landes bestimmt, die ihrerseits die großen Unterschiede in der Geschichte und in den Kulturen des Volunteering hervorgebracht hat.

Die Übereinstimmungen sind: die tiefverwurzelte Tradition von unbezahlter Arbeit, um anderen zu helfen und im Gemeinwesen aktiv zu sein, sei es aus religiösen oder aus weltanschaulichen Motiven und Zusammenhängen heraus; das Aufkeimen von frei-gemeinnütziger Aktivität im 19. Jahrhundert; das fortwährende Wechselspiel zwischen Voluntarismus und Staatlichkeit bei der Entwicklung der Wohlfahrtssysteme; jüngste ideologische Veränderungen auf beiden, auf der linken wie auf der rechten Seite, die die Werte von Volunteering betonen, und die gegenwärtige politische Konzentration auf Volunteers und frei-gemeinnützige Einrichtungen, in denen man einen Schlüssel für die Konzeption der *mixed economy of welfare* sieht. Die meisten dieser Trends sind in allen untersuchten Ländern zu erkennen.

Allerdings sind die Unterschiede wohl doch größer als die Ähnlichkeiten. Teilweise sind sie die Folge des jetzigen Entwicklungsstadiums des politischen und wirtschaftlichen Systems. Osteuropäische Regierungen sind der Meinung, daß es dringendere soziale und ökonomische Probleme als die Unterstützung des Volunteering gebe, und haben bis jetzt kaum gesetzgeberische Aktivitäten hinsichtlich der Volunteer-Arbeit entwickelt. In Westeuropa zeigen Großbritannien und Dänemark eine ausgesprochen volunteer-freundliche Einstellung. Die in der Republik Irland zum Volunteering angekündigten Gesetze werden seit langem erwartet. Frankreich nimmt politisch eine eher zurückhaltende Position gegenüber dem Volunteering ein. Schweden zeigt eine ausgeprägte Kultur des auf Mitgliedschaft basierenden Volunteering und eine organische Beziehung zwischen Staat und nicht-staatlichem Sektor in der Wohlfahrtsentwicklung. In Deutschland hat der Gedanke einer ehrenamtlichen bürgerschaftlichen Verpflichtung innerhalb des Volunteering neuen Aufwind bekommen. Favorisiert wird neuerdings das Konzept des freiwilligen sozialen Bürgerengagements, während gleichzeitig Diskussionen über den Wert neuer Schritte zugunsten einer Zunahme des Volunteering geführt werden.

Eine letzte Schlußfolgerung ergibt sich aus diesem Überblick: Möglicherweise benötigt das staatliche Vorgehen hinsichtlich des Volunteering eine koordinierte Entwicklung und eine administrative Vereinfachung. In einer Anzahl von Ländern scheinen die Regierungen trotz Zusagen nur ausgesprochen widerwillig die öffentlich-rechtlichen Grundlagen zur Förderung des Volunteering zu schaffen oder Gesetzesentwürfe in Gesetze umzuwandeln. Regierungen sind in bezug auf das Volunteering allem Anschein nach sehr vorsichtig und haben offensichtlich Schwierigkeiten, sich mit ganzem Herzen für dessen Unterstützung einzusetzen. Dadurch kann es zu einer völligen Umkehr der dafür gezeigten offiziellen Begeisterung kommen. Es erscheint aber auch wichtig, festzustellen, daß in einigen Ländern – Schweden ist dafür ein Musterbeispiel – das offensichtliche Schweigen der Regierung Ausdruck für eine aktive Politik des Nicht-Einmischens ist und daß dort der nicht-staatliche Sektor – nur minimal kontrolliert – aufblühen darf.

Die meisten Länder beklagen, daß ein zuverlässiger, gesetzlicher und politischer Rahmen und ein geregeltes Umfeld für das Volunteering fehlen, in denen es sich entfalten kann. In einigen Ländern zeigen sich Widersprüche in der offiziellen Politik. In Großbritannien steht z. B. die rhetorische Förderung des Volunteering im Gegensatz zu den Regelungen innerhalb öffentlicher Unterstützungsleistungen, die dazu führen, die freiwillige Arbeit unter den Antragstellern öffentlicher Hilfen einzuschränken.

Aus dieser Übersicht läßt sich folgern, daß in vielen Ländern die Aufgabe fortbesteht, eine zuverlässige, konstruktive und effektive Regierungspolitik hinsichtlich des Volunteering zu erreichen. Angesichts der politischen Untätigkeit, der Unbeständigkeit und manchmal auch Feindseligkeit kann sich das Volunteering in Europa allerdings auch in „das trojanische Pferd der öffentlichen Politik" verwandeln, wie es ein Beobachter ausdrückte.

Teil 2
Verbreitung und Gestaltung von Volunteering in Europa

Dieses Kapitel beschreibt die Ergebnisse der Einzelumfragen in folgenden neun Ländern: Belgien, Bulgarien, Dänemark, Deutschland, Republik Irland, Niederlande, Slowakei, Schweden und Großbritannien. Alle Untersuchungen, mit Ausnahme derer in Dänemark, erfolgten unter Verwendung eines einheitlichen Fragebogens. In Dänemark wurde die Studie auf einer eigenständigen Grundlage durchgeführt. Der dort verwendete Fragebogen wurde aber mit den Projektkoordinatoren zwecks Vergleichsmöglichkeiten abgesprochen. Die belgische Untersuchung war auf das französischsprachige Gebiet des Landes beschränkt. Die deutsche Umfrage umfaßte auch das Gebiet der früheren DDR; zum Vergleich zwischen Ost- und Westdeutschland werden diese Daten in den Tabellen getrennt aufgeführt. In Frankreich standen für diesen Teil der Forschung keine Geldmittel zur Verfügung. Für Großbritannien fand die Untersuchung in England statt und nicht für das Vereinigte Königreich als Ganzes.

Die Vorgehensweise bei der Umfrage gewährleistete eine repräsentative Auswahl der Einwohner eines jeden Landes. Einwohner, deren Muttersprache nicht der Landessprache entsprach, wurden nicht befragt. Deshalb sollte bei der Bewertung der Ergebnisse der Studie beachtet werden, daß das Volunteering von Personen, die die Landessprache nicht als Muttersprache sprechen, in der Untersuchung ausgeklammert ist. Die Vorgehensweise bei der Umfrage ist im Anhang (S. 199 ff.) in allen Einzelheiten beschrieben.

Der Fragebogen wurde ohne Verwendung des Begriffes „*Volunteering*" aufgebaut, um nicht vorgefaßte Meinungen der Befragten auszulösen. Stattdessen wurde ihnen die nachstehende Beschreibung vorgegeben: „In den folgenden Fragen geht es um die Zeit, die man freiwillig und ohne Bezahlung irgendeiner Organisation zur Verfügung stellt, mit dem Ziel, diese Zeit Menschen oder einer besonderen Sache zugute kommen zu lassen. Dies kann jede Art von Aktivitäten oder Arbeit beinhalten, die einer Gemeinde/Gemeinwesen, einer Gemeinschaft oder einem einzelnen Mitmenschen außerhalb der eigenen

Familie hilfreich ist, wobei Sie selbst oder Ihre unmittelbare Familie aus diesem Vorgehen auch persönlichen Nutzen ziehen können. Auch unbezahlte Arbeit oder Aktivitäten zum Wohl einer bestimmten Sache, z.B. der Umwelt oder des Tierschutzes, gehören dazu."

Für diese Art unbezahlter Arbeit wird im vorliegenden Bericht aus Gründen der Zweckmäßigkeit der Ausdruck „*Volunteering*" verwendet.

1. VERBREITUNG DES VOLUNTEERING

1.1. Gesamtraten des Volunteering

Die Untersuchung in acht Ländern weist nach, daß 23% der Bevölkerung im Jahr 1994 Volunteer-Arbeit geleistet haben (siehe Tabelle 1). Diese Zahlen ergaben sich aus den Antworten auf die direkte Frage nach unbezahlter Arbeit. Wenn den Befragten eine Liste mit unterschiedlichen Arten unbezahlter Arbeit gezeigt wurde, die Menschen in einem freiwilligen Rahmen ausüben können, erhöhen sich die Gesamtzahlen der acht Länder um weitere 4%. Demzufolge hat im vergangenen Jahr mehr als ein Viertel (27%) der Bevölkerung in acht Staaten Volunteer-Arbeit geleistet. In Dänemark waren es 28%.

Die Unterschiede zwischen den Ländern sind allerdings markant. Belgien, die Niederlande, Schweden und Großbritannien haben die höchsten Anteile an Volunteers. In den Niederlanden gaben beinahe vier von zehn Menschen an, sie hätten im Jahr 1994 Volunteer-Arbeit geleistet. Etwa ein Viertel der Iren und Dänen haben Volunteer-Arbeit geleistet; Bulgarien, Deutschland und die Slowakei liegen unterhalb von 25%, am höchsten war die Zahl im früheren Ostdeutschland und am niedrigsten mit 12% in der Slowakei.

1.2. Persönliche und demographische Merkmale des Volunteering

In den Quoten für männliche und weibliche Volunteers zeigen sich Unterschiede (siehe Tabelle 2). Insgesamt weisen die acht Länder aus, daß 27% der Männer und 26% der Frauen im Jahr 1994 Volunteer-Arbeit geleistet haben. In fünf Ländern hatten die Männer höhere Quoten als die Frauen – kleinere Unterschiede gab es in Bulgarien und Irland, größere in Schweden und in den Niederlanden, wo die Differenz elf Prozentpunkte ausmachte. Auch Dänemark weist etwas höhere Zahlen bei Männern aus als bei Frauen. In der Slowakei sind die Quoten für die Geschlechter ähnlich, wogegen in Belgien und in Großbritannien Frauen höhere Prozentsätze haben als Männer. Die

Tabelle 1: Prozentsatz des Volunteering im Jahr 1994
(Basis = Alle Antworten)

	T*	BE	BU	DÄ	DT	DW	DO	IR	NL	SL	SW	GB
Spontan[1]	23	30	14	28[3]	16	15	19	22	34	11	32	27
Nachgefragt[2]	27	32	19		18	16	24	25	38	12	36	34

[1] Als Antwort auf die Frage „Haben Sie im Jahr 1994 irgendeine unbezahlte Arbeit oder Aktivität für oder mit einer Organisation ausgeführt, die mit Ihrer bezahlten Arbeit nichts zu tun hat und nicht nur zu Ihrem eigenen Nutzen oder dem Ihrer Familie diente?"

[2] Nachgefragt bei denen, die die obige Frage mit „nein" beantwortet haben, Vorzeigen einer Liste von Typen unbezahlter Arbeit, die Menschen tun, und Prüfung, ob sie eine davon ausgeführt haben.

[3] Dänemark hat trotz Nachfrage nur eine Zahl angegeben.

Länder, in denen mehr Frauen als Männer Volunteer-Dienste leisten, befinden sich in der Minderheit.
Die Bereitschaft zu Volunteering verändert sich auch mit dem Alter (siehe Tabelle 3, S. 66). Insgesamt haben die untersuchten acht Länder eine im wesentlichen gleichmäßige Altersverteilung, mit einem

Tabelle 2: Prozentsatz des Volunteering im Jahr 1994 hinsichtlich Geschlecht
(Basis = Alle Antworten)

	T	BE	BU	DÄ	DT	DW	DO	IR	NL	SL	SW	GB
Männlich	27	27	21	29	18	17	27	28	43	12	38	31
Weiblich	26	35	18	27	17	16	23	24	34	12	32	36
Total	27	32	19	28	18	16	24	25	38	12	36	34

* Generelle Bezeichnungen:
T = „Total" bezieht sich auf Gesamtzahlen für alle Länder ausschließlich Dänemark. Säulenüberschriften: BE – Belgien; BU – Bulgarien; DÄ – Dänemark; DT – Deutschland, gesamt; DW – Westdeutschland; DO – Ostdeutschland; IR – Republik Irland; NL – Niederlande; SL – Slowakei; SW – Schweden; GB – Großbritannien.
Diese Säulenüberschriften werden für sämtliche Tabellen, die sich auf Ergebnisse dieser Länder beziehen, beibehalten.

leichtem Anstieg in den mittleren Jahren und einem Rückgang nach dem 65. Lebensjahr. In einzelnen Ländern sind jedoch deutliche Unterschiede zwischen den Altersrängen erkennbar. Generell besteht die Tendenz, daß die Volunteering-Quoten im mittleren Alter (35 bis 54 Jahre) relativ hoch sind, mit abfallenden Raten nach diesem Alter, wenn auch in einigen Ländern die Zahlen bei jungen Menschen sowie bei älteren Altersgruppierungen höher liegen. Es ist bemerkenswert, daß das Volunteering in Bulgarien, in der Slowakei und in Ostdeutschland bei älteren Bürgern eine höhere Bedeutung hat als bei den Jüngeren. Dies ist wahrscheinlich auf die unterschiedliche Geschichte des Volunteering zurückzuführen und auf das Widerstreben der jüngeren Menschen, die nach Ende der Zwangsherrschaft in jenen Ländern nicht bereit sind, wieder freiwillige Arbeit zu leisten. Generell gibt es bei der Untersuchung eine breite Palette von Altersprofilen für das Volunteering, ohne daß man von einem ausgeprägten Standardmuster für Volunteers innerhalb der Bevölkerung in Europa ausgehen könnte.

Tabelle 3: Prozentsatz von Volunteering im Jahr 1994 hinsichtlich Altersgruppen
(Basis = Alle Antworten)

	T	BE	BU	DÄ	DT	DW	DO	IR	NL	SL	SW	GB
Bis zu 24	25	37	15	26	23	23	21	42	34	5	32	37
25-34	24	34	24	24	16	13	25	20	33	7	32	35
35-44	28	30	17	43	18	16	26	35	44	17	39	40
45-54	32	32	29	33	21	19	31	33	39	17	42	36
55-64	27	29	19	20	18	13	31	31	44	12	34	25
65+	21	22	14	17	13	13	14	12	37	17	36	30
Total (Gesamtzahl)	27	32	19	28	18	16	24	25	38	12	36	34

Wenn wir das Volunteering in der Einzelumfrage hinsichtlich des Familienstandes betrachten (siehe Tabelle 4), finden wir etwas höhere Zahlen für das Volunteering bei den Verheirateten: 25% gegenüber 23% bei Alleinstehenden oder denen, die nicht mit einem Partner zusammen leben (dies schließt Singles, Verwitwete und Geschiedene ein). In den einzelnen Ländern finden wir unterschiedliche Bilder. In zwei Ländern – der Republik Irland und Schweden – leistet ein signifikant höherer Prozentsatz von Verheirateten Volunteer-Arbeit. Ein geringerer Unterschied wurde für Dänemark festgestellt. In Belgien und Deutschland engagieren sich mehr Einzelpersonen in der Volunteer-Arbeit als Verheiratete, während in den übrigen Ländern Einzelpersonen ungefähr im gleichen Verhältnis oder in etwas geringerem Ausmaß als Volunteers tätig sind. Verwitwete, getrennt Lebende oder Geschiedene sind in den meisten Ländern mit deutlich niedrigeren Zahlen in der Volunteer-Arbeit tätig, wenn auch die Slowakei dabei eine Ausnahme darstellt.

Tabelle 4: Prozentsatz des Volunteering im Jahr 1994 hinsichtlich Familienstand
(Basis = alle Antworten)

	T	BE	BU	DÄ	DT	DW	DO	IR	NL	SL	SW	GB
Verheiratet/ Zusammenlebend	25	31	21	30	19	16	25	30	—[1]	13	41	35
Alleinstehend	} 23	38	18	} 24	22	20	29	20	—	8	} 29	35
Verwitwet/ getrennt/ geschieden		24	17		12	11	15	14	—	18		27

[1] Daten nicht erhältlich.

Menschen aus größeren Haushalten sind in höherem Maße freiwillig tätig als solche aus kleinen. Die höchsten Volunteer-Raten finden sich in Haushalten mit vier oder fünf Personen.

1.3. Sozio-ökonomische Merkmale des Volunteering

Es ist bemerkenswert, wie hoch der Grad der Übereinstimmung im demographischen und sozio-ökonomischen Profil der Volunteers in ganz Europa ist. Die Daten sind jedoch nicht umfassend, da in verschiedenen Ländern unterschiedliche Fragen gestellt wurden, so daß nicht in jedem Fall entsprechende Informationen zu jeder Variablen verfügbar sind. Die Feldgrößen sind außerdem für einige Multi-Kategorie-Variablen sehr klein. Jedoch scheint der hohe Grad an Übereinstimmung in der Tendenz für das Volunteering, mit steigender gesellschaftlicher

Schichtzugehörigkeit häufiger zu werden. Die Schichtzugehörigkeit mißt sich dabei an den Indikatoren „sozialer Status", „Schulbildung" und „berufliche Tätigkeit". Menschen im bezahlten Arbeitsverhältnis üben eher Volunteering aus als Arbeitslose, wobei sich in den fünf Ländern, die diese Daten miteinbezogen hatten, eine bemerkenswert hohe Quote bei Teilzeitarbeitern feststellen läßt.

Das Volunteering steht auch in Relation zum Einkommen (üblicherweise gemessen am Haushaltseinkommen), wobei bessergestellte Menschen öfter Volunteer-Arbeit leisten als solche mit niedrigem Einkommen. Diese Beziehung ist jedoch nicht allgemeingültig. In Bulgarien und Deutschland und sogar in Schweden gibt es Anzeichen von Schwankungen innerhalb der Einkommensgrenzen und kein durchgehendes Muster, nach dem Volunteering mit steigendem Einkommen zunimmt.

Das Volunteering zeigt eine Tendenz, die umgekehrt proportional zum Grad der Verstädterung ist: In sechs Ländern ist es in ländlichen Gegenden stärker ausgeprägt als in städtischen und verringert sich mit wachsender Stadtgröße. Die Slowakei und Schweden bilden jedoch die Ausnahmen dieser Regel. Letztendlich variieren die Zahlen in bezug auf Volunteering in jeder Gegend. Über die Charakteristika in den einzelnen Regionen, die sich mit sozio-ökonomischen Faktoren verbinden könnten, wurden keine Informationen gesammelt. So bleibt der regionale Bezug weiterer Forschung vorbehalten.

1.4. Häufigkeit des Volunteering

Die Erhebungen in den acht Ländern zeigen hohe Quoten für ein regelmäßig erbrachtes Volunteering (siehe Tabelle 5). Zwei Drittel der befragten Volunteers leisten wenigstens einmal im Monat Volunteer-Arbeit, ein Viertel weniger oft und einer von zehn gab an, daß es unterschiedlich sei oder daß er/sie es nicht genau wüßte.

Die Streuung über die Länder hinweg ist jedoch auffallend. In Großbritannien sind nur die Hälfte der Volunteers wenigstens einmal im Monat aktiv. Dies ist die niedrigste Quote in der gesamten Erhebung. In der Slowakei sind es 56%. In vier Ländern – Belgien, Bulgarien, Irland und Schweden – arbeiten zwischen 60 und 70% der Volunteers wenigstens einmal im Monat, während die Rate in Dänemark und in den Niederlanden auf über 70% steigt. An der Spitze der Länderliste steht Deutschland: Im ganzen Land sind 85% der Befragten wenigstens einmal im Monat freiwillig tätig, mit hohen Quoten in Ost und West. Bemerkenswert ist dabei die Beobachtung, daß nur 1% der deutschen

Tabelle 5: Häufigkeit von Volunteering
(Basis = Alle, die im Jahr 1994 irgendeine Art von
unbezahlter Arbeit erbrachten)

	T	BE	BU	DÄ	DT	DW	DO	IR	NL	SL	SW	GB
Wenigstens einmal im Monat	66	60	64	71	85	87	79	66	77	56	64	50
Weniger häufig	26	30	18	29	1	0	2	24	21	33	30	45
Verschieden, weiß nicht	9	10	19	—	15	13	19	10	2	11	6	4

Volunteers angeben, weniger häufig Volunteer-Arbeit zu leisten, während dieser Wert in den anderen Ländern zwischen 20 und 45% liegt. Wenn man die Häufigkeit des Volunteering zur Gesamtrate des Volunteering in Beziehung setzt, gibt es zwei interessante Punkte festzuhalten: Zum einen zeigt Deutschlands relativ kleine Volunteer-Zahl einen viel höheren Grad an regelmäßiger Verpflichtung als die meisten anderen Länder. Zum anderen sind die Niederlande eindeutig ein bedeutendes Volunteering-Land: Sie haben nicht nur den höchsten Prozentsatz von Volunteers, mit mehr als drei Viertel der Volunteers, die wenigstens einmal im Monat ihrer freiwilligen Arbeit nachgehen, sind sie auch aktiver.

Persönliche Merkmale stehen in einem engen Zusammenhang mit der Häufigkeit, mit der Menschen Volunteer-Arbeit leisten. Die Häufigkeit nimmt mit dem Alter zu, so daß über drei Viertel der älteren Volunteers mindestens einmal im Monat Dienste leisten. Im Vergleich dazu sind nur etwas mehr als die Hälfte der jüngeren Volunteers einmal im Monat freiwillig tätig. Geschlecht, Einkommen und Haushaltsgröße sind von geringerer, der Familienstatus jedoch von größerer Bedeutung. Verheiratete leisten etwas regelmäßiger Volunteer-Arbeit.

Die Art der von Volunteers übernommenen Arbeit steht ebenfalls in Beziehung zur Häufigkeit des Volunteering. Die an der Geldbeschaffung beteiligten Volunteers sind bedeutend weniger im Einsatz als andere. Dagegen stellen mehr als vier Fünftel der Volunteers, die in den Bereichen „Beratung, Büroarbeit/Administration, Unterricht, Ausbildung und Interessenvertretung" tätig sind oder an Werbeveranstaltungen teilnehmen, wenigstens einmal im Monat Zeit für freiwillige Aktivitäten zur Verfügung.

1.5. Zeitlicher Umfang des Volunteering

Hinsichtlich der monatlich für unbezahlte Arbeit zur Verfügung gestellten Zeit zeigt sich ein mittlerer Wert von etwa zehn Stunden in der
gesamten Erhebung. Das sind ungefähr zweieinhalb Stunden pro Woche (siehe Tabelle 6). Dies bezieht sich auf Personen, die mindestens
einmal im Monat Volunteer-Arbeit geleistet haben.

Tabelle 6: Zeitlicher Umfang des Volunteering pro Monat
(Basis = Alle, die wenigstens einmal im Monat unbezahlte
Arbeit erbringen)

Stunden	T	m	w	BE	BU	DÄ	DT	DW	DO	IR	NL	SL	SW	GB
1-4	17	16	19	13	15	17	14	16	11	23	20	18	14	19
5-10	31	30	31	27	21	32	32	30	36	29	28	30	36	37
11-20	24	25	22	20	21	25	23	23	24	22	32	21	26	28
21+	19	20	17	22	11	23	19	19	14	17	20	20	20	21
Weiß nicht	10	8	11	17	32	2	12	10	16	10	—	12	5	5

Der größte Prozentsatz – beinahe ein Drittel – leistet Volunteer-Arbeit
zwischen fünf und zehn Stunden, während ein Viertel 11 bis 20 Stunden
für Volunteering einsetzt. Nur etwas weniger als einer von fünf Volunteers arbeitet mehr als 20 Stunden und ein etwas kleinerer Teil weniger
als fünf Stunden unbezahlt jeden Monat. Einer von zehn Volunteers
weiß nicht, wieviel Zeit er monatlich zur Verfügung stellt.
Persönliche Merkmale der Menschen haben wenig Einfluß auf die
Zeit, die sie in Volunteering investieren. Es gibt dabei relativ geringe
Unterschiede zwischen Männern und Frauen, wobei etwas mehr
Frauen als Männer kleinere Zeitmengen für Volunteer-Arbeit auf-
bringen. Eine leichte Tendenz, weniger Zeit einzusetzen, wird bei Verheirateten und Personen in großen Haushalten sichtbar, aber der Unterschied ist nicht groß. Auch in bezug auf das Alter sind die Variationen gering, sieht man von den wenigen älteren und jungen Menschen einmal ab, die jeden Monat ein paar Stunden mehr einsetzen als
jene im mittleren Lebensalter. Das Haushaltseinkommen ist nur von
geringer Bedeutung, bei Besserverdienenden besteht eine kleine Neigung, mehr Stunden einzusetzen.
Die für das Volunteering aufgewendete Zeit ist in den einzelnen Ländern unterschiedlich, obgleich die meisten Länder (einschließlich Dänemark) einen Mittelwert von ca. zehn Stunden aufweisen. Die Re-

publik Irland und Großbritannien liegen etwas unter dem Normwert, das heißt, Volunteers setzen hier weniger Zeit ein als sonstwo, während Belgien und Bulgarien bemerkenswert höhere Quoten aufweisen. Diese beiden Länder haben auch die höchsten Prozentsätze von Befragten, die zu dieser Frage keine Angaben machen können.

2. ORGANISATORISCHE EINBINDUNG DER VOLUNTEERS

2.1. Anzahl und Art der Organisationen

Die regelmäßig tätigen Volunteers, d.h. jene, die freiwillige Arbeit wenigstens einmal im Monat ausführen, arbeiteten für eine begrenzte Anzahl von Organisationen (siehe Tabelle 7). Zwei Drittel der Befragten aus neun Ländern waren nur für eine Organisation tätig. Einer von fünf Volunteers arbeitete für zwei Organisationen, während weniger als einer von zehn sich für drei oder mehr Organisationen eingesetzt hatte. Weniger Unterschiede innerhalb der Testgruppe von Volunteers gab es in den Niederlanden und in Schweden, da man dort dazu neigt, sich mehr auf eine Organisation zu konzentrieren (drei Viertel der Volunteers). Bulgariens Wert von nur 35% Volunteers, die bei einer Organisation mitarbeiteten, wird durch die mehr als 40% der Befragten ausgeglichen, die nicht wußten, für wie viele Organisationen sie tätig waren. Dies mag eher eine Frage der Konzepte sein, wie sie organisatorisch eingebunden sind, und den nicht genau definierten Status des öffentlichen und des freien gemeinnützigen Sektors widerspiegeln, als daß tatsächliche Unterschiede bestehen.

Tabelle 7: Zahl der Organisationen, für die Volunteerdienste geleistet werden
(Basis = Alle, die wenigstens einmal im Monat unbezahlte Arbeit erbringen)

	T	m	w	BE	BU	DÄ	DT	DW	DO	IR	NL	SL	SW	GB
1	66	64	67	68	35	65	60	62	56	64	75	68	74	66
2	20	19	22	20	20		23	24	21	22	19	14	18	22
3	5	6	4	7	3		5	6	2	6	3	7	5	6
4	2	3	1	1	0	35	4	5	2	4	1	1	1	1
5	0	1	0	0	0		0	0	0	1	0	0	0	1
6 oder mehr	1	1	1	3	0		1	1	2	0	1	3	0	1
Weiß nicht	5	6	5	1	42	0	6	3	17	2	0	6	1	1

Es ist nicht überraschend, daß die meiste Volunteer-Arbeit für frei-
gemeinnützige Organisationen geleistet wird (siehe Tabelle 8). In den
untersuchten acht europäischen Ländern arbeiten drei Viertel der
Volunteers den größten Teil ihrer unbezahlten Tätigkeit innerhalb des
nicht-staatlichen Sektors. In den einzelnen Ländern ist diese Zahl
sogar noch höher, am bemerkenswertesten in Schweden und in
Dänemark, wo 89% bzw. 84% der Volunteers innerhalb des freien
gemeinnützigen Sektors tätig sind.

Tabelle 8: Organisationstyp, für den das meiste Volunteering geleistet wird
(Basis = Alle, die im Jahr 1994 irgendeine unbezahlte Arbeit
erbracht haben)

	T	m	w	BE	BU	DÄ[1]	DT	DW	DO	IR	NL	SL	SW	GB
Gemeinnützig	74	77	71	56	46	84[1]	73	74	68	82	82	65	89	76
– lokale, unabhängige Stelle	53	56	50	45	23	—	55	54	57	66	67	42	65	41
– nationale Haupt- stelle	6	6	7	5	7	—	8	9	5	6	2	8	4	12
– nationale Zweigstelle	15	15	14	6	16	—	10	11	6	10	13	15	20	23
Staatlich geleitet	9	8	10	20	6	11	11	10	14	4	9	23	3	9
Kommerziell	2	3	2	2	10	1	5	6	2	1	1	2	1	2
Weiß nicht	10	9	11	0	38	3	18	17	20	0	8	10	7	13
Nicht angegeben	5	4	5	22	0	—	0	0	0	13	0	0	0	0

[1] Dänemark hat die Frage nach dem Typ der Organisation nicht gestellt.

In nur wenigen Ländern gibt es nennenswerte Volunteer-Arbeit innerhalb des kommerziellen Sektors: in Bulgarien (10%) und in
Deutschland (5%). Wie die gesamte Erhebung zeigt, arbeitet etwa einer von zehn Volunteers für staatlich geleitete oder öffentliche Organisationen. Diese Art der Beteiligung ist höher in der Slowakei
(23%), in Belgien (20%) und in Ostdeutschland (14%) und sehr niedrig in der Republik Irland, in Schweden und in Bulgarien.
Die meisten im nicht-staatlichen Sektor tätigen Volunteers konzentrieren ihre Kräfte auf örtliche, unabhängige Organisationen – d.h.
über die Hälfte in der Acht-Länder-Gruppe und beinahe drei Viertel
aller Volunteers sind im frei-gemeinnützigen Sektor aktiv. 15% arbeiten für eine Zweigstelle oder für ein ortsansässiges Büro einer nationalen Organisation und 6% für ein zentrales Büro oder für Haupt-

stellen. Es bestehen jedoch beträchtliche Unterschiede zwischen den Ländern. In der Republik Irland, in den Niederlanden (und zu einem geringeren Grad in Deutschland) sind mehr Volunteers in lokalen, unabhängigen Organisationen tätig als sonstwo. Viele Schweden arbeiten auf örtlicher Ebene, aber innerhalb von lokalen Zweigstellen nationaler Organisationen. Relativ niedrige Werte von Volunteer-Arbeit in lokalen, unabhängigen Organisationen sind in Großbritannien, der Slowakei und in Belgien zu beobachten. Sehr niedrige Anteile wurden in Bulgarien erhoben, allerdings wissen etwa vier von zehn Befragten nicht, für welche Art von Organisation sie tätig sind. Großbritannien hat den höchsten Anteil der Beteiligung an nationalen, frei-gemeinnützigen Organisationen: Mehr als ein Drittel aller Volunteers arbeitet für eine solche Organisation, meistens auf Zweigstellenebene.

2.2. Mitgliedschaft in Organisationen

Viele der Volunteers sind ihrer Organisation durch Mitgliedschaft verbunden. 60% der Befragten aus den acht Ländern sind der Organisation, für die sie die meiste unbezahlte Arbeit leisteten, beigetreten (siehe Tabelle 9, S. 74). Die Zahl der Männer ist höher als die der Frauen. Die höchste Mitgliedsrate zeigt Schweden, wo 86% der Volunteers der Organisation, für die sie im Jahr 1994 die meiste unbezahlte Arbeit erbracht hatten, beigetreten waren. In Dänemark wurde diese Frage nicht gestellt; aber andere Quellen bestätigen dort ähnlich hohe Zahlen für die Mitgliedschaft. Dies stimmt mit der besonderen Art der freiwilligen, persönlichen Verpflichtung in Skandinavien überein, die im ersten Kapitel dieses Berichtes diskutiert wurde. Die Mitgliedschaft war auch in Westdeutschland relativ hoch. Geringere Zahlen für die Mitgliedschaft (unter 50%) verzeichnen Großbritannien und Bulgarien.

3. AUFGABENBEREICHE DER ORGANISATIONEN

Gefragt war, in welchen Tätigkeits- oder Aufgabenfeldern Volunteers ihre Arbeit leisten, unabhängig von der Art der Organisation (frei gemeinnützig, staatlich geleitet oder kommerziell). Die Befragten wurden anhand einer Liste mit 20 Tätigkeitsbereichen gebeten, das Aktivitätsfeld einer jeden Organisation, für die sie im Jahr 1994 unbezahlt gearbeitet hatten, anzugeben.
Die Erhebung zeigt, daß in allen acht untersuchten Ländern der größte Teil der Volunteers mit 28 % (siehe Tabelle 10, S. 75) im Bereich Sport

Tabelle 9: Prozentsatz der in Organisationen eingetretenen
Mitglieder
(Basis = Alle, die im Jahr 1994 irgendeine
unbezahlte Arbeit erbracht haben)

Mitglied?	T	m	w	BE	BU	DÄ	DT	DW	DO	IR	NL	SL	SW	GB
Ja	60	66	55	58	40	—[1]	68	73	55	60	57	58	86	47
Nein	39	34	44	42	60	—	28	23	41	39	43	42	14	51
Weiß nicht	0	0	0	0	0	—	0	0	0	0	0	0	0	2
Nicht angegeben	0	0	1	0	0	—	4	4	4	0	0	0	0	0

[1] Dänemark hat diese Frage nicht gestellt.

und Freizeit aktiv war. Diese Ziffer ist in einigen Ländern, mit 48%
in Dänemark, 40% in Schweden, 39% in der Republik Irland, deutlich
höher und in anderen Ländern, mit 4% in Bulgarien und 12% in der
Slowakei merklich niedriger, was zweifellos die sozialen und kulturellen Prioritäten und den Entwicklungsstand des Volunteering in den
jetzt unabhängigen Ländern widerspiegelt. Es ist auffallend, daß ein
sehr großer Anteil der slowakischen Volunteers (44%) das organisa-
tionsbezogene Handlungsfeld, in dem sie tätig sind, nicht kennt oder
nicht definieren kann.

Das zweitwichtigste Aktivitätsfeld sind die sozialen Dienste, wie z.B.
Hilfe für ältere und behinderte Menschen. Fast einer von fünf Volun-
teers in den acht Ländern arbeitet in diesem Feld. Die Zahl steigt auf
mehr als ein Viertel in Deutschland an und liegt in der Republik
Irland und in Großbritannien etwas darunter. Länder mit weniger
Volunteer-Arbeit in Bereichen der sozialen Dienste sind die Slowakei,
Schweden, Dänemark, Belgien und Bulgarien.

Das drittgrößte Handlungsgebiet für Volunteers ist die Bildung. 17%
der Volunteers in acht Ländern arbeiten in der Kinder- oder Erwachsenenbildung, davon die Mehrzahl in der ersteren. Die größte
Beteiligung weist Großbritannien auf, danach kommt Deutschland,
wo ungefähr ein Viertel der Volunteers im Bereich von Bildung und
Erziehung tätig ist. Die Länder mit der geringsten Rate von Volunteering im Bildungsbereich sind Dänemark und Belgien. Auch in
Schweden, der Republik Irland, in Bulgarien und der Slowakei liegen
die Ergebnisse unter dem Durchschnitt.

„Gemeinwesenarbeit und Religion" sind weitere Tätigkeitsbereiche
für Volunteers in den acht Ländern. 13% der Befragten arbeiten auf

Tabelle 10: Tätigkeitsbereich irgendeiner Organisation, für die freiwillige Arbeit geleistet wurde
(Basis = Alle, die im Jahr 1994 irgendeine unbezahlte Arbeit erbracht haben)

	T	m	w	BE	BU	DÄ	DT	DW	DO	IR	NL	SL	SW	GB
Sport und Freizeit	28	36	20	23	4	48	29	27	32	39	34	12	40	20
Gesundheit	8	7	9	6	8	2	8	8	8	7	8	10	3	13
Soziale Dienste	17	16	20	13	14	11	26	26	28	22	16	10	11	22
Kindererziehung	13	9	16	8	7	} 6	16	14	23	11	16	7	7	23
Erwachsenenbildung	4	5	3	1	7		8	9	4	2	2	8	5	4
Kultur und Kunst	7	7	7	3	10	—	8	9	5	4	7	6	11	5
Entwicklung des Gemeinwesens	13	14	13	37	17	} 7	16	17	13	16	8	8	3	7
Bürger-/Interessenvertretungen	7	6	7	35	5		8	7	10	3	3	4	1	1
Beschäftigung und Ausbildung	3	3	2	1	16		1	1	0	1	0	2	2	1
Unterkunft/Wohnung	4	5	3	0	20		2	3	1	1	2	5	4	1
Verbrechensbekämpfung	2	2	1	1	3	5[1]	2	3	0	1	2	2	0	4
Umwelt/Naturschutz	5	6	4	1	13	1[2]	9	10	6	3	2	6	6	6
Politik	4	4	3	2	9	—	8	9	6	1	3	4	4	2
Tierschutz	4	5	3	5	13	—	4	5	3	2	1	4	2	4
Gewerkschaft/ Berufsverbände	4	4	3	1	6	5	6	5	6	1	2	3	9	2
Internationale Entwicklung Menschenrechte und Frieden	4	5	4	8	5	4	4	5	2	2	2	2	8	3
Religion	13	12	14	15	4	4	21	25	11	14	11	4	15	17
Flüchtlinge	1	1	2	1	0	—	1	1	0	2	1	0	3	1
Ethnische Vereinigungen	1	1	1	2	0	—	2	3	2	1	1	0	1	2
Bürgerverteidigung und Notfalldienste	2	3	2	1	2	—	7	8	6	2	1	4	1	3
Andere	11	9	12	4	20	4	11	9	15	8	10	0	14	14
Weiß nicht	3	3	4	0	0	—	2	2	3	3	0	44	0	2

[1] Enthält den Bereich „Politik".
[2] Enthält den Bereich „Tierschutz".

einem dieser Gebiete. Die Entwicklung des Gemeinwesens ist besonders in Belgien von Bedeutung, wo mehr als ein Drittel der Volunteers in diesem Feld tätig ist. Am wenigsten signifikant ist es in Schweden, Großbritannien, Dänemark, den Niederlanden und der Slowakei. Volunteering im Bereich von Religionsgemeinschaften hat einen hohen Anteil in Deutschland und einen relativ hohen in Großbritannien, in Schweden, in der Republik Irland und in Belgien. Die Zahlen sind in der Slowakei, in Bulgarien und in Dänemark am niedrigsten.

Die Bereiche „Gesundheit", „Kultur und Kunst" sowie die „Interessenvertretungen für Bürger" haben eine Beteiligung von etwa 7 bis 8% aller Volunteers in den acht Ländern. Die anderen Tätigkeitsbereiche weisen niedrigere Zahlen auf, wenn auch einer von zehn Volunteers hervorhob, daß sein Engagement in anderen, nicht näher spezifizierten Tätigkeitsfeldern lag. Volunteers im Bereich des Gesundheitswesens findet man am häufigsten in Großbritannien und der Slowakei und am seltensten in Schweden. Volunteering in den Bereichen „Kunst und Kultur" ist in Schweden, in Westdeutschland und Bulgarien am stärksten ausgeprägt.

„Bürger- und Interessenvertretungen" werden in Belgien außergewöhnlich häufig unterstützt; 35% der Volunteers arbeiten dort auf diesem Gebiet. Kein anderes Land weist mehr als 10% Beteiligung an dieser Art von Tätigkeit aus. In vielen Ländern ist die Zahl unbedeutend (Großbritannien, Schweden, die Niederlande und die Republik Irland hatten alle 4% oder weniger).

Es gibt einige Unterschiede zwischen regelmäßig (wenigstens einmal monatlich) und weniger regelmäßig tätigen Volunteers. Regelmäßigeres Volunteering scheint im Sport- und Freizeitbereich, bei den sozialen Diensten, bei der Entwicklung des Gemeinwesens, in den Bereichen „Religion, Kultur und Kunst" stattzufinden. Markante Unterschiede gibt es außerdem in den Tätigkeitsfeldern der männlichen und weiblichen Volunteers. Weniger bemerkenswert sind die Unterschiede jedoch zwischen verheirateten und nichtverheirateten Personen. In allen Erhebungen innerhalb der acht Länder leisten weit mehr Männer Volunteer-Arbeit im Bereich „Sport und Freizeit" als Frauen (36% gegenüber 20%). Dagegen bringen Frauen mehr Volunteer-Arbeit in den Erziehungsbereich, besonders in die Kindererziehung ein, ebenso in die sozialen Dienste, obgleich der Unterschied dort nicht so groß ist.

In einzelnen Ländern ist diese Tendenz manchmal noch ausgeprägter. Die Hälfte der schwedischen und irischen Männer leistet z.B. Volunteer-Arbeit im Bereich „Sport und Freizeit", während dies weniger als

30% der Frauen tun; und in Großbritannien sind mehr als doppelt so viele Männer in diesem Gebiet aktiv wie Frauen (29% im Vergleich zu 13%). Andererseits gibt es in Belgien mehr Frauen als Männer, die sich als Volunteers im Sport- und Freizeitbereich betätigen. In vielen Ländern setzen sich die Frauen mehr auf dem Gebiet „Gesundheit, Erziehung und soziale Dienste" ein. In einem Land jedoch, in Belgien, sind doppelt so viele Männer wie Frauen in sozialen Diensten als Volunteers tätig. Es gibt auch Unterschiede bei den Tätigkeitsbereichen für Volunteering, die mit dem Alter zusammenhängen. Generell ist die Teilnahme an „Sport und Freizeit" am höchsten bei jungen Menschen und läuft bei höheren Altersgruppen aus. Volunteering im Erziehungsbereich findet am häufigsten im mittleren Lebensalter statt, was nicht verwundert, da dies wahrscheinlich mit der Elternbeteiligung während der Phase der Schulausbildung der Kinder in Verbindung steht. Besonders auffallend ist das höhere Engagement von älteren Menschen in den sozialen Diensten, hier insbesondere das der über Fünfundfünfzigjährigen. Beinahe ein Drittel aller Menschen über 65 Jahre ist in diesem Feld aktiv, im Vergleich zu 13 oder 14% im Alter bis zu 44 Jahren. Eine Domäne der älteren Menschen ist auch der Bereich „Religion", wo beinahe 30% der Gruppe der Älteren tätig sind, im Gegensatz zu etwa 10% der unter Fünfundfünfzigjährigen. Die Beteiligung in den meisten anderen Aufgabenbereichen ist relativ gleichmäßig auf die Altersgruppen verteilt. Bemerkenswert ist aber, daß Aktivitäten wie „Interessenvertretung, Umwelt-, Natur- und Tierschutz" am häufigsten unter den jüngeren Teilnehmern der Erhebung zu finden sind.

Obwohl sich die meisten Länder in bezug auf die internen Strukturen, die oben geschildert wurden, konform verhalten, gibt es in einigen Ländern gewisse Unterschiede innerhalb der Altersgruppierungen. In der Republik Irland z.B. sind doppelt so viele ältere wie jüngere Menschen an der Entwicklungsarbeit im Gemeinwesen beteiligt. Im Gegensatz zu den allgemeinen Trends ist in der Slowakei ein wesentlich höherer Anteil der jüngsten Altersgruppe, im Vergleich zu älteren Menschen, in sozialen Diensten tätig.

4. ART DER UNBEZAHLT GELEISTETEN ARBEIT

Die Befragten wurden gebeten, die Art ihrer im Jahr 1994 wenigstens einmal im Monat geleisteten unbezahlten Arbeit zu klassifizieren. Dies sollte unabhängig von dem Bereich, in dem sie die Arbeit ausgeführt haben, erfolgen.

Anders als bei den Aktivitätsfeldern gibt es bemerkenswerte Unterschiede zwischen der Art der Arbeit der Volunteers, die irgendeine unbezahlte Tätigkeit im Jahr 1994 übernommen haben, und denjenigen, die diese wenigstens einmal im Monat ausführten. In der Acht-Länder-Studie war die häufigste Tätigkeit im Jahr 1994 das Sammeln von Geld (27%), dicht gefolgt von der Arbeit in Ausschüssen (26%) (siehe Tabelle 11). „Besuche machen" und „sich um Menschen kümmern" kam an dritter Stelle mit 21% der Volunteers, die solche Dienste geleistet haben. Unterricht und Ausbildung oder Transportleistungen wurden von etwa 17 % der Befragten im Jahr 1994 durchgeführt, während rund 14 % Büro- und Verwaltungsarbeit erledigt haben oder im Bereich der Information und Vermittlung tätig waren. Ungefähr einer von zehn Volunteers hatte persönliche Fürsorge geleistet, während eine etwas geringere Anzahl in Interessenvertretungen und bei Werbeveranstaltungen, in der Beratung oder in therapeutischen Diensten engagiert war. Annähernd einer von fünf Befragten gab an, daß er andere, nicht aufgelistete Tätigkeiten ausgeführt habe.

Wenn man sich den regelmäßig tätigen Volunteers zuwendet, denen, die wenigstens einmal im Monat unbezahlte Arbeit leisten, dann ist das Sammeln von Geld weit weniger wichtig, denn nur 14% sind dort engagiert, d.h. ein halbes Prozent der „1994 aktiven" Volunteers. Die Arbeit in Ausschüssen behält dagegen ihre große Bedeutung und ist mit 27% die am weitesten verbreitete Aktivität bei den monatlich tätigen Volunteers. Bedeutender als Geldsammlungen sind bei den regelmäßig tätigen Volunteers: „Besuche machen" und „sich um Menschen kümmern" sowie Unterrichten und Ausbilden. Daran beiteiligt sich etwa einer von fünf Volunteers. Der Prozentsatz an Volunteers, der sich in solchen oder auch in anderen Arten von Arbeiten engagiert, ist etwa vergleichbar mit den „1994 aktiven" Volunteers. Im Vergleich zu jenen, die mindestens einmal im Monat Volunteer-Dienste geleistet haben, liegt der Hauptunterschied somit in der Tätigkeit der Geldsammlung durch Volunteers, die weniger regelmäßig unbezahlte Arbeit verrichten.

Die Auswirkungen von Haushaltseinkommen und -größe auf die Volunteer-Tätigkeit sind geringfügig. Das Sammeln von Geld ist häufiger bei den besser gestellten Familien vorzufinden, während die Zugehörigkeit zu größeren Haushalten offensichtlich mehr mit dem Engagement bei Geldsammlungen, beim Unterricht und in der Ausbildung, bei der Arbeit in Ausschüssen, mit der Büroarbeit und mit dem Bereich „Information und Vermittlung" korreliert. Personen aus kleineren Haushalten machen eher Besuche und kümmern sich um Men-

Tabelle 11: Zuordnung/Typen des Volunteering
(Basis = Alle, die im Jahr 1994 irgendeine Art unbezahlter
Arbeit erbracht haben)

	T	m	w	BE	BU	DÄ[1]	DT	DW	DO	IR	NL	SL	SW	GB	Mo[2]	Jr[2]
Geldsammlung	27	25	29	8	16	20	25	29	16	51	18	11	17	51	24	34
Ausschußarbeit/ Komitee	26	30	22	4	12	46	25	27	21	37	34	19	30	30	31	16
Büroarbeit/ Administration	13	14	13	5	15	32	15	16	12	6	16	12	18	15	17	6
Information und Vermittlung	14	14	13	3	28	14	15	16	10	6	13	27	17	12	16	8
Interessen- vertretung/Werbe- veranstaltung	9	10	8	5	13	—	17	19	14	1	12	4	16	5	11	5
Unterricht und Ausbildung	17	19	16	13	16	29	28	31	22	13	13	19	21	18	22	9
Transport/ Fahren	16	15	16	47	10	24	18	19	14	10	8	6	13	15	18	12
Besuchen/sich um Menschen kümmern	21	17	25	49	26	5	32	32	34	15	12	15	16	16	25	15
Beratung	8	9	7	0	15	6	18	19	13	3	6	14	12	5	10	4
Therapeutische Dienste	9	7	10	43	11	} 30[3]	4	6	1	1	3	16	2	2	10	6
Persönliche Fürsorge	11	9	12	18	14		15	14	19	7	4	14	13	8	11	10
Freizeit- Aktivitäten	—	—	—	—	—	28	—	—	—	—	—	—	—	—	—	—
Sonstiges	21	24	19	0	23	—	23	23	23	18	29	11	35	24	22	21
Weiß nicht	0	0	0	0	0	—	2	3	2	0	0	0	0	0	0	1

[1] Dänemark ließ Interessenvertretung und Werbeveranstaltung aus, fügte aber Frei-
zeit-Aktivität mit 28 % ein.
[2] Die letzten beiden Säulen zeigen Prozentsätze pro Monat und während des Jahres 1994.
[3] Kategorie wird gedeutet als allgemeine praktische Dienste, nicht persönliche und
therapeutische Dienste.

schen. Sie nehmen an Aktionen von Interessenvertretungen und an
Werbeveranstaltungen teil oder arbeiten in der persönlichen Fürsorge.
Allerdings ist zu bemerken, daß die Unterschiede hier sehr gering sind.

Gewisse Unterschiede zeigen sich in den Arbeitsbereichen, die von Männern oder Frauen bevorzugt werden. Frauen sammeln häufiger Geld (dies trifft jedoch nur für die „1994 aktiven" Volunteers zu), Frauen machen außerdem häufiger Besuche oder kümmern sich mehr um Menschen als Männer. Sie sind geringfügig aktiver in therapeutischen Diensten und in der persönlichen Fürsorge. Männer sind dagegen in Ausschüssen deutlich engagierter, ob monatlich oder während des Jahres 1994; sie unterrichten und trainieren auch häufiger. Unter Berücksichtigung der Geschlechterrollen sind diese Unterschiede nicht besonders überraschend. Männer scheinen eher eine Aufgabe zu suchen, die ein gewisses Ansehen mit sich bringt, während Frauen mehr praktische und fürsorgende Tätigkeiten ausüben.

Hinsichtlich des Familienstandes beteiligen sich mehr Verheiratete an Tätigkeiten in Ausschüssen sowie an Büro- und Verwaltungsarbeit, Unverheiratete sind geringfügig häufiger in den Bereichen „Unterricht und Ausbildung", „Besuche machen" oder „sich um Menschen kümmern", in den therapeutischen Diensten und in der persönlichen Fürsorge anzutreffen.

Was das Alter betrifft, zeigen sich zudem Unterschiede, die zum Teil vorhersehbar waren. So sind z.B. weniger junge Menschen in der Ausschuß-, Büro- und Verwaltungsarbeit engagiert. Ältere Menschen sind deutlich aktiver als junge in den Bereichen „Besuche machen" und „sich um Menschen kümmern". Jüngere Menschen neigen dagegen mehr zum Unterrichten und Ausbilden, während die Altersgruppe der Jüngsten (unter 25 Jahren) aktiver beim Sammeln von Geld und bei der persönlichen Fürsorge ist.

Betrachtet man die Länder im einzelnen, gibt es eine Reihe von Unterschieden. In Tabelle 12 ist die im Jahr 1994 geleistete unbezahlte Arbeit entsprechend der Rangfolge für jedes einzelne Land und für die acht Länder insgesamt aufgestellt. Es ist sofort erkennbar, daß Volunteering in den einzelnen Ländern sehr unterschiedlich ausgeprägt ist. In der Republik Irland und in Großbritannien ist das Sammeln von Geld bei weitem die gebräuchlichste Aktivität; mehr als die Hälfte aller Volunteers waren im Jahr 1994 damit beschäftigt. An zweiter Stelle rangiert die Arbeit in Ausschüssen. (Es ist bemerkenswert, daß regelmäßig tätige Volunteers sich bei ihren monatlichen Aktivitäten sehr viel weniger an Geldsammlungen und mehr an der Arbeit in Ausschüssen beteiligen.) Dies sind die beiden einzigen Länder, in denen das Sammeln von Geld und die Tätigkeit in Ausschüssen so vorherrschend sind. Die Mitarbeit in Ausschüssen ist auch die verbreitetste Tätigkeit in Dänemark und in den Niederlanden, am zweithäufigsten in Schweden und der Slowakei (ebenso in Großbritannien und in der Republik Irland). Tatsächlich ist nur in zwei Ländern – Belgien und Bulgarien – diese Tätigkeit bei den Volunteers von geringer Bedeutung. Offensichtlich handelt es sich hierbei um ein wesentlich gleichbleibendes Charakteristikum von Volunteering in ganz Europa.

Tabelle 12: Zuordnung/Typen des Volunteering nach der Rangordnung (Basis = Alle, die im Jahr 1994 irgendeine Art unbezahlter Arbeit erbracht haben)

	T	BE	BU	DÄ[1]	DT	DW	DO	IR	NL	SL	SW	GB
Geldsammlung	1	6	4	7	3	3	6	1	3	8	5	1
Ausschußarbeit	2	9	10	1	3	4	4	2	1	2	2	2
Büroarbeit/ Administration	8	7	6	2	9	9	10	8	4	7	4	6
Information und Vermittlung	7	10	1	8	9	9	11	8	5	1	5	8
Interessenvertretung/ Werbeveranstaltung	10	7	9	—	8	6	7	11	7	12	7	10
Unterricht und Ausbildung	5	5	4	4	2	2	3	5	5	2	3	4
Transport/Fahren	6	2	12	6	6	6	7	6	9	10	9	6
Besuchen/sich um Menschen kümmern	3	1	2	11	1	1	1	4	7	11	7	5
Beratung	11	11	6	9	6	6	9	10	10	5	11	10
Therapeutische Dienste	11	3	11	} 3[1]	12	12	12	11	12	4	12	12
Persönliche Fürsorge	9	4	8		9	11	5	7	11	5	9	9
Sonstiges/weiß nicht	3	12	3	9[1]	3	5	2	3	2	8	1	3
Freizeit-Aktivitäten	—	—	—	5	—	—	—	—	—	—	—	—

[1] Siehe Fußnote 3 zu Tabelle 11.

In Belgien und Deutschland (West und Ost) gehören „Besuche machen" und „sich um Menschen kümmern" zu den am häufigsten vertretenen Arten unbezahlter Arbeit. In Bulgarien rangiert diese Tätigkeit an zweiter Stelle, während sie in Dänemark und in der Slowakei am wenigsten üblich ist. In Bulgarien und in der Slowakei stehen die

Bereiche „Information und Vermittlung" an der Spitze der Volunteering-Tätigkeiten, während diese Arbeiten in Belgien und Ostdeutschland die letzte Stelle einnehmen. Die schwedischen Volunteers haben zum Ausdruck gebracht, daß die Liste der vorgegebenen Tätigkeitsbereiche die Art ihrer Aktivitäten nicht beinhaltet. Der größte Teil der Volunteers betonte, daß ihre unbezahlte Arbeit aus anderen, nicht spezifizierten Tätigkeiten besteht. Zu den wenig vertretenen Aktivitäten in allen Ländern zählen die Bereiche „Beratung, therapeutische Dienste und persönliche Fürsorge". Die beiden letzten Aufgabenbereiche sind jedoch in Belgien und in der Slowakei von relativ hoher Bedeutung. Im ganzen ergibt die Untersuchung wenig Gemeinsamkeiten, wobei die größte Ähnlichkeit zwischen Großbritannien und Irland besteht, im Gegensatz zu den anderen Ländern, bei denen das Sammeln von Geld eine viel seltener ausgeübte Tätigkeit war.

Das Bild ändert sich, wenn man nur die Aktivitäten der regelmäßig tätigen Volunteers betrachtet (siehe Tabelle 13). Die Bedeutung von Geldsammeln sinkt (nicht so stark in Großbritannien und in der Republik Irland). Die Arbeit in Ausschüssen wird bei den monatlich tätigen Volunteers häufiger genannt und steht in allen Ländern an erster Stelle oder sehr weit oben, außer in Belgien und Bulgarien. Der Bereich „Büroarbeit" steigt in der Rangordnung gleichfalls nach oben und ist bei den „1994 aktiven" Volunteers, die regelmäßig tätig waren, eine durchaus häufige Betätigung. Unterricht und Ausbildung sind als Tätigkeit von mittlerer bis hoher Bedeutung eine gleichbleibende Größe. Von einer recht hohen Anzahl der monatlich aktiven Volunteers wurden zudem andere, nicht genannte Tätigkeiten ausgeführt. An dieser Stelle ist festzuhalten, daß es bei der Klassifizierung der Aktivitäten trotz umfassender Beratung durch unser internationales Forschungsteam offensichtlich nicht gelungen ist, eine entsprechend große Anzahl der verschiedenen Volunteer-Tätigkeiten aufzunehmen. Dadurch bietet sich allerdings eine Situation, die weitere Untersuchungen lohnt.

Die Ergebnisse lassen vermuten, daß ein großer Teil des Volunteering in Europa eher einen Beitrag dazu leistet, die Infrastruktur des nichtstaatlichen Sektors zu unterstützen und aufrecht zu erhalten, als in die direkte Versorgung durch Dienste einzusteigen. Volunteers tragen in großem Umfang zur Verwaltungs- und Büroarbeit in Großbritannien und in der Republik Irland bei (wobei Geldsammlungen eine ebenso wichtige Tätigkeit sind). Dies gilt auch für Schweden, die Slowakei und die Niederlande. Für deutsche Volunteers sind direkte Dienstleistungen vorrangiger, wenn auch eine größere Zahl von Volunteers in Ausschüssen oder Büros mitarbeitet. Für Bulgarien und insbesondere für Belgien

Tabelle 13: Zuordnung/Typen von monatlichem Volunteering nach der
Rangordnung
(Basis = Alle, die wenigstens einmal im Monat unbezahlte
Arbeit erbringen)

	T	BE	BU	DÄ	DT	DW	DO	IR	NL	SL	SW	GB
Geldsammlung	6	8	8	8	11	11	10	2	7	9	11	3
Ausschußarbeit	1	7	11	1	4	4	4	1	1	1	2	1
Büroarbeit/ Administration	5	6	3	2	5	5	7	7	3	3	4	4
Information und Vermittlung	7	10	1	6	6	5	10	7	4	2	5	7
Interessenvertretung/ Werbeveranstaltung	12	8	9	—	6	9	6	11	8	11	9	10
Unterricht und Ausbildung	4	5	4	3	2	2	3	4	5	6	3	2
Transport/Fahren	7	2	12	5	9	7	8	6	8	12	9	8
Besuchen/sich um Menschen kümmern	3	1	4	10	3	3	2	5	5	8	5	5
Beratung	10	11	6	9	9	7	9	10	10	6	8	11
Therapeutische Dienste	10	3	6	} 4	12	12	12	12	11	4	12	12
Persönliche Fürsorge	9	4	10		6	9	5	9	11	9	7	9
Sonstiges/weiß nicht	2	11	2	10	1	1	1	3	2	5	1	6
Zelten/wandern	—	—	—	6	—	—	—	—	—	—	—	—

ist kennzeichnend, daß sich dort die Volunteers relativ wenig in Ausschüssen, dafür aber mehr in direkten Diensten für Klienten beteiligen.

5. ZUGANG ZU VOLUNTEERING

Die Studie wollte nicht nur in Erfahrung bringen, was Volunteers tun
und in welchen Gebieten sie arbeiten, sondern auch wie und weshalb
sie mit ihrem Engagement begonnen haben.

5.1. Möglichkeiten, Volunteering ausfindig zu machen

Die Volunteers erhielten für die Befragung eine Vorlage von zwölf
möglichen Zugängen zur Volunteering-Tätigkeit mit der Fragestel-

lung, wie sie die unbezahlte Arbeit, für die sie die meiste Zeit einsetzten, entdeckt haben (siehe Tabelle 14). Der weitaus häufigste Zugang ist der über Familienmitglieder und Freunde. In den acht untersuchten Ländern haben 44 % diesen Grund angegeben. Mitgliedschaft stellt ebenfalls einen wichtigen Zugang dar: Mehr als ein Viertel der Befragten waren Mitglied einer Organisation. Kirchen

Tabelle 14: Wie Volunteers ihre hauptsächliche unbezahlte Arbeit fanden (Basis = Alle, die im Jahr 1994 irgendeine Art unbezahlter Arbeit erbracht haben)

	T	m	w	BE	BU	DÄ	DT	DW	DO	IR	NL	SL	SW	GB
Familie und Freunde	44	43	45	42	33	53	45	47	40	55	37	35	49	48
Bezahlte Arbeit/Beruf	9	10	9	6	20	12	10	8	14	3	7	20	11	8
Zeitung	4	3	5	1	7		3	2	3	2	5	10	4	4
Radio	1	1	1	1	5	} 7	0	0	1	1	0	0	0	1
Fernsehen	1	1	1	0	2		0	0	1	1	1	1	1	1
Volunteer-Büro	2	2	2	1	6	2	3	3	4	1	2	2	1	1
Handzettel/Plakate der Organisation	7	8	7	20	12	12	7	7	7	2	5	7	5	6
Mitglied der Organisation	27	32	22	35	18	13[1]	29	29	28	23	34	25	36	15
Öffentliche Einricht. (Arzt, Bibliothek, Sozialarbeiter)	4	4	3	5	8	1	2	0	5	1	5	9	2	3
Kirche/religiöse Organisation	13	11	14	30	4	3	19	21	13	13	6	15	9	11
Volunteer-Veranstaltungen	3	3	3	2	0	—	15	17	8	1	4	1	0	1
Sonstiges	7	7	6	2	16	17	3	3	4	9	7	2	7	12
Weiß nicht	1	1	1	0	0	0	3	2	5	2	0	0	0	3

[1] Die dänische Kategorie heißt „frühere Beziehung zur Organisation", nicht ausschließlich Mitgliedschaft.

oder religiöse Organisationen haben mehr als einer von zehn Personen den Zugang zum Volunteering verschafft, während etwas weniger Menschen über berufliche Verbindungen dazu kamen.

Folglich scheinen hauptsächlich persönliche Kontakte, Mitgliedschaft in einer Organisation, Religion und berufliche Arbeit den Weg zum Volunteering in Europa zu weisen. Von einer kleineren Anzahl von Menschen wurden andere Möglichkeiten angegeben. Dabei kamen höchstens 7% der Volunteers über gedruckte Materialien, z.B. von einer Organisation ausgelegte Handzettel und Plakate, zum Volunteering. Die Medien, öffentliche Institutionen, Volunteer-Büros und Volunteer-Veranstaltungen hatten keinen solchen Effekt. Menschen in großen Haushalten haben mit größerer Wahrscheinlichkeit über Familie und Freunde von Volunteering gehört, während Volunteers aus kleineren Haushalten sich öfter aufgrund einer Mitgliedschaft in einer Organisation oder über erhaltene Materialien in einem Bereich engagiert haben.

Das Haushaltseinkommen hat dabei relativ wenig Einfluß. Wohlhabendere Menschen fanden mit größerer Wahrscheinlichkeit als weniger wohlhabende über Familienmitglieder und Freunde, über bezahlte Arbeitstellen und Berufsverbindungen Zugang zum Volunteering.

Dabei gibt es relativ wenig Unterschiede zwischen Männern und Frauen in den acht Ländern. Der einzige beträchtliche Unterschied ist, daß Männer mit höheren Quoten über eine Mitgliedschaft zum Volunteering gekommen sind als Frauen (32 % gegenüber 22 %). Ähnlich liegt der Fall bei Verheirateten im Vergleich zu Nichtverheirateten: Erstere wurden durch Mitgliedschaft bei einer Organisation mit dem Volunteering bekannt gemacht, letztere wurden eher durch Materialien einer Organisation auf das Volunteering hingewiesen.

Es gibt auch einige Unterschiede, was die Altersskala betrifft. Jüngere Leute haben eher von Volunteer-Möglichkeiten durch Familienmitglieder und Freunde erfahren als ältere. Menschen im Berufsleben (24 bis 54 Jahre alt) gaben als Zugangsweg vor allem Beschäftigungsverhältnisse an, während ältere Menschen mehr von Kirche und religiösen Organisationen beeinflußt wurden. Interessanterweise ist die Mitgliedschaft in einer Organisation ein stabiler Faktor durch alle Altersreihen hindurch, wobei die Mitgliedschaft bei 26 bis 29 % jeder Altersgruppe den Einstieg für das Volunteering bildete.

Einzelne Länder weisen bemerkenswerte Unterschiede bei der Art und Weise auf, wie Menschen zum Volunteering kamen. Auch wenn Familienmitglieder und Freunde in jedem Land an führender Stelle stehen, schwankt dennoch der Prozentsatz zwischen 33% (Bulgarien) und 55% (Irland). Die Niederlande und die Slowakei haben ebenfalls relativ niedrige Quoten für diese Art von Einstieg, während Großbritannien, Dänemark, Schweden und Westdeutschland hohe Anteile aufweisen.

Die Mitgliedschaft steht an nächster Stelle für den Einstieg in das Volunteering, mit relativ geringen Schwankungen im Vergleich der Länder (ausgenommen Bulgarien und Großbritannien). Während in den anderen Ländern zwischen einem Viertel und einem Drittel der Volunteers Zugang zum Volunteering durch Mitgliedschaft angeführt haben, ist der Anteil bei den zuletzt genannten, ungleichen Ländern Bulgarien und Großbritannien mit 18% bzw. 15% doch recht niedrig. Es überrascht nicht, daß Schweden dadurch, daß sich sein frei-gemeinnütziger Sektor durch eine hohe Mitgliedschaft auszeichnet, bei diesem Zugangsweg den höchsten Anteil aufweist. Mit 36% ist dies allerdings kaum mehr als in Belgien oder in den Niederlanden.

In den neuen unabhängigen Ost-Staaten gibt es interessante Belege dafür, wie unterschiedlich die Wege sein können, auf denen Menschen zu Volunteering geführt werden. Arbeitsverhältnisse und Berufsnetzwerke sind besonders in Bulgarien, in der Slowakei und in Ostdeutschland wichtig. Im Unterschied zum westlichen und nördlichen Europa spielen in Bulgarien und in der Slowakei öffentliche Institutionen als Anregung zum Volunteering eine größere (wenn auch immer noch eine untergeordnete) Rolle. Dasselbe trifft auch auf Zeitungsanzeigen und -artikel zu. Die Religion ist in Bulgarien als Zugang von geringer Bedeutung, in der Slowakei ist sie dagegen einflußreicher als in vielen anderen Ländern. In einem Land, in Belgien, nimmt die Kirche eine Hauptrolle bei der Förderung des Volunteering ein: 30% der Volunteers werden durch religiöse Organisationen einbezogen. Die nächsthöchste Beteiligung liegt mit 21% in Westdeutschland. Die niedrigste Quote ist mit 3% in Dänemark vorzufinden, mit 4% folgen Belgien und mit 6% die Niederlande, und mit etwa einem von zehn Volunteers Schweden, Großbritannien, Ostdeutschland und – überraschenderweise – die Republik Irland. Insgesamt zeigt die Untersuchung relativ geringe Unterschiede beim Volunteering in katholischen und nicht-katholischen Ländern.

5.2. Einstieg in das Volunteering

Bei der Nachfrage, wie die Volunteers mit ihrer speziellen unbezahlten Arbeit angefangen haben, haben über die Hälfte angegeben, daß sie um Hilfe gebeten wurden (siehe Tabelle 15). Etwas mehr als ein Drittel der Volunteers ergriff die Initiative selbst oder hatte Hilfsbereitschaft signalisiert oder angeboten. Hinsichtlich der Strategien bei der Gewinnung von Mitarbeitern seitens der Organisationen, die Volunteers suchen, sticht hervor, daß der passivere Weg zum Volunteering dominiert. Mehr Frauen als Männer boten ihre Hilfe an, und mehr Männer begannen mit Volunteering allein deshalb, weil sie gefragt wurden. Die altersbezogenen Unterschiede sind gering, wenn auch die Suche nach Helfern, die sich an ältere Menschen richtet, erfolgversprechender sein mag als Anfragen bei jungen Menschen, die stärker als ihre älteren „Kollegen" dazu tendieren, die Initiative selbst zu übernehmen.

Tabelle 15: Wie Volunteers dazu kamen, mit ihrer hauptsächlichen unbezahlten Arbeit zu beginnen
(Basis = Alle, die im Jahr 1994 irgendeine Art von unbezahlter Arbeit erbracht haben)

	T	m	w	BE	BU	DÄ	DT	DW	DO	IR	NL	SL	SW	GB
Ich habe nachgesucht/Hilfe angeboten	35	32	38	40	27	24	34	34	33	46	22	20	39	40
Wurde um Hilfe gebeten	53	56	50	49	50	65	53	51	58	45	68	68	48	49
Habe die Gruppe begonnen	4	4	4	7	3	6	7	6	8	2	4	5	2	2
Sonstiges	8	8	8	4	19	2	9	10	9	6	4	7	10	7
Weiß nicht/ nicht festgestellt	1	1	2	0	0	4	3	3	3	0	2	0	0	3

In den Ländern zeigen sich einige Unterschiede. Die Anzahl der Volunteers, die sich aufgrund einer direkten Anfrage beteiligten, liegt in den meisten Ländern bei der Hälfte der Gesamtrate der Volunteers. In den Niederlanden und in der Slowakei liegt diese Zahl allerdings bei über zwei Drittel. Um Hilfe nachzufragen oder ein direktes Hilfeangebot einzubringen, scheint in Bulgarien, den Niederlanden und der Slowakei relativ ungewöhnlich zu sein. Die letzten beiden Länder haben darauf hingewiesen, daß die meisten Volunteers um ihre Mitarbeit gebeten wurden.

5.3. Gründe für die Beteiligung am Volunteering

Alle Befragten, die im Jahr 1994 unbezahlte Arbeit geleistet haben, wurden gebeten, mit Hilfe von zwölf aufgelisteten Möglichkeiten die Gründe für ihre Beteiligung am Volunteering anzugeben (siehe

Tabelle 16). Der häufigste Anlaß, der von den Volunteers genannt wurde, bezog sich auf persönliche Gründe und die Tatsache, daß die Arbeit sich mit eigenen Bedürfnissen oder denen von Menschen ihres Umfeldes verbinden ließ. 40% der Befragten in acht Ländern nannten persönliche Gründe. Diese stehen in einem eindeutigen Zusammenhang mit der Rolle von Familienmitgliedern und Freunden, die vielen Leuten erst Gelegenheiten zum Volunteering aufgezeigt haben.

Der zweite, sehr wichtige Grund für über ein Viertel der Volunteers in der Acht-Länder-Studie ist der, daß sie einfach Zeit übrig hatten. Dicht folgen die Angaben „im Gemeinwesen bestand ein Bedarf" (23 %) und „habe meine Eignung für eine bestimmte Tätigkeit als gut eingeschätzt" (20 %). Somit ist es eine Mischung von persönlichen, altruistischen und funktionalen Gründen, die Menschen zum Volunteering führen. Ungefähr eine von zehn Personen verbindet Volunteering mit bezahlter Arbeit, sozialen und politischen Prinzipien oder religiöser Glaubenseinstellung, Pflichtbewußtsein oder moralischer Verpflichtung. Ähnliche Zahlenverhältnisse fanden sich bei den Antworten der Volunteers, die Menschen begegnen wollten oder im Volunteering eine Gelegenheit zum Erlernen neuer Fertigkeiten oder als praktische Erfahrung in einem bestimmten Tätigkeitsfeld sahen. Nur wenige erklärten, daß sie ihren Tag strukturieren wollten und daß sie sich sozialem oder politischem Druck ausgesetzt fühlten.

Kleinere Unterschiede tauchen in Zusammenhang mit den Variablen „Geschlecht" und „Familienstand" auf. Unverheiratete sind eher als Volunteers tätig, weil sie Zeit zur Verfügung haben oder neue Fertigkeiten erlernen und üben wollen. Verheiratete geben für ein solches Engagement mehr persönliche und gemeinwesenbezogene Gründe an; wahrscheinlich spiegeln diese Gründe die stärkeren familiären und sozialen Verflechtungen der verheirateten Personen wider.

In den einzelnen Ländern herrschen unterschiedliche Beweggründe für Volunteering vor. Zwar stehen in den meisten Ländern persönliche Gründe immer noch im Vordergrund, doch die Anteile schwanken zwischen 25, 36 oder 39% (Dänemark, Bulgarien und Großbritannien) und 56 bzw. 55% (Slowakei und Schweden) und sind in Belgien mit 13% dramatisch gering. Bei den belgischen Volunteers dominieren drei Gründe: übrige Zeit; die Möglichkeit, neue Fertigkeiten zu erlernen, um sich auf eine berufliche Beschäftigung vorzubereiten; und die Tatsache, besondere Fähigkeiten in bezug auf eine Tätigkeit vorweisen zu können. Zwei Drittel der Volunteers geben einen dieser Gründe an. Kein anderes Land kommt annähernd an diese Prozentsätze heran, die offensichtlich auf sehr landesspezifische Beweg-

Tabelle 16: Gründe für die Beteiligung im hauptsächlichen Handlungsfeld (Basis = Alle, die im Jahr 1994 irgendeine Art unbezahlter Arbeit erbracht haben)

	T	m	w	BE	BU	DÄ	DT	DW	DO	IR	NL	SL	SW	GB
Persönliche Gründe – eigene Bedürfnisse	40	42	39	13	36	25	49	47	53	41	38	56	55	39
Verbindung mit meiner bezahlten Arbeit	10	10	10	1	38	8	13	10	19	2	7	19	10	6
Bedarf im Gemeinwesen	23	22	24	3	27	21	24	26	18	36	19	23	18	32
Meine sozialen/ politischen Grundsätze	10	12	9	3	16	33[1]	20	23	15	7	11	4	11	10
Ich wollte Menschen begegnen	14	13	15	6	19	18	17	20	10	7	15	14	21	15
Religiöse/ moralische Überzeugung	12	11	14	5	6	9	22	26	13	14	11	15	12	14
Ich hatte Zeit übrig	26	24	29	62	13	18	22	24	15	25	20	10	19	34
Ich bin gut in der Tätigkeit	20	23	18	56	25	16	12	14	6	13	17	19	14	15
Ich möchte meinen Tag strukturieren	3	3	3	0	6	8	13	13	11	1	3	0	0	2
Lernen neuer Fertigkeiten oder Training	13	13	13	57	15	9	8	7	8	4	7	2	9	7
Sozialer oder politischer Druck	2	2	2	0	0	5[2]	5	5	2	1	2	1	2	3
Sonstiges	6	6	6	2	5	13[3]	5	5	5	5	10	2	7	7
Weiß nicht	1	0	1	0	0	0	2	2	1	1	0	0	0	1

[1] Kategorie hat den Titel „Solidaritätsgefühl mit der Sache".

[2] In Dänemark gedeutet als „um sozialen oder politischen Druck zu schaffen", in anderen Ländern „wegen sozialem und politischem Druck".

[3] Schließt die zusätzliche Kategorie „durch Zufall" ein.

gründe für das Volunteering hinweisen. Ein Drittel der britischen Volunteers gibt an, daß sie Zeit erübrigen konnten. In den anderen Ländern ist dieser Prozentsatz viel niedriger – ein oder zwei von zehn Volunteers. Die Auffassung vom Volunteering als einer Möglichkeit, praktische Berufserfahrungen zu sammeln, ist im restlichen Europa viel geringer verbreitet als in Belgien und bewegt sich meist im Bereich von weniger als 10% aller Volunteers.

„Bedarf im Gemeinwesen" ist für die freiwillige Mitarbeit in ganz Europa ein wichtiger Auslöser. Abgesehen von Belgien mit drei Prozent wird dieser Grund von einem Viertel bis zu einem Drittel der Volunteers angegeben und erreicht die höchsten Werte in Großbritannien und in der Republik Irland. Andererseits wurden von einem Drittel aller Volunteers in Belgien soziale und politische Prinzipien angegeben, in den anderen Ländern waren es aber nur die Hälfte davon oder sogar weniger. Vielleicht zeigt sich hier, wie unterschiedlich das soziale Bewußtsein konzipiert sein kann. Religiöse Einstellungen, Pflichtgefühl oder moralische Verpflichtungen scheinen in Westdeutschland größere Bedeutung zu haben, was im Konzept des „Ehrenamtes" am ehesten erfaßt wird. In Ostdeutschland ist es wichtiger, daß eine Verbindung zwischen bezahlter Beschäftigung oder Beruf besteht; zumindest ist dies die Meinung von einem Fünftel der Volunteers. Es ist bemerkenswert, daß ein ähnlich hoher Prozentsatz in der Slowakei ermittelt wurde. In Bulgarien sind beinahe vier von zehn Volunteers dieser Meinung. Volunteering in Verbindung mit dem Arbeitsverhältnis ist ein kulturelles Modell aus den ehemaligen kommunistischen Ländern. Dem Bedürfnis nach einer Strukturierung des Tages wird in Deutschland größte Bedeutung zugemessen; für die Volunteers anderer Länder ist dieses aber offensichtlich unwichtig. Die Vorstellung, Menschen zu begegnen, ist von mittlerer Bedeutung, und sozialer bzw. politischer Druck als Beweggrund für Volunteer-Arbeit scheint gegenwärtig nicht zu existieren.

6. EINARBEITUNG, UNTERSTÜTZUNG UND SUPERVISION VON VOLUNTEERS

Im Rahmen der Studie haben wir eine Reihe von Fragen zur Einarbeitung gestellt, die Volunteers für ihre unbezahlte Mitwirkung bei den wichtigsten Organisationen, für die sie tätig waren, erhalten haben. Zudem haben wir den Umfang der Unterstützung, der Supervision und der Begleitung erfaßt, die die Organisationen geleistet haben. Wir haben erfragt, ob diese für persönliche Ausgaben während des Volunteering eine Rückerstattung angeboten haben oder nicht.

6.1. Einarbeitung in das Volunteering

In der Acht-Länder-Erhebung wurden fast drei von zehn Volunteers von ihrer Einrichtung in irgendeiner Form in ihre unbezahlte Tätigkeit eingearbeitet (siehe Tabelle 17). Das heißt, daß mehr als 70 % der Volunteers von den Organisationen nicht eingearbeitet wurden. Diese Angabe ist deshalb so hoch, weil in diese Zahl der hohe Prozentsatz der Volunteers eingerechnet wurde, deren Hauptaufgabe aus dem Sammeln von Geld besteht. Ihnen wurde nämlich weit weniger Einführung zuteil als den Volunteers, die andere Aufgaben verrichteten (siehe Tabelle 18, S. 92). Annähernd die Hälfte der Volunteers, die in den Bereichen „Unterricht und Ausbildung, Beratung, Information und Vermittlungsdienste" tätig waren, hatten von der entsprechenden Organisation ein Angebot zur Einarbeitung erhalten. Das gleiche gilt für ein Drittel oder mehr der Volunteers in anderen Arbeitsgebieten. Regelmäßige Teilnehmer an Volunteer-Arbeit (wenigstens einmal im Monat) wurden verständlicherweise mit ihren Aufgaben besser vertraut gemacht als sogenannte Gelegenheits-Volunteers (33 gegenüber 21 %).

Wenig Unterschiede waren in bezug auf die Variablen „Geschlecht, Familienstand und Alter" festzustellen. Die einzige, geringfügige Abweichung bestand darin, daß Personen im Alter bis zu 24 und von 35 bis 44 Jahren mehr Anleitung erhalten haben als andere Altersgruppen (etwa ein Drittel der Volunteers). In den einzelnen Ländern

Tabelle 17: Einarbeitungsangebot für Volunteers nach Geschlecht und Land
(Basis = Alle, die im Jahr 1994 irgendeine Art unbezahlter Arbeit erbracht haben)

	T	m	w	BE	BU	DÄ[1]	DT	DW	DO	IR	NL	SL	SW	GB
Ja	29	29	29	27	27	—	25	27	21	22	23	42	48	23
Nein	71	71	71	73	73	—	72	70	78	77	77	58	52	77
Weiß nicht/ nicht festgestellt	0	0	1	0	0	—	3	3	1	0	0	0	0	0

[1] Dänemark hat diese Frage nicht gestellt.

bekam annähernd gleichbleibend ein Viertel der Volunteers eine Einführung. Lediglich in Schweden wurden doppelt so viele geschult, und
in der Slowakei lag die Zahl bei 40%. In Dänemark wurde diese Frage
nicht gestellt. Auf die Frage nach der Angemessenheit der Einarbeitung antworteten 25 % daß dies unbedeutend sei oder daß sie es nicht
wüßten. 6 % hielten die Möglichkeiten für unzulänglich, während 68%
sie als fair oder sehr angemessen einschätzten. Aus diesen Angaben
kann auf einen höheren Einarbeitungsstand in Dänemark geschlossen
werden, doch diese Zahlen sind nur unzureichend gesichert.

6.2. Angemessenheit der Einarbeitung

Volunteers in den acht Ländern, die gemäß ihren Angaben Einarbeitung erhalten haben, wurden auch gefragt, ob sie diese für angemessen hielten (siehe Tabelle 19). Ein sehr hoher Prozentsatz (85%)
bejahte diese Frage. Der Grad der Zufriedenheit ist bei den meisten
Tätigkeitsmerkmalen gleich. Bei reiner Büro-/Administrationsarbeit
und bei therapeutischer Tätigkeit scheinen die Volunteers jedoch wesentlich unzufriedener zu sein (siehe Tabelle 20). In einigen Ländern
– Ostdeutschland, Slowakei, Irland – liegt die Zufriedenheit für manche Tätigkeitsbereiche bei fast 100%, und nur in Belgien, Bulgarien
und Dänemark fällt sie unter 75%.

---

* Säulenüberschrift von links nach rechts: Total, Monatlich, Gelegentlich, Geldsammlung,
Ausschußarbeit, Büroarbeit/Administration, Information/Vermittlung, Interessenver-
tretung/Werbeveranstaltung, Unterricht/Ausbildung, Transport, Besuchen/sich um
Menschen kümmern, Beratung, therapeutische Dienste, Persönliche Fürsorge, Sonstiges.
Diese Abkürzungen gelten für alle nachfolgenden Tabellen dieses Typs.

Tabelle 19: Angemessene Einarbeitung nach Geschlecht und Land
(Basis = Alle, die im Jahr 1994 irgendeine Art von unbezahlter Arbeit erbracht haben)

	T	m	w	BE	BU	DÄ[1]	DT	DW	DO	IR	NL	SL	SW	GB
Ja	85	84	86	71	64	68	85	84	90	95	86	92	87	88
Nein	10	11	10	4	22	6	13	14	7	4	13	4	11	12
Weiß nicht	5	6	4	25	14	25	2	2	2	1	1	4	1	0

[1] Gefragt wurde, ob die Antwortenden angemessene Möglichkeiten hatten, eine Einarbeitung und Einführung in ihre hauptsächliche Volunteering-Aktivität zu bekommen.

Tabelle 20: Angemessene Einarbeitung nach Tätigkeitsbereichen von Volunteering
(Basis = Alle, die im Jahr 1994 eine Einarbeitung für unbezahlte Arbeit erhalten haben)

	T[1]	Mon	Gel	GS	Aus	Bür	Inf	Int	Unt	Tra	Bes	Ber	The	Per	Son
Ja	85	85	83	87	82	75	86	79	88	77	84	81	71	85	88
Nein	10	9	14	11	15	19	12	18	11	10	6	15	8	11	9
Weiß nicht/ nicht festgestellt	5	6	3	3	3	6	2	3	1	14	11	4	21	4	3

[1] Zahlen ohne Dänemark.

Ebenso wie diejenigen, die mit ihrer Einarbeitung überwiegend zufrieden waren und sie für angemessen hielten, zeigten sich auch Volunteers, die keine Einarbeitung erhalten hatten, zufrieden: Nur 6% von ihnen hatten das Gefühl, sie hätten eine Arbeitsanleitung erhalten sollen (siehe Tabelle 21, S. 94). Diese Zahl variiert geringfügig zwischen den Ländern oder den Aufgabenbereichen der Volunteers. Die einzigen, kleineren Abweichungen beziehen sich auf Bulgarien. Dort ist das Zweifache des errechneten Länderdurchschnitts zu verzeichnen. Es besteht also ein starker Wunsch nach Einarbeitung und dies insbesondere in den Bereichen „Unterrichten und Ausbilden, Interessenvertretung und Werbeveranstaltung" (siehe Tabelle 22, S. 94), wo die Prozentsäzte etwas über dem Durchschnitt liegen.

Tabelle 21: Meinung der Volunteers, ob sie eine Einarbeitung erhalten sollten, nach Geschlecht und Land
(Basis = Alle, die keine Einarbeitung für unbezahlte Arbeit erhalten haben)

	T	m	w	BE	BU	DÄ[1]	DT	DW	DO	IR	NL	SL	SW	GB
Ja	6	5	6	7	13	—	2	1	5	4	5	4	8	5
Nein	86	86	86	88	68	—	90	95	81	81	94	83	79	94
Weiß nicht	8	8	8	5	19	—	7	5	14	15	1	13	12	1

[1] Dänemark hat diese Frage nicht gestellt.

Tabelle 22: Meinung der Volunteers, ob sie eine Einarbeitung erhalten sollten, nach Tätigkeitsmerkmalen
(Basis = Alle, die für unbezahlte Arbeit keine Einarbeitung erhalten haben)

	T[1]	Mon	Gel	GS	Aus	Bür	Inf	Int	Unt	Tra	Bes	Ber	The	Per	Son
Ja	6	7	5	6	6	5	9	11	10	6	8	7	8	4	4
Nein	86	86	87	89	88	92	84	78	83	89	81	86	83	85	86
Weiß nicht/ nicht festgestellt	8	8	9	6	6	3	7	11	7	5	11	7	10	11	10

[1] Zahlen ohne Dänemark.

6.3. Angemessenheit von Supervision, Unterstützung und Begleitung

Die Volunteers wurden danach gefragt, inwieweit sie Supervision, Unterstützung und Begleitung durch die Organisation, für die sie die meiste Volunteer-Arbeit leisten, für ausreichend halten. Etwas mehr als einer von zehn Volunteers in den acht Ländern gab an, daß nichts dergleichen angeboten wurde (siehe Tabelle 23). Nur einer von 20 Volunteers aus allen neun Ländern hielt das Angebot nicht für angemessen, während zwei Drittel es im wesentlichen als fair oder als sehr angemessen einschätzten. Die Werte bewegen sich zwischen 60% in Ostdeutschland und bis zu 79% in den Niederlanden. Nur ein Land, Bulgarien, liegt weit unter der Norm: Lediglich ein Viertel der Volunteers, brachte seine Zufriedenheit mit der angebotenen Supervision, Unterstützung und Begleitung zum Ausdruck. Regelmäßig tätige Volunteers sind zufriedener als gelegentlich tätige Volunteers. Andere Faktoren weichen kaum ab (siehe Tabelle 24).

Tabelle 23: Angemessene Supervision, Unterstützung und Begleitung
nach Geschlecht und Land
(Basis = Alle, die im Jahr 1994 irgendeine unbezahlte Arbeit
erbracht haben)

	T	m	w	BE	BU	DÄ	DT	DW	DO	IR	NL	SL	SW	GB
Sehr angemessen	29	27	31	20	10	46	19	24	6	49	24	23	33	38
Ziemlich angemessen	38	40	37	48	14	20	48	46	54	24	55	44	37	35
Nicht angemessen	5	5	4	2	8	7	7	8	6	1	7	5	3	4
Nicht erhältlich	12	13	12	10	41 } 27		14	13	17	7	5	8	9	12
Weiß nicht/nicht festgestellt	16	15	16	21	27		12	10	17	19	8	20	18	10

Tabelle 24: Angemessene Supervision, Unterstützung und Begleitung
nach Tätigkeitsbereichen von Volunteering
(Basis = Alle, die im Jahr 1994 irgendeine unbezahlte Arbeit
erbracht haben)

	T[1]	Mon	Gel	GS	Aus	Bür	Inf	Int	Unt	Tra	Bes	Ber	The	Per	Son
Sehr angemessen	29	31	26	37	30	28	30	28	35	26	29	26	23	35	29
Ziemlich angemessen	38	40	36	36	43	42	37	45	44	43	37	48	44	32	37
Nicht angemessen	5	5	4	4	6	6	6	5	5	4	4	7	7	4	6
Nicht erhältlich	12	12	13	10	10	10	17	11	10	14	14	9	12	12	13
Weiß nicht, nicht festgestellt	16	13	20	13	13	13	11	11	7	14	17	11	15	18	14

[1] Zahlen ohne Dänemark.

6.4. Rückerstattung von Auslagen

Schließlich haben wir festgestellt, daß in der Acht-Länder-Studie nur
einem Viertel der Volunteers eine Vergütung für die Ausgaben angeboten wurde, die sie für das Volunteering aus eigener Tasche gemacht haben (siehe Tabelle 25, S. 96). Einer von zehn Volunteers

äußerte, daß manchmal Ersatz für Auslagen angeboten wurde. Mehr als die Hälfte der Volunteers in acht Ländern hatte nicht die Möglichkeit, Ausgabenersatz zu fordern. Interessanterweise betonten mehr Frauen als Männer, daß ihnen keine Ausgabenvergütung angeboten wurde (61 gegenüber 53 %). Regelmäßig tätige Volunteers berichteten jedoch wie erwartet, daß sie gefragt wurden (28 gegenüber 17 %).

Tabelle 25: Angebot der Organisation zur Erstattung von „Ausgaben aus eigener Tasche" (Basis = Alle, die im Jahr 1994 irgendeine unbezahlte Arbeit erbracht haben)

	T	m	w	BE	BU	DÄ[1]	DT	DW	DO	IR	NL	SL	SW	GB
Ja	24	26	23	14	16	—	20	21	16	11	49	10	35	20
Nein	57	53	61	74	55	—	35	34	37	71	40	71	44	75
Manchmal	11	12	9	6	16	—	33	33	34	4	7	15	12	3
Weiß nicht	8	8	8	7	13	—	12	12	14	14	4	3	9	2

[1] Dänemark fragte, ob die Antwortenden angemessene Möglichkeiten zum Ersatz von Ausgaben hatten.
Antworten: Sehr angemessen 29%, ziemlich angemessen 16%, nicht angemessen 26%, weiß nicht, nicht wichtig 29%.

Es zeigen sich klare Unterschiede zwischen den Ländern: Schweden und die Niederlande haben hohe Quoten bei der Vergütung für Volunteers – über ein Drittel bzw. die Hälfte. In Deutschland wird zumindest einem Fünftel der Volunteers Auslagenersatz angeboten, während ein weiteres Drittel bestätigte, daß dies zumindest manchmal geschieht. In Belgien, der Republik Irland, der Slowakei und in Großbritannien erhalten hingegen etwa drei Viertel der Volunteers keine Entschädigung ihrer Auslagen.

7. VORTEILE UND NACHTEILE DURCH VOLUNTEERING

In der Umfrage versuchten wir herauszufinden, welchen Nutzen und welchen Nachteil Volunteers durch freiwillige Mitarbeit haben. Jeder, der im vergangenen Jahr irgendeine Volunteer-Arbeit geleistet hatte, wurde nach den für ihn wichtigen Vorteilen oder Nachteilen befragt. Eine Liste mit neun möglichen Vorteilen und acht Nachteilen wurde den Befragten zur Auswahl vorgelegt. Davon konnten sie alle aufgeführten Punkte als zutreffend kategorisieren. Eine solche Liste war im dänischen Fragebogen allerdings nicht enthalten, deshalb beziehen sich diese Ergebnisse nur auf acht Länder.

7.1. Vorteile durch Volunteering

Der größte Vorteil des Volunteering ist schlicht und einfach der, daß Menschen ganz einfach Freude daran haben (siehe Tabelle 26, S. 98). Etwas mehr als die Hälfte aller Volunteers betonten, daß dieser Vorteil sehr wichtig sei. An zweiter Stelle stehen die Vorteile, „Menschen zu begegnen", „Freunde zu gewinnen" und „die Befriedigung, Resultate zu erzielen". Diese Vorteile nannten mehr als ein Drittel der Volunteers. Die Volunteers gaben zudem an, daß freiwillige Tätigkeit ihnen helfe, aktiv und gesund zu bleiben (29%) und daß dadurch ihre Lebenserfahrung erweitert werde (24%). Andere Vorteile werden von etwas weniger als einem von fünf Volunteers aufgeführt. Dazu gehören: die Gelegenheiten zum Erlernen neuer Fertigkeiten, die soziale Anerkennung sowie die Möglichkeit, einen Standort im Gemeinwesen zu finden, die Aufrechterhaltung oder Verteidigung moralischer, religiöser oder politischer Prinzipien und die Chance, Dinge zu tun, in denen man gut ist. Gerade 2% der Volunteers fanden keinen dieser Vorteile für sich selbst von Bedeutung.

Genau wie bei den Motivationen finden wir eine Mischung von persönlichem und sozialem Nutzen durch Volunteering. Vielleicht ist der Vorteil der reinen Freude aus unbezahlter Mitwirkung am eindrucksvollsten. Es ist interessant, daß in der Rangordnung der Motivationsgründe für das Volunteering die Aussage „ich dachte, ich hätte Freude daran" so allgemein nicht enthalten ist. Vielleicht sind die Volunteers gleichermaßen erstaunt, daß so viel Freude durch Volunteering vermittelt werden kann. Dieser Aspekt sollte bei Versuchen, Menschen für Volunteering zu begeistern, stärker betont werden. Einer der Aspekte des „Freudehabens" kommt auch bei der sozialen Seite des Volunteering zum Ausdruck: Volunteers schätzen die Gelegenheit, soziale Kontakte zu knüpfen und Freundschaften zu schließen. Ein anderer Aspekt berührt das gesellschaftliche Bewußtsein von Volunteering, das in der Gewißheit besteht, daß die Anstrengungen der Volunteers Veränderungen in dem von ihnen gewählten Tätigkeitsfeld bewirken. Für eine kleine Anzahl, aber immer noch für einen von fünf Volunteers, ist das Volunteering wertvoll, da er damit seine Grundsätze aufrecht erhalten kann, unabhängig davon, ob sie moralischer, religiöser oder politischer Natur sind.

Tabelle 26: Vorteile durch Volunteering nach Geschlecht und Land
(Basis = Alle, die im Jahr 1994 irgendeine unbezahlte Arbeit
erbracht haben)

	T	m	w	BE	BU	DÄ[1]	DT	DW	DO	IR	NL	SL	SW	GB
Es macht mir wirklich Spaß.	51	53	49	8	38	—	65	66	61	55	70	46	48	60
Es ist die Befriedigung, Ergebnisse zu sehen.	34	36	32	6	23	—	27	27	29	47	24	50	40	51
Es erweitert meine Lebenserfahrung.	24	23	24	3	30	—	27	30	21	18	21	24	36	28
Ich treffe Menschen und gewinne Freunde.	36	35	36	2	28	—	40	42	34	38	33	20	62	42
Es gibt mir Gelegenheit, neue Fertigkeiten zu erlernen.	18	19	18	0	23	—	20	23	12	10	17	20	36	18
Es ist eine Chance, Dinge zu tun, die ich gut kann.	16	18	15	0	23	—	16	17	12	15	15	15	21	24
Es gibt mir soziale Anerkennung und eine Position im Gemeinwesen.	18	19	17	77	17	—	16	18	11	10	11	6	6	8
Es hilft mir, aktiv und gesund zu bleiben.	29	29	29	78	19	—	30	31	29	17	20	22	31	20
Es erhält, verteidigt meine moralischen/religiösen/politischen Prinzipien.	18	17	19	2	13	—	30	33	21	11	21	35	19	21
Nichts davon	2	2	2	1	6	—	3	5	0	1	2	2	1	3
Weiß nicht, nicht festgestellt	0	0	0	0	0	—	1	2	1	0	0	0	0	1

[1] Dänemark hat diese Frage nicht gestellt.

In einer Reihe von Bereichen gibt es ein starkes Bewußtsein für die persönlichen Vorteile des Volunteering. Erwähnenswert ist auch, daß Volunteers die gesundheitlichen Aspekte, die sich aus der freiwilligen Tätigkeit ergeben, hoch einschätzen und daß sich viele des Vorteils bewußt sind, tätig und engagiert zu bleiben. Sie geben auch zu, daß das Volunteering ihre Lebenserfahrung erweitert und daß es Gelegenheit zum Erlernen von neuen Fertigkeiten bietet. Für einige Volunteers ist zudem sehr bedeutungsvoll, daß sie durch das Volunteering einen sozialen Status bekommen. Außerdem bietet das Volunteering Gelegenheit, Dinge zu tun, bei denen gewisse Kompetenzen eingebracht werden können.

Man könnte auch erwarten, daß die Vorteile je nach Geschlecht unterschiedlich sind. Diese Unterschiede sind jedoch sehr gering. Männer legen etwas mehr Wert darauf, Spaß am Volunteering zu haben, Ergebnisse zu sehen und in der Arbeit gut zu sein. Insgesamt sind die von Männern und Frauen genannten Vorteile jedoch sehr ähnlich.

Etwas deutlichere, aber keine hervorstechenden Abweichungen in der Bewertung gibt es in bezug auf den Familienstand. Verheirateten scheinen zum einen die Befriedigung durch Erfolgserlebnisse und zum anderen – das mag überraschen – die Gelegenheit, anderen Menschen zu begegnen und Freundschaften zu schließen, die wichtigsten Aspekte zu sein. Unverheiratete schätzen als Vorteil des Volunteering besonders, sich selbst aktiv und gesund zu erhalten.

Die Schwankungen bei den Altersgruppen sind zumeist wie erwartet: Durch Volunteering gesund und aktiv zu bleiben, bewerten ältere Menschen (und auch die jüngste Altergruppe) höher als die Altersgruppe zwischen 25 und 54 Jahren; d. h. sie sind weniger daran interessiert, ihre Lebenserfahrung zu erweitern. Dagegen schätzen fast alle Altersgruppen gleichermaßen die soziale Anziehungskraft des Volunteering, die Begegnung mit Menschen und das Entstehen neuer Freundschaften. Menschen über 55 Jahre heben außerdem ihre moralischen und religiösen Grundsätze stärker hervor als junge Menschen. Verständlicherweise sind die Jüngeren, besonders die unter 25 Jahren, am meisten darauf bedacht, neue Fertigkeiten zu erwerben.

Die Untersuchungsergebnisse bestätigten die erwarteten Unterschiede zwischen den regelmäßig und den gelegentlich tätigen Volunteers. Diejenigen, die wenigstens einmal im Monat Volunteer-Arbeit leisten, führen größere Vorteile an und räumen diesen Vorteilen auch einen höheren Stellenwert ein. Für sie ist es von besonderer Bedeutung, Freude an Volunteering zu haben, aktiv und gesund zu bleiben, die Gelegenheiten zur Erweiterung ihres Horizonts wahrnehmen zu können, Menschen zu treffen und Neues auszuprobieren. All das sind Werte, die aufgrund der Erfahrungen bei häufigerem und regelmäßigerem Volunteering zu erwarten waren.

Das Tätigkeitsmerkmal der von den Volunteers ausgeführten Arbeit wirkt sich auch auf die Erwartung hinsichtlich der Vorteile aus (siehe

Tabelle 27). Die Freude am Volunteering ist in allen Arbeitsfeldern groß, besonders beim Unterrichten, Ausbilden und Beraten. Sie ist jedoch auffallend gering auf dem Gebiet der therapeutischen Arbeit.

Tabelle 27: Vorteile von Volunteering in bezug auf den Tätigkeitsbereich der unbezahlten Arbeit
(Basis = Alle, die im Jahr 1994 irgendeine unbezahlte Arbeit erbracht haben)

	T[1]	GS	Aus	Bür	Inf	Int	Unt	Tra	Bes	Ber	The	Per	Son
Es macht mir wirklich Spaß.	51	58	59	55	55	57	66	41	45	64	24	48	57
Es ist die Befriedigung, Ergebnisse zu sehen.	34	42	44	43	46	48	42	32	27	45	19	34	33
Es erweitert meine Lebenserfahrung.	24	26	32	34	44	40	34	18	27	46	17	28	20
Ich treffe Menschen und gewinne Freunde.	36	38	51	44	47	49	43	33	33	52	15	35	36
Es gibt mir Gelegenheit, neue Fertigkeiten zu erlernen.	18	14	24	27	38	32	32	16	17	35	12	24	18
Es ist eine Chance, Dinge zu tun, die ich gut kann.	16	17	23	25	33	25	29	18	19	29	10	18	14
Es gibt mir soziale Anerkennung und eine Position im Gemeinwesen.	18	13	16	18	18	21	20	37	34	16	60	24	12
Es hilft mir, aktiv und gesund zu bleiben.	29	21	27	27	29	32	43	50	43	28	64	32	24
Es erhält, verteidigt meine moralischen/religiösen/politischen Prinzipien.	18	20	18	23	30	37	18	15	28	32	18	28	16
Nichts davon	2	4	1	2	2	—	1	2	1	1	0	0	4
Weiß nicht, nicht festgestellt	0	0	0	0	0	0	0	0	0	0	0	0	0

[1] Zahlen ohne Dänemark.

Tatsächlich scheinen therapeutische Dienste eine andere Erfahrung als die sonstige Volunteer-Arbeit zu vermitteln. Volunteers, deren Haupttätigkeit auf diesem Gebiet liegt, erwähnten mit einer viel niedrigeren Quote als andere Volunteers Vorteile, wie z. B. persönliche Zufriedenheit aufgrund von sichtbaren Ergebnissen, Erweiterung der Erfahrungen, Begegnung mit Menschen sowie die Möglichkeit, Dinge zu tun, für die sie besondere Fähigkeiten aufweisen. Auffallend höher eingeordnet als bei allen anderen Tätigkeitsformen des Volunteering werden die Vorteile „aktiv und gesund bleiben", „soziale Anerkennung finden" und „eine Position im Gemeinwesen erhalten". Nahezu zwei Drittel der Volunteers, die auf dem therapeutischen Gebiet tätig sind, betonen, daß diese Vorteile sehr wichtig sind.

Der Vorteil, „Genugtuung durch sichtbare Ergebnisse" wird in den Bereichen „Besuche machen", „sich um Menschen kümmern", „Transport" und „persönliche Fürsorge" relativ niedrig eingeschätzt. Die Tätigkeitsmerkmale des Volunteering, die sich offenkundig vor allem bei einer entsprechend breiten Lebenserfahrung günstig auswirken, sind: Beratung, Information/Vermittlung und Interessenvertretung/Werbeveranstaltungen. Sie bieten, ebenso wie die Arbeit in Ausschüssen, gute Möglichkeiten zum Erwerb neuer Fertigkeiten, zum Kennenlernen von Menschen und zum Knüpfen neuer Freundschaften. Soziale Anerkennung wird offensichtlich am meisten von Volunteers gewürdigt, die Transportdienste erledigen, Besuche machen und sich um Menschen kümmern. Diesen Tätigkeitsbereichen werden neben Unterrichten und Ausbilden auch die größten Vorteile hinsichtlich eigener Gesundheit und Aktivitäten zugeschrieben. Die eigenen Grundsätze zu verteidigen ist für Volunteers, die im Bereich der Interessenvertretungen und bei Werbeveranstaltungen tätig sind, relativ wichtig. Weniger wichtig ist es denen, die in der Beratung arbeiten.

Die Bedeutung, die den einzelnen Vorteilen zugemessen wird, schwankt auch zwischen den Ländern. Die hervorstechendste Ausnahme ist Belgien. Wie schon erwähnt, haben die belgischen Volunteers ganz andere Motivationen für das Volunteering als die Volunteers in den anderen Ländern. Ihnen geht es viel weniger um persönliche Gründe, um Anliegen des Gemeinwesens oder um eigene Grundsätze, sondern vielmehr darum, freie Zeit zu haben, im freiwilligen Tun gut zu sein oder zu versuchen, neues Können zu erwerben bzw. eine Ausbildung zu erhalten. Dazu scheint jedoch im Widerspruch zu stehen, daß die Kriterien „eigener Nutzen aus dem Erlernen neuer Fertigkeiten" und „Tun von Dingen, die man gut kann" in Belgien überhaupt keine Zustimmungen erhielten. Tatsächlich ist der einzige Vorteil, der von belgischen Volunteers für sehr wichtig gehalten wurde, soziale Anerkennung zu erhalten und aktiv und gesund zu bleiben. In anderen Ländern sind die Prozentzahlen für diese zwei Vorteile nicht höher als 17 % (soziale Anerkennung) und 31 % (gesund bleiben), in einigen Ländern liegen sie noch niedriger.

Freude am Volunteering haben die meisten Menschen in den Niederlanden (70 %), Deutschland (65 %) und Großbritannien (60 %), und die wenigsten mit 38% in Bulgarien und mit 46% in der Slowakei. Befriedigung durch sichtbare Ergebnisse wird in Bulgarien ebenfalls niedrig eingeschätzt (23 %), in der Slowakei mit 50% dagegen doppelt so hoch. Großbritannien und die Republik Irland zeigen ein hohes Maß an Zufriedenheit, im Gegensatz zu den Niederlanden und zu Deutschland, wo dieser Aspekt sehr niedrig bewertet wird. „Auf Menschen treffen" und „Freundschaften schließen" hat großes Gewicht in Schweden (62 %), wird aber in dieser Größenordnung nur von einem Drittel oder der Hälfte in Bulgarien und in der Slowakei positiv bewertet. Zudem schätzen schwedische Volunteers die Chance, neues Können zu erwerben, höher ein als anderswo: Mehr als ein Drittel der Volunteers betrachtet dies als einen großen Vorteil. Die entsprechende Vergleichsquote ist niedrig: 10 % in der Republik Irland und 12% in Ostdeutschland. Soziale Anerkennung zu erhalten, hat in Bulgarien und in Westdeutschland eine hohe Bedeutung. Dort hebt beinahe einer von fünf Volunteers diesen Stellenwert hervor. Die Aufrechterhaltung moralischer, religiöser oder politischer Werte wird von slowakischen und westdeutschen Volunteers stärker bewertet (um ein Drittel), ist aber unwichtig in der Republik Irland und in Bulgarien (nur etwa einer von zehn Volunteers).

Es erscheint sehr schwierig, aus den genannten Wertschätzungsmustern, die sich als Vorteile des Volunteering in ganz Europa ausmachen lassen, Schlußfolgerungen zu ziehen. Volunteers eines jeden beteiligten Landes erleben offensichtlich die Bereicherung durch Volunteering auf verschiedene Weise: einige mehr in sozialer Hinsicht, einige eher aus Gründen des gesellschaftlichen Bewußtseins und wieder andere finden einfach Vergnügen an dieser Art der Tätigkeit. Die größte Ausnahme bleibt Belgien, ein Phänomen, das zu weiteren Forschungen herausfordert.

7.2. Nachteile durch Volunteering

Bei der Untersuchung der Nachteile des Volunteering, befragte man Volunteers, ob sie jemals den Eindruck hatten, daß eine der vorgegebenen acht Angaben zutraf.

Am eindrücklichsten ist der hohe Prozentsatz der Befragten, die in der Acht-Länder-Studie auf diese Frage mit „Nein" antworteten: 43 % (siehe Tabelle 28). Daraus kann geschlossen werden, daß die Volunteers eine im wesentlichen zufriedene Gruppe darstellen. Sieht man von den 5% ab, die angaben, sie wüßten es nicht, bleibt gerade die Hälfte der Volunteers übrig, die negative Eindrücke zu ihrer Volunteer-Tätigkeit haben. Der am häufigsten festgestellte Nachteil ist, daß die Dinge besser organisiert sein könnten. Einer von fünf Volunteers vertrat diese Ansicht, was als wichtiger Hinweis für die Organisationen, bei denen sie tätig sind, gewertet werden kann. Eine etwas geringere Zahl von Volunteers hat das Gefühl, daß ihre Bemühungen nicht immer anerkannt werden und daß Volunteering zu viel Zeit in Anspruch nehme. Diese Eindrücke sind bei den regelmäßig tätigen

Tabelle 28: Nachteile durch Volunteering nach Geschlecht und Land (Basis = Alle, die im Jahr 1994 irgendeine unbezahlte Arbeit erbracht haben)

	T	m	w	BE	BU	DÄ[1]	DT	DW	DO	IR	NL	SL	SW	GB
Könnte viel besser organisiert sein	21	23	19	13	35	—	25	25	24	11	20	23	28	22
Bemühungen nicht immer geschätzt	17	19	16	5	22	—	31	34	22	15	17	19	12	24
Sie werden „ausgenutzt"	8	9	7	3	13	—	3	2	3	[2]	6	14	8	14
Zu viel von Ihnen erwartet	8	8	8	4	5	—	9	9	8	13	6	3	8	15
Zu wenig von Ihnen erwartet	1	2	1	0	3	—	0	0	1	1	1	3	2	2
Nicht gefragt, was Sie tun möchten	3	3	3	0	7	—	4	5	3	0	3	2	6	6
Nimmt zu viel Zeit weg	16	17	15	40	16	—	13	13	14	8	12	9	19	12
Sie fühlen Druck durch soziale Verpflichtung	11	10	13	41	15	—	6	5	8	4	8	11	5	10
Nichts davon	43	41	46	32	24	—	41	42	40	61	50	44	43	42
Weiß nicht, nicht festgestellt	5	3	6	38	0	—	2	3	2	1	0	0	0	3

[1] Dänemark hat diese Frage nicht gestellt.
[2] Angabe fehlt im englischen Original.

Volunteers etwas stärker vorhanden. Einer von zehn Volunteers (oder etwas darunter) stellt fest, daß er sich unter Druck gesetzt fühle, Volunteer-Arbeit aus einer sozialen Verpflichtung heraus zu übernehmen, daß zuviel von ihm verlangt werde, oder ist der Ansicht, persönlich ausgebeutet zu werden. So gut wie niemand gab an, daß er nicht gefragt worden sei, welche Dinge er gerne tun möchte, oder daß er das Gefühl habe, man erwarte nicht genug von ihm.

Einige Tätigkeiten scheinen mit besonderen Nachteilen verbunden zu sein (siehe Tabelle 29). So ist z.B. die Erfahrung mangelhafter Organisation bei Volunteers in den Bereichen „Information und Vermittlung, Beratung, Arbeit in Interessenvertretungen und Werbeveranstaltungen" stärker ausgeprägt. Bei einer größeren Anzahl von Volunteers, die in diesen Bereichen arbeiten, entsteht zudem der Ein-

Tabelle 29: Nachteile von Volunteering nach Tätigkeitsbereichen der unbezahlten Arbeit
(Basis = Alle, die im Jahr 1994 irgendeine unbezahlte Arbeit erbracht haben)

	T[1]	GS	Aus	Bür	Inf	Int	Unt	Tra	Bes	Ber	The	Per	Son
Könnte besser organisiert sein	21	24	24	24	30	32	23	25	16	30	18	18	22
Bemühungen nicht geschätzt	17	22	25	24	25	28	24	13	14	25	12	16	19
Sie werden „ausgenutzt"	8	11	12	12	14	14	12	14	9	18	9	11	9
Zu viel von Ihnen erwartet	8	12	13	11	12	15	11	6	8	12	8	10	7
Zu wenig von Ihnen erwartet	1	1	1	1	1	2	2	1	1	2	1	3	2
Nicht gefragt, was Sie tun möchten	3	4	3	2	6	7	5	2	4	7	5	4	2
Nimmt zu viel Zeit weg	16	15	20	21	21	20	20	27	19	20	31	14	10
Sie fühlen Druck durch soziale Verpflichtung	11	9	9	10	10	12	9	20	17	11	31	14	10
Nichts davon	43	42	39	35	34	30	39	37	46	31	34	45	44
Weiß nicht, nicht festgestellt	5	2	1	2	0	1	3	14	11	0	25	6	2

[1] Zahlen ohne Dänemark.

druck, daß ihre Einsätze nicht immer geschätzt werden; auch Mitarbeiter in Ausschüssen scheinen diese Ansicht zu teilen. Anbieter von Transport- und therapeutischen Diensten stehen wohl besonders unter dem Druck, Volunteer-Arbeit als eine soziale Verpflichtung ausüben zu müssen, und haben das Gefühl, daß dieses zuviel Zeit kostet. Volunteers, die Besuche durchführen und sich um Menschen kümmern oder in therapeutischen und persönlichen Diensten tätig sind, äußern die wenigsten Klagen über die Arbeitsorganisation und über eine Unterbewertung ihrer Arbeit. Insgesamt gibt es bei diesen Tätigkeiten über längere Zeitspannen hinweg überhaupt keine Probleme.

Männer haben etwas mehr Beschwerden vorzubringen als Frauen. Ein höherer Prozentsatz der männlichen Volunteers neigt zu der Ansicht, daß die Dinge besser organisiert sein könnten und daß ihre Bemühungen nicht immer geschätzt werden. Der einzige, stärker von Frauen empfundene Nachteil ist der Druck, Volunteer-Dienste als eine soziale Pflicht erbringen zu müssen. Der Unterschied ist jedoch gering. Regelmäßig tätige Volunteers erleben zudem mehr Nachteile als gelegentlich tätige Volunteers, jedoch ist auch hier der Unterschied nicht groß. Die Schwankungen, die vom Familienstand oder vom Alter abhängen, sind ebenfalls gering. Ältere Menschen empfinden weniger Nachteile als jüngere: 57 % der älteren gegenüber 48 % der jüngeren Volunteers betonten, daß keines dieser Probleme aufgetreten sei. Bei jüngeren Menschen besteht die Tendenz, daß sie sich weniger anerkannt fühlen als die älteren. Sie sind der Meinung, Volunteering vereinnahme zuviel von ihrer Zeit und man verlange zuviel von ihnen. Sie fühlen sich stärker unter Druck, Volunteer-Arbeit leisten zu müssen. Ältere Menschen dagegen haben eher das Gefühl, ausgenutzt zu werden.

Im Vergleich der Länder vertreten in der Republik Irland zwei Drittel der Volunteers die Ansicht, daß keiner der Nachteile wesentlich ist. Dem stimmt die Hälfte der Volunteers in den Niederlanden zu. In den meisten anderen Ländern liegt der Anteil bei 40 % oder darüber. In Belgien jedoch stellt nur ein Drittel keine großen Nachteile fest, und in Bulgarien ist dies weniger als ein Viertel. Mehr als ein Drittel der bulgarischen Volunteers beklagt hauptsächlich, daß die Dinge besser organisiert sein könnten. Die gleiche Ansicht wird von etwa einem Viertel der Volunteers in den anderen Ländern vertreten, abgesehen von Belgien und der Republik Irland mit nur einem von zehn Volunteers. Die westdeutschen Volunteers empfinden am ehesten, daß ihre Bemühungen nicht immer anerkannt werden (34 %); die belgischen Volunteers bemängeln dies am wenigsten (nur 5 %). Wieder zeigen belgische Volunteers andere Vorstellungen von Volunteering als ihre europäischen Nachbarn: Vier von zehn Befragten meinten, daß das Volunteering zuviel von ihrer Zeit beanspruche, oder daß sie sich dem Druck ausgesetzt fühlten, dies aus sozialer Verpflichtung heraus tun zu müssen. Entsprechende Angaben übersteigen woanders kaum 10 %. Erneut zeigen Volunteers in Belgien in starkem Kontrast zu den Volunteers der anderen Länder einen hohen Unsicherheitsgrad bei der Frage, ob irgendeine der Vorgaben zutrifft. Vier von zehn belgischen Volunteers gaben an, daß sie es nicht wüßten, während dieser Prozentsatz in den anderen Ländern bei Null liegt oder als unbedeutend bezeichnet wurde.

8. Personen ohne Volunteer-Tätigkeit im Jahr 1994

Diejenigen, die 1994 keine Volunteer-Arbeit geleistet hatten, wurden nach ihren Gründen gefragt. Sie wurden außerdem gefragt, ob sie unbezahlte Arbeit erbringen würden, wenn man sie darum bitten würde. Zur Beantwortung der ersten Frage wurden sie aufgefordert, von einer Vorlage mit elf möglichen Gründen alle zutreffenden auszuwählen. Auch in Dänemark stellte man diese Frage, allerdings unter Benutzung von nur sieben Vorgaben, der Rest sollte durch die „andere" Kategorie abgedeckt werden.

8.1. Gründe für Nicht-Volunteering

In der Gesamtstudie lautet der Hauptgrund dafür, 1994 keine Volunteer-Arbeit erbracht zu haben: „Habe keine Zeit dafür übrig" (siehe Tabelle 30). Vier von zehn Befragten gaben diesen Grund an. Der nächstwichtigste Grund war, nicht gefragt worden zu sein; dem stimmten 28 % zu. Beinahe einer von fünf Befragten hob hervor, daß er nie darüber nachgedacht habe oder daß es für ihn keinen speziellen Grund gegeben habe, keine freiwillige Tätigkeit auszuüben. Diese Gruppen stellen zusammen ein erhebliches Potential für zukünftiges Volunteering dar, insbesondere in Verbindung mit dem Untersuchungsergebnis, daß viele Menschen eine Volunteer-Arbeit aufgenommen haben, weil sie darum gebeten wurden. Von den anderen vorgelegten Gründen fand bei den Nicht-Volunteers keiner viel Zustimmung. Einer von zehn Befragten gab Krankheit oder Behinderung als Erklärung für sein Nicht-Volunteering an; andere Gründe fanden sogar noch weniger Zustimmung. Jeweils 6 % betonten, daß sie nichts von Volunteering hielten oder daß sie sich eine solche Tätigkeit nicht leisten könnten. Politische oder ideologische

Gründe, bestimmte Regelungen in bezug auf die finanzielle Unterstützung oder die Ansicht, daß sie nichts anzubieten hätten, wurden sogar noch weniger angeführt. Diese niedrigen Zahlen weisen darauf hin, daß es gegenüber dem Volunteering keinen starken Widerstand gibt, und lassen vermuten, daß Nicht-Volunteering eher ein Zeichen von Zeitmangel und fehlender Anfrage ist als von tiefsitzender Ablehnung.
Geschlecht und Familienstand sind relativ unbedeutend für das Nichttätigwerden als Volunteer. Verheiratete haben mit größerer

Tabelle 30: Gründe für eine Ablehnung unbezahlter Arbeit
(Basis = Alle, die im Jahr 1994 irgendeine unbezahlte Arbeit erbracht haben)

	T	m	w	BE	BU	DÄ[1]	DT	DW	DO	IR	NL	SL	SW	GB
Wurde nie gefragt	28	28	27	13	39	24	30	29	31	19	21	32	39	26
Kann es mir nicht leisten	6	6	5	2	11	2	5	6	3	4	2	8	5	6
Habe keine Zeit übrig	41	40	41	31	27	57	47	49	40	44	52	36	43	44
Bin krank oder behindert	9	7	10	6	8	11	11	9	18	7	8	7	8	14
Bekomme Arbeitslosenunterstützung oder andereLeerstelle Unterstützung/Pensionsregeln	2	2	2	2	4	1	2	1	5	1	2	3	2	3
Habe früher schlechte Erfahrung gemacht	3	4	2	1	5	1	3	2	4	0	1	7	4	1
Glaube nicht daran	6	7	5	19	7	4	10	10	11	2	3	5	1	2
Habe politische/ ideologische Gründe	2	2	2	17	1		1	1	3	0	1	2	1	0
Habe nichts anzubieten	4	4	4	1	4	23	6	6	6	6	1	3	5	3
Habe nie daran gedacht	18	18	18	24	17		22	23	19	21	8	19	17	13
Sonstiges	6	4	6	1	7		5	5	6	9	9	1	4	4
Kein spezieller Grund	15	16	15	28	8		7	8	4	21	10	13	18	22
Weiß nicht	0	0	0	0	0	0	1	1	0	1	0	0	0	1

[1] Erklärung fehlt im englischen Original

Wahrscheinlichkeit keine Zeit für Volunteering übrig. Von ihren unverheirateten Mitbürgern stellten mehr fest, daß sie nie über Volunteering nachgedacht haben. Ansonsten sind die Muster im wesentlichen gleich. Altersbedingte Auswirkungen auf das Nicht-Volunteering sind weitgehend wie erwartet: Jüngere Menschen heben eher als ältere hervor, daß sie nie um Mitwirkung gefragt wurden oder nie daran gedacht hätten, Volunteer-Arbeit zu leisten. Personen in der mittleren Altersgruppe haben weniger Zeit übrig, und ältere Menschen erwähnen häufiger Krankheit und Behinderung als Hinderungsgrund. Interessanterweise gibt es keine Abweichungen zwischen den Altersgruppen, was den Faktor „nicht vorhandene Überzeugung in bezug auf Volunteering" bzw. „politische und ideologische Einwände gegen Volunteering" anbelangt. Dies weist auf das Vorhandensein einer dauerhaften kulturellen Wertschätzung von Volunteering hin, die sich über Generationen nicht zu verändern scheint.

In den einzelnen Ländern gibt es jedoch Variationen bei den Begründungen, nicht als Volunteer tätig zu sein. Kaum mehr als einer von zehn belgischen Nicht-Volunteers erwähnt, daß er nicht gefragt worden sei. In den meisten anderen Ländern ist die Prozentzahl mehr als doppelt so hoch. Sie erreicht 39% in Bulgarien und in Schweden, auch in Deutschland und der Slowakei ist sie ziemlich hoch. Zeitmangel ist der am wenigsten häufig genannte Grund in Bulgarien, der Slowakei und Belgien. Diese beiden Ergebnisse sollten eine gute Nachricht für Organisationen sein, die hoffen, Volunteers in Osteuropa für ihre Arbeit begeistern zu können.

Zeitmangel wird am häufigsten in Dänemark, den Niederlanden und Westdeutschland als Begründung genannt: Die Hälfte der Nicht-Volunteers geben diesen Grund an. Auch die Deutschen meinten mit einer viel höheren Quote als andere Nationalitäten (die Belgier ausgenommen), nie über das Volunteering nachgedacht zu haben oder nicht viel davon zu halten. Die Ostdeutschen geben in einem höheren Ausmaß Krankheit und Behinderung als Begründung an (fast einer von fünf); auch in Großbritannien hat diese Aussage einen ziemlich hohen Wert. Daß sie keinen „speziellen Grund" für das Nicht-Volunteering haben, wird von mehr als einem Viertel der Belgier und von mehr als 20 % der Iren und der Briten angeführt. Sich Volunteering „nicht leisten können" oder früher „schlechte Erfahrungen mit Volunteering gemacht zu haben" scheinen in den neun Ländern unbedeutende Beweggründe zu sein.

So ist die Hauptbarriere für das Volunteering in Europa offensichtlich der Zeitmangel der einzelnen Personen. Ein ernsthafter Widerstand oder gar eine Ablehnung des Volunteering ist nicht nachzuweisen. Das sind zweifellos gute Nachrichten für die Zukunft der Volunteer-Arbeit. Sie lassen vermuten, daß mit entsprechenden Strategien eine beträchtliche Zahl von Personen für Volunteering gewonnen werden kann.

8.2. Potentielle Volunteers

Darauf, daß in Europa ein Potential an Volunteers vorhanden ist, weisen die 22 % der Befragten hin, die ohne Einschränkung Volunteer-Arbeit erbringen würden, wenn sie gefragt werden würden. Dazu kommen 26 %, die zur Antwort gaben: „Vielleicht – es hängt von der Art der unbezahlten Arbeit ab" (siehe Tabelle 31). Zusätzlich gab beinahe einer von fünf an, daß er es nicht wisse. So bleibt nur ein Drittel übrig, das dem Gedanken an unbezahlte Arbeit negativ gegenübersteht. Diese Ablehnung ist stärker bei älteren Menschen. Mehr als doppelt so viele in der ältesten Altersgruppe sagen uneingeschränkt „Nein", während jüngere Menschen sicher oder zumindest aller Wahrscheinlichkeit nach Volunteer-Arbeit leisten würden, wenn sie darum gebeten würden.

Tabelle 31: Angaben der Nicht-Volunteers, ob sie bei Anfrage unbezahlte Arbeit erbringen würden
(Basis = Alle, die keine unbezahlte Arbeit erbringen)

	T	m	w	BE	BU	DÄ	DT	DW	DO	IR	NL	SL	SW	GB
Ja	22	20	24	9	31	42	5	4	8	20	13	40	14	43
Nein	33	33	32	37	43	38	37	37	37	22	40	22	30	33
Vielleicht; abhängig von der Art des Angebots	26	27	25	35	0	—	39	38	41	44	45	0	47	0
Weiß nicht/nicht festgestellt	19	20	19	19	26	20	19	20	14	14	2	37	8	24

Die Quote, die es ablehnt, irgendeine Volunteer-Arbeit aufzunehmen, ist in Bulgarien, den Niederlanden, in Deutschland, in Belgien und in Großbritannien am höchsten, wo ein Drittel oder mehr verneint, Volunteer-Arbeit zu leisten, wenn man sie fragen würde. Aber nur ungefähr eine von fünf Personen nimmt diese Haltung in Irland und der Slowakei ein. Andererseits ist die uneingeschränkte Bereitschaft zur Volunteer-Arbeit in Großbritannien (43 %) und in der Slowakei (40 %) am größten, wobei beinahe ebensoviele Slowaken angeben, daß sie keine Aussagen zu diesem Punkt machen können. Die Bereitschaft zum Volunteering ist auch in Bulgarien groß, aber ebenso die Zahl derjenigen, die keine Angaben dazu machen können.

Nicht-Volunteers scheinen in einigen Ländern überhaupt nicht darauf aus zu sein, sich auf das Volunteering einzulassen: Weniger als 10% in Deutschland und Belgien zeigen sich in diesem Sinne zurückhaltend, obwohl in jedem dieser beiden Länder gleichzeitig über ein Drittel betont, daß sie wahrscheinlich je nach der Art des Angebots Volunteer-Arbeit erbringen würden.

So ist trotz der Schwankungen die Botschaft, daß die Ressourcen beim Volunteering noch nicht ausgeschöpft sind, in allen Ländern gültig. Die Möglichkeiten, neue Volunteers zu gewinnen, sind wohl in Osteuropa und in Großbritannien am besten. Es scheint jedoch künftig eine große Zahl von überzeugten Volunteers in ganz Europa zu geben, wenn die Anwerber und die Organisationen sowohl das passende Angebot als auch den richtigen Weg finden, das Interesse der potentiellen Volunteers zu wecken.

9. Einstellung zu Volunteering

Die Umfrage sollte herausfinden, welche Einstellung die Menschen zum Volunteering in bezug auf seine speziellen Charakteristika, seine Rolle in der Gesellschaft und seine Beziehung zu Staat und öffentlichen Diensten haben. Mit diesem Versuch sollte aufgedeckt werden, ob es ausgeprägte kulturelle Überzeugungen zum Volunteering gibt und inwieweit man von vorherrschenden Einstellungen quer durch die ausgewählten Länder sprechen kann oder welche Unterschiede festzustellen sind. Alle Befragten (sowohl die Volunteers als auch die Nicht-Volunteers) erhielten eine Vorlage mit sechs Statements und wurden gebeten, zu jedem Punkt ihre Zustimmung oder Ablehnung zu signalisieren (siehe Tabelle 32).

(1) *Statement:* „Unbezahlte Mitarbeiter bieten etwas an, das von bezahlten Professionellen nicht geleistet werden könnte."
Die Hälfte der Menschen in den acht Ländern sind mit dieser Aussage einverstanden (siehe Tabelle 33, S. 112). Dies ist eine hohe Zustimmung zur Charakterisierung der Volunteer-Arbeit gegenüber der bezahlten Arbeit. Etwas über ein Viertel der Befragten lehnt Volunteering unverhohlen ab, und ein Fünftel weiß es nicht. Geschlecht, Familienstand und Alter scheinen ohne großen Einfluß zu sein. Einzige Ausnahme:

Tabelle 32: Zusammenfassung der Einstellung zum Volunteering

	Total	Zustimmung	Ablehnung	Weiß nicht/ Keine Meinung
Unbezahlte Mitarbeiter bieten etwas anderes an, das von bezahlten Professionellen nicht geleistet werden könnte.	100	49	28	21
Wenn der Staat alle Pflichten erfüllen würde, sollte unbezahlte Arbeit nicht notwendig sein.	100	37	45	17
Jeder hat eine moralische Verpflichtung, irgendwann in seinem Leben unbezahlte Arbeit zu tun.	100	48	33	19
Unbezahlte Arbeit ist eine Bedrohung für bezahlte Arbeit und wird zu Kürzungen öffentlicher Ausgaben benutzt.	100	32	48	20
Engagement in unbezahlter Arbeit hilft Menschen, eine aktive Rolle in der demokratischen Gesellschaft einzunehmen.	100	57	22	22
Organisationen, die unbezahlte Mitarbeiter nutzen, sind gewöhnlich amateurhaft und unprofessionell.	100	19	57	24

Ältere Menschen sehen den Bedeutungsgehalt der Volunteer-Arbeit eher als die jungen. Es gibt auch kaum Unterschiede, die mit der Haushaltsgröße oder dem Einkommen zusammenhängen.

Die größten Unterschiede in der Einstellung zum Volunteering werden bei Menschen mit Volunteering-Erfahrung im Verhältnis zu denen gefunden, die im Jahr 1994 keine Volunteer-Arbeit geleistet haben. Beinahe zwei Drittel der Volunteers stimmen darin überein, daß unbezahlte Mitarbeiter etwas anderes anbieten, wobei die regelmäßig tätigen Volunteers etwas stärker von dieser These überzeugt sind als die, die gelegentlich freiwillig tätig sind. Es überrascht kaum, daß der Prozentsatz der Volunteers, die dazu nichts sagen können, niedriger ist: nur einer von zehn. Ein Viertel lehnt diese Aussage ab. Der höch-

	T	m	w	BE	BU	DÄ	DT	DW	DO	IR	NL	SL	SW	GB
Tabelle 33: Statement: „Unbezahlte Mitarbeiter bieten etwas anderes an"[1] (Basis = Alle Antworten)														
Zustimmung	49	49	50	60	46	82	41	42	40	59	37	39	57	56
Ablehnung	28	29	27	23	26	12	28	28	29	21	46	27	23	33
Weiß nicht/ keine Meinung	21	20	22	0	28	6	30	30	31	20	16	34	21	12

[1] Vollständiges Statement: Unbezahlte Mitarbeiter bieten etwas anderes an, das von bezahlten Professionellen nicht geleistet werden könnte.

ste Grad an Übereinstimmung wird bei den Volunteers in therapeutischen Diensten gefunden (76%) und bei denen, die Besuche machen, sich um Menschen kümmern (72%) und Transporte übernehmen (71%). Die niedrigsten Zahlen finden sich bei Volunteers in der Büroarbeit und in der Administration, bei solchen, die in Interessenvertretungen arbeiten und Werbeveranstaltungen durchführen sowie bei denjenigen, die in Ausschüssen tätig sind, und das, obwohl die Quoten in diesen Bereichen immer noch über 60% liegen.

Die Zustimmung zur Aussage, daß Volunteers einen besonderen Beitrag leisten, schwankt in den acht Ländern zwischen 37% und 60%; Dänemark liegt mit 82% sehr hoch. Zu den Ländern, die diese Aussage am wenigsten unterstützen, gehören die Niederlande, die Slowakei, Deutschland und Bulgarien. Der stärkste Zuspruch kommt aus Belgien, Irland, Schweden und Großbritannien. Auch die Niederlande bekunden einen hohen Grad der Ablehnung: Fast die Hälfte der Befragten sind eindeutig der Meinung, daß Volunteers nichts anderes anzubieten haben als bezahlte Mitarbeiter.

(2) *Statement:* „Organisationen, die unbezahlte Mitarbeiter nutzen, sind gewöhnlich amateurhaft und nicht professionell."
Wenn der Eindruck vorherrscht, daß Volunteers etwas anderes als bezahlte Mitarbeiter anbieten, stellt sich die Frage, ob dies unbedingt ein positiver „Unterschied" sein muß. Das zweite Statement hat diese negative Ansicht über Organisationen zum Inhalt: Organisationen, die sich im Bereich des Volunteering engagieren, sind amateurhaft und unprofessionell (siehe Tabelle 34). Insgesamt hat diese Auffassung, die nur einer von fünf Befragten aus den acht Ländern bejaht, wenig Zustimmung erfahren. Fast sechs von zehn Befragten verneinen sie, während ein Viertel keine Meinung darüber hat oder es nicht weiß.

Tabelle 34: Statement: „Gewöhnlich amateurhaft und unprofessionell"[1]
(Basis = Alle Antworten)

	T	m	w	BE	BU	DÄ[2]	DT	DW	DO	IR	NL	SL	SW	GB
Zustimmung	19	22	16	37	26	—	12	12	14	17	20	17	16	15
Ablehnung	57	55	59	40	40	—	55	55	55	60	68	45	68	76
Weiß nicht/ keine Meinung	24	23	24	22	35	—	33	33	32	23	12	39	16	9

[1] Vollständiges Statement: Organisationen, die unbezahlte Mitarbeiter nutzen, sind gewöhnlich amateurhaft und unprofessionell.

[2] Frage von Dänemark nicht gestellt.

Hierzu sind jedoch einige Unterschiede zwischen den Geschlechtern und den Altersgruppen festzustellen. Männer nehmen eine solche negative Haltung in bezug auf Organisationen, die sich im Volunteering engagieren, häufiger ein als Frauen (22 gegenüber 16%). Interessanterweise stimmen ältere Menschen der Aussage häufiger zu als jüngere.

Unterschiede treten auch auf zwischen Volunteers und Nicht-Volunteers, jedoch nicht hinsichtlich des Grades der Zustimmung (etwa einer von fünf), sondern darin, daß Nicht-Volunteers es häufiger „nicht wissen" oder dazu keine Meinung haben. Während es nur etwa einer von zehn Volunteers (regelmäßig und weniger regelmäßig Tätige) „nicht weiß", liegt diese Zahl bei denen, die im Jahr 1994 kein Volunteering geleistet haben, beinahe bei einem Drittel. Bei gewissen Tätigkeitsmerkmalen neigen Volunteers zu einer eher negativen Einstellung gegenüber Organisationen, die mit Volunteers arbeiten. Mit dieser Aussage stimmen häufiger Volunteers überein, die in der therapeutischen Arbeit tätig sind, Transporte übernehmen, Besuche machen oder sich um Menschen kümmern und sich in der persönlichen Fürsorge engagieren als die, die in anderen Tätigkeitsbereichen aktiv sind.

Eine eher negative Einstellung ist durchaus in einigen Ländern belegt. In Belgien ist mehr als ein Drittel der Befragten der Meinung, daß Organisationen, die mit Volunteers arbeiten, im allgemeinen amateurhaft und unprofessionell sind. In Bulgarien ist dies ein Viertel und in den Niederlanden ein Fünftel. Ansonsten liegt die Zustimmung bei 15% und niedriger (Dänemark hat diese Frage nicht gestellt). In den osteuropäischen Ländern haben viele Menschen keine Meinung dazu oder „wissen es nicht": etwa ein Drittel oder mehr in Bulgarien und in der Slowakei, ebensoviele in Ost- und Westdeutschland. In den Niederlanden und in Schweden ist der Prozentsatz der „Nicht-Wissenden" halb so hoch wie in Großbritannien, wo er mit 9 % am niedrigsten von allen ist.

(3) *Statement:* „Wenn der Staat alle seine Pflichten erfüllen würde, sollte unbezahlte Arbeit nicht notwendig sein."
Zwei der Vorgaben setzen das Volunteering in Beziehung zu staatlichem Handeln und Verantwortlichkeit. Die in der Überschrift aufgeführte These besagt, daß Volunteering die Lücken in der staatlichen Versorgung schließt und daß, wenn die Regierungen alle ihre Pflichten erfüllten, Volunteers überflüssig wären. Die Mehrheit der Befragten stimmt dieser Aussage nicht zu (siehe Tabelle 35). In den acht Ländern lehnen 45% diese These ab; im Vergleich dazu unterstützen 37% diese Aussage. Beinahe einer von fünf Befragten hat zu dem Punkt keine Meinung oder „weiß es nicht". So ist fast die Hälfte der Europäer der Meinung, daß auch bei einer umfassenden Wahrnehmung der staatlichen Verantwortung immer noch ein Bedarf an Volunteering bestünde. Dies mag eine ähnliche Sichtweise wie die zum ersten Statement beinhalten – nämlich, daß Volunteers eine andere Art von Tätigkeit ausüben als Professionelle.

Tabelle 35: Statement: „Wenn der Staat seine Pflichten erfüllen würde"[1]
(Basis = Alle Antworten)

	T	m	w	BE	BU	DÄ	DT	DW	DO	IR	NL	SL	SW	GB
Zustimmung	37	37	38	48	42	19	35	33	41	43	31	36	11	53
Ablehnung	45	47	43	36	37	72	42	43	39	43	57	30	77	41
Weiß nicht/ keine Meinung	17	16	19	16	21	9	23	24	20	15	12	35	12	5

[1] Vollständiges Statement: Wenn der Staat alle seine Pflichten erfüllen würde, sollte keine unbezahlte Arbeit notwendig sein.

Die Unterschiede bei den verschiedenen Gruppen sind relativ gering. Etwas mehr Männer als Frauen lehnen diese Einschätzung ab, ebenso Verheiratete und Menschen aus kleineren Haushalten. Die Schwankungen quer durch alle Altersgruppen sind minimal. Der größte Effekt findet sich beim Haushaltseinkommen, wo eine positive Beziehung zwischen Einkommenshöhe und der Ablehnung dieses Statements besteht; d.h., ärmere Menschen stimmen mit größerer Wahrscheinlichkeit der Aussage zu, und Bessergestellte glauben nicht, daß

114

eine volle Regierungsverantwortung Volunteering überflüssig machen würde.

Bei den Volunteers lehnen jene, die wenigstens einmal im Monat unbezahlte Arbeit leisten, diese Behauptung häufiger ab als die gelegentlich tätigen Volunteers. In beiden Fällen weist die Verneinung jedoch eine hohe Quote auf: über 60%. Nicht-Volunteers sind dagegen geteilter Meinung: Zu gleichen Teilen – beinahe vier von jeweils zehn – bejahen und verneinen sie diese Aussage; mehr als einer von fünf Befragten hat keine Meinung dazu. Es überrascht im Prinzip nicht, daß Menschen mit Volunteer-Erfahrung stärker für die Werte des Volunteering und dessen Notwendigkeit eintreten, auch wenn der Staat alle seine Verpflichtungen einhalten würde. Das höchste Maß an Zustimmung unter den Volunteers wurde bei jenen festgestellt, deren unbezahlte Hauptarbeit im therapeutischen Dienst und im Sammeln von Geld liegt, während die größte Ablehnung bei denen zu finden ist, die in Ausschüssen, Büros und Informationsstellen tätig sind oder in Interessenvertretungen mitarbeiten.

In den verschiedenen Ländern variiert der Grad an Unterstützung bei diesem Punkt. Überdurchschnittliche Zustimmung findet man in Großbritannien (53%) und in Belgien (48%), unterdurchschnittliche in Westdeutschland, den Niederlanden, in Dänemark und Schweden. Schweden und Dänemark unterscheiden sich deutlich von den übrigen Ländern der Studie, da dort nur eine geringe Zahl zustimmt (einer von zehn bzw. einer von fünf Befragten), und etwa drei Viertel diese Sicht ablehnen. Dies spiegelt die Tatsache wider, daß in diesen Ländern relativ wenig Volunteering in Gebieten stattfindet, die zu den staatlichen Aufgaben zählen, wie z. B. die Bereiche „Gesundheit, soziale Dienste, Erziehung, Entwicklung des Gemeinwesens". Das hohe Maß an Zustimmung in Großbritannien hängt wahrscheinlich mit der Reduzierung der öffentlichen Dienste in jüngster Zeit zusammen und mit dem Druck, der auf freiwillige Tätigkeiten ausgeübt wird, die Lücken in diesen Diensten auszufüllen.

(4) *Statement:* „Unbezahlte Arbeit ist eine Bedrohung für bezahlte Arbeit und wird zu Kürzungen öffentlicher Ausgaben benutzt."
Diese These ruft ebenfalls mehr Ablehnung als Zustimmung hervor (siehe Tabelle 36, S. 116). Etwas über die Hälfte der Befragten spricht sich dagegen aus, während ein Drittel zustimmt. Eine von fünf Personen gibt weder in die eine noch in die andere Richtung eine Stellungnahme ab. Diese Einstellungen sind unabhängig von Variablen wie Geschlecht, Familienstand, Haushaltsgröße und Alter.

Nur das Haushaltseinkommen wirkt sich aus: Besser gestellte Personen lehnen diese Aussage mit größerer Wahrscheinlichkeit ab als ärmere.

	T	m	w	BE	BU	DÄ	DT	DW	DO	IR	NL	SL	SW	GB
Zustimmung	26	32	32	34	23	22	18	17	20	27	39	23	10	41
Ablehnung	54	49	46	54	38	70	58	58	58	55	50	44	80	50
Weiß nicht/ keine Meinung	20	19	21	13	39	9	24	24	22	18	11	33	10	9

Tabelle 36: Statement: „Unbezahlte Arbeit ist eine Bedrohung für bezahlte Arbeit"[1]
(Basis = Alle Antworten)

[1] Vollständiges Statement: Unbezahlte Arbeit ist eine Bedrohung für bezahlte Arbeit und wird zu Kürzungen der öffentlichen Ausgaben benutzt.

Es überrascht, daß in der Höhe der Zustimmung zwischen Volunteers und Nicht-Volunteers relativ geringe Unterschiede bestehen (beide um 25 %). Während jedoch regelmäßig und gelegentlich tätige Volunteers diese These heftig dementieren (etwa sechs von jeweils zehn), lehnen sie nur fünf von zehn Nicht-Volunteers ab, wobei ein Viertel von ihnen keine Meinung äußert. Die Arten von Tätigkeiten, die Volunteers ausüben, scheinen kaum Unterschiede in den Auffassungen hervorzurufen. Diejenigen, die sich darüber einig sind, daß unbezahlte Arbeit eine Bedrohung für bezahlte Arbeit darstelle und zu Kürzungen benutzt werde, findet man in den Bereichen „Geldsammeln" und „Büroarbeit". Im allgemeinen sind die Einstellungen bei allen Tätigkeitsformen des Volunteering relativ gleichbleibend. Die größten Unterschiede tauchen beim Vergleich der Länder auf. Die Spanne der Zustimmung schwankt zwischen 10% in Schweden und 41% in Großbritannien. In den Niederlanden akzeptieren etwa vier von jeweils zehn Personen dieses Statement, die Hälfte lehnt es entschieden ab. Starker Widerstand macht sich auch in Belgien, Irland, Dänemark und Schweden bemerkbar (54 bis 80%). Große Anteile in Bulgarien und in der Slowakei – ein Drittel oder mehr – „wissen es nicht" oder haben keine Meinung zu dieser Frage, während in anderen Ländern die Quote nur eins von zehn beträgt. Die Antworten spiegeln zweifellos eine Reihe von Bedenken wider, die je nach politischem und kulturellem Kontext unterschiedlich interpretiert werden können.

(5) *Statement:* „Jeder hat eine moralische Verpflichtung, irgendwann in seinem Leben unbezahlte Arbeit zu tun."

Diese These findet in ganz Europa große Unterstützung (siehe Tabelle 37). Etwas weniger als die Hälfte aller Befragten in den acht Ländern sehen im Volunteering eine moralische Verpflichtung, während ein Drittel diese These ablehnt und ein Fünftel dazu keine Angaben machen kann. Persönliche Variablen haben einen gewissen Einfluß auf die Haltungen der Befragten: Mit insgesamt wenig Ausnahmen ist bei Verheirateten, älteren Menschen und jenen mit größeren und besser gestellten Haushalten mehr Zustimmung zu finden. Es überrascht nicht, daß Volunteers diese Aussage stärker unterstützen als Nicht-Volunteers – über 60% der ersteren im Vergleich zu 44% der letzteren. Jene, die unbezahlte Arbeit regelmäßig leisten, bewerten dieses Statement höher als die Volunteers, die nur gelegentlich tätig sind. Die Art der auszuführenden Tätigkeit zeigt keine großen Auswirkungen. Ein bemerkenswert höheres Maß an Zustimmung erfolgt bei jenen, die in den Gebieten „therapeutische Dienste, Besuche machen und sich um Menschen kümmern" tätig sind. Ansonsten hat die Billigung der moralischen Dimension des Volunteering einen fast gleichen Stellenwert bei den Volunteers.

Tabelle 37: Statement: „Jeder hat eine moralische Verpflichtung"[1]
(Basis = Alle Antworten)

	T	m	w	BE	BU	DÄ[2]	DT	DW	DO	IR	NL	SL	SW	GB
Zustimmung	48	48	49	59	66	—	37	33	50	46	49	51	42	41
Ablehnung	33	35	32	20	15	—	35	37	29	35	41	20	45	52
Weiß nicht/ Keine Meinung	19	18	19	21	19	—	28	30	20	20	10	29	14	6

[1] Vollständiges Statement: Jeder hat eine moralische Verpflichtung, irgendwann in seinem Leben unbezahlte Arbeit zu tun.
[2] Frage in Dänemark nicht gestellt.

Gewisse Unterschiede in der Einstellung zu dieser These sind in den einzelnen Ländern erkennbar. Ein hoher Anteil an Befragten in Bulgarien und Belgien stimmt dieser Aussage zu (fast 60% oder mehr), während vergleichbare Zahlen in Deutschland, besonders in Westdeutschland, Großbritannien und Schweden (um 40%) sehr niedrig liegen. Beinahe ein Drittel der Befragten in Westdeutschland und in der Slowakei wissen nicht, welche Haltung sie in bezug auf die moralische Verpflichtung beim Volunteering einnehmen sollen.

(6) *Statement:* „Engagement in unbezahlter Arbeit hilft Menschen, eine aktive Rolle in einer demokratischen Gesellschaft einzunehmen." Von allen sechs Statements erfährt diese These die größte Unterstützung (siehe Tabelle 38). In den acht Ländern stimmen 62% zu, während 16% ablehnen. Weitere 22% wissen es nicht oder haben keine Meinung. Von diesen Werten gibt es nur wenige Abweichungen, die mit Variablen wie Geschlecht, Alter, Familienstand und Haushaltsgröße zusammenhängen. Nur das Haushaltseinkommen scheint einen geringen Einfluß zu haben: Bessergestellte Personen bestätigen eher, daß das Volunteering den Menschen zu einer aktiven Rolle in einer demokratischen Gesellschaft verhilft.

Tabelle 38: Statement: „Hilft Menschen, eine aktive Rolle in einer demokratischen Gesellschaft einzunehmen"[1]
(Basis = Alle Antworten)

	T	m	w	BE	BU	DÄ[2]	DT	DW	DO	IR	NL	SL	SW	GB
Zustimmung	62	57	56	62	51	85	56	55	61	68	73	45	74	69
Ablehnung	16	23	21	14	22	9	17	17	15	10	15	18	9	21
Weiß nicht/ keine Meinung	22	21	23	24	27	7	27	27	24	22	12	37	17	10

[1] Vollständiges Statement: Engagement in unbezahlter Arbeit hilft Menschen, eine aktive Rolle in einer demokratischen Gesellschaft einzuehmen.
[2] Dänischer Wortlaut: „Volunteering erhöht die Verantwortlichkeit und aktive Teilnahme in der Gesellschaft".

Personen mit Volunteer-Erfahrungen stimmen dieser Ansicht viel häufiger zu als solche, die keine Volunteer-Arbeit geleistet haben. Über drei Viertel der regelmäßig und gelegentlich tätigen Volunteers sind sich in dieser Aussage einig; bei den Nicht-Volunteers ist es nur etwas mehr als die Hälfte. Die stärkste Bejahung erfolgt in den Gebieten „Arbeit im Gemeinwesen, therapeutische Dienste, Geldsammlung und Transport". Etwas darunter liegende Quoten (aber immer noch um zwei Drittel) finden sich bei denjenigen, die sich in den Bereichen „Beratung, persönliche Fürsorge, Besuche machen, sich um Menschen kümmern, Interessenvertretungen und Werbung" engagieren.

Bei den einzelnen Ländern zeigen die Slowakei und Bulgarien geringere Zustimmung als andere Länder; die Quote liegt dennoch bei etwa der Hälfte aller Befragten. Das größte Gewicht wird dieser Aussage in den Niederlanden und in Schweden beigemessen (beinahe 75%). Aus Dänemark werden sogar noch höhere Prozentzahlen (85%) gemeldet. Dort wurde nach der Zustimmung zu der etwas anders lautenden Aussage („Volunteering erhöht die Verantwortlichkeit und aktive Teilnahme in der Gesellschaft") gefragt.

Zusammenfassend kann zu den Einstellungen zum Volunteering folgendes gesagt werden: Die hier vorgestellten Haltungen zeigen, daß das Volunteering in ganz Europa als moralisch und sozial verantwortungsvolle Aktivität wahrgenommen wird, die zu einer demokratischen Gesellschaft beiträgt. Volunteers haben einen besonderen Platz in der Gesellschaft und leisten einen einzigartigen Beitrag, der sich von der Tätigkeit der bezahlten Mitarbeiter unterscheidet. Ihre unbezahlte Arbeit bedroht die Angestellten nicht und bietet auch keinen rationalen Grund zur Kürzung öffentlicher Dienstleistungen. Organisationen, deren Arbeit sich auf Volunteering stützt, werden als wertvoll und effektiv betrachtet und nicht als amateurhaft und unprofessionell eingestuft. Auch wenn der Staat alle seine Verpflichtungen erfüllen würde, wäre immer noch Raum für Volunteer-Mitarbeit. Obgleich eine Reihe von Menschen diese Auffassung nicht teilt, sticht sie deutlich hervor. Diese Betrachtungsweise spiegelt zum einen die Stärke wider, die die Kultur des Volunteering in ganz Europa hat, und zum anderen die positive Einstellung, die die meisten Menschen dazu haben.

10. Zusammenfassung der wichtigsten Strukturen und Trends

Die Ergebnisse der Umfrage zeigen die Vielschichtigkeit und Verschiedenartigkeit des Volunteering in Europa. Es ist nun zu fragen, welche Schlußfolgerungen daraus hinsichtlich der Strukturen gezogen werden können, die freiwilliges Handeln über die nationalen Grenzen hinaus charakterisieren, und ob es regionale Muster gibt, die herausgestellt werden können.

10.1. Schematische Erfassung des Volunteering in Europa

Auf der Basis der neuesten Einwohnerzahlen für die neun Länder der Studie gehen wir davon aus, daß bei einer Gesamtbevölkerung von nahezu 200 Millionen Menschen etwa 40 Millionen Menschen im

Alter von über 15 Jahren im letzten Jahr Volunteer-Arbeit geleistet haben[1]. Mehr als 25 Millionen von ihnen haben mindestens einmal im Monat unbezahlt Zeit dafür zur Verfügung gestellt.

Volunteering gibt es in Europa innerhalb aller sozialen Gruppierungen und schließt Menschen mit den unterschiedlichsten Persönlichkeitsmerkmalen ein. Es zeigt sich eine Neigung, das Ausmaß der erbrachten Volunteer-Arbeit mit dem sozialen Status zu verknüpfen. Der größere Teil der Volunteers ist fest angestellt und hat ein relativ hohes Niveau in Bildung, Beruf, sozialem Stand und Einkommen erreicht. Wenn dies auch in einzelnen Ländern, z. B. Großbritannien, schon seit langem bekannt war, so weist das Ergebnis der Untersuchung darauf hin, daß dies zwar eine weit verbreitete, aber keine allgemein gültige Tendenz ist.

Männer und Frauen sind zu fast gleichen Teilen im Volunteering tätig, Verheiratete etwas öfter als Unverheiratete; Menschen, die aus einem großen Haushalt kommen, übernehmen mit größerer Wahrscheinlichkeit eine Volunteer-Tätigkeit. Volunteers finden sich in allen Altersgruppierungen, mit geringem Anstieg in den mittleren Lebensjahren. Der Anteil der Volunteers, die in ländlichen Gegenden und kleineren Wohnorten leben, ist größer als der in großen städtischen Gebieten.

Die häufigste Ausgangslage für das Volunteering ist, daß Menschen von Familienangehörigen und Freunden für eine örtliche gemeinnützige Organisation angeworben werden. Oft geschieht dies auch durch berufliche Kontakte, Religionsgemeinschaften oder über bereits bestehende Mitgliedschaft bei einer dieser Organisationen. Die meisten Bürger werden aktiv, wenn sie persönlich um Volunteering gebeten oder dazu angeregt werden. Aber es gibt auch eine nicht unbedeutende Anzahl von Menschen, die ihre Dienste selbst anbieten oder in verschiedenen Organisationen engagiert sind, einschließlich landesweiter, freigemeinnütziger oder öffentlicher Einrichtungen.

Menschen handeln freiwillig aus einer Mischung von persönlichen, altruistischen und funktionalen Gründen. Im Durchschnitt setzen regelmäßig tätige Volunteers etwa zehn Stunden monatlich für unbezahlte Arbeit ein. Auf dieser Basis wird in den untersuchten neun europäischen Ländern die Gesamtstundenzahl, die von Volunteers monatlich für freiwillige Aktivität aufgebracht wird, auf über 3.000 Millionen Stunden jährlich geschätzt; mit anderen Worten: 80 Millionen

---

[1] Die Gesamtbevölkerungszahlen sind den UN *Demographic Yearbook 1993* entnommen und waren die zu diesem Zeitpunkt aktuellsten Daten für jedes Land.

Arbeitswochen (bei einer 40-Stunden-Woche). Diese Schätzung von 1,5 bis 2 Millionen personenbezogenen Arbeitsjahren in der unbezahlten Arbeit stellt wahrhaftig einen erheblichen Beitrag zum sozialen, kulturellen und wirtschaftlichen Leben der europäischen Gesellschaften dar. Darüber hinaus vernachlässigt diese Bewertung all die Zeit, die jährlich für unregelmäßiges Volunteering aufgebracht wird, sowie den Aufwand der informell tätigen Volunteers, da diese Angaben nicht berücksichtigt sind.

Diese unbezahlte Zeit wird in fast alle Lebensbereiche investiert: In den Sport- und Freizeitorganisationen sind Männer und jüngere Menschen regelmäßig mit einem hohen Zeitaufwand besonders aktiv. Zu den anderen wesentlichen Bereichen, in denen es Volunteering gibt, gehören die Wohlfahrtsdienste, bei denen bevorzugt ältere Menschen und Frauen tätig sind, sowie der Bereich „Bildung", für den sich überwiegend Frauen und Menschen im mittleren Lebensalter interessieren. Auch die Gemeinwesenarbeit und die Religionsgemeinschaften, in die sich besonders ältere Menschen einbringen, sind für Volunteers attraktiv. Organisationen in Gesundheit, Kultur und Kunst, aber auch Bürger- und Interessenvertretungen haben ihre unbezahlten Mitarbeiter.

Innerhalb des ausgewählten Arbeitsfeldes erfüllen die Volunteers zahlreiche Aufgaben. Sie spielen bei der Unterstützung der Einrichtungen eine lebenswichtige Rolle und zwar durch Sammeln von Geldern, durch die Leitung von Diensten oder durch die Mitarbeit in Ausschüssen. Sie leisten in einem hohen Umfang praktische Fürsorgearbeit, besuchen Menschen und kümmern sich um diese, sorgen für Transport und helfen bei therapeutischen oder personenbezogenen Diensten. Sie engagieren sich beim Unterrichten und Ausbilden. Volunteers beteiligen sich an der Büroarbeit, an Informations- und Vermittlungsdiensten oder an Interessenvertretungen und Werbeveranstaltungen.

Die meisten Aufgaben führen Volunteers ohne Einarbeitung durch die Organisation aus, was aber nur wenige Volunteers als Problem empfinden. Insgesamt sind die europäischen Volunteers eine sehr zufriedene Gruppe, die sich kaum über ihre Arbeit und die Art und Weise ihrer Behandlung durch die Organisationen beklagt. Allerdings hat es sich gezeigt, daß den meisten Volunteers kein Auslagenersatz für Fahrt- und andere, durch Volunteering verursachte Kosten angeboten wird. Dies kann Menschen mit niedrigem Einkommen vom Volunteering abhalten. Eine ganze Reihe von Volunteers vertritt die Auffassung, daß die Vorgehensweise in ihren Einrichtungen besser organisiert sein könnte.

Solche geringfügigen Nachteile halten Menschen aber nicht davon ab, aus Volunteering einen großen Gewinn an Freude und Zufriedenheit zu ziehen. Sie schätzen die sozialen Verbindungen, den persönlichen Nutzen und die Tatsache, daß sie die Ergebnisse ihrer Bemühungen selbst erfahren können. Viele, die noch keine Volunteer-Arbeit erbracht haben, scheinen zu Volunteering bereit zu sein. Das ist ein Hinweis darauf, daß es in Europa ein großes, verfügbares Kontingent an Volunteers gibt. Von den etwa 110 Millionen Menschen, die über 15 Jahre alt sind und in den neun Ländern keine Volunteer-Arbeit geleistet haben, würden nach einer Hochrechnung 25 Millionen dazu bereit sein, wenn man sie fragen würde. Weitere 30 Millionen würden sich zum Volunteer-Engagement überzeugen lassen, wenn ihnen ein passendes Arbeitsangebot gemacht werde. In der Tat scheint nur ein Drittel – etwas unter 40 Millionen – Vorbehalte gegenüber der Volunteer-Idee zu haben.

Diese positive Einstellung gegenüber dem Volunteering in Europa ist aufgrund der kulturell bedingten Förderung unbezahlter Arbeit nicht überraschend. Auch wenn sich diese Erkenntnis nicht verallgemeinern läßt, erbringt die Studie den klaren Nachweis, daß Volunteering weit verbreitet ist und als eine moralisch und sozial verantwortliche Tätigkeit angesehen wird. Es entsteht der Eindruck, daß Volunteering einen außergewöhnlichen und bedeutungsvollen Beitrag zur Gesellschaft in sich birgt und sich immer einen Platz in dieser schaffen wird.

10.2. Charakteristische Ausprägungen in den einzelnen Regionen

Die Länder gliedern sich gewissermaßen in regionale Blöcke mit übereinstimmenden Strukturen und Merkmalen des Volunteering. Der hervorstechendste Befund dieser Studie ist, daß das Volunteering länderspezifische Unterschiede aufweist.

Belgien ist ein richtiges Volunteering-Land mit etwa zweieinhalb Millionen Volunteers bei einer Bevölkerungszahl von etwa zehn Millionen Menschen. Die belgischen Volunteers scheinen sich in vielerlei Hinsicht von denen in anderen Ländern zu unterscheiden. Ihre Volunteer-Arbeit umfaßt eine ausgeprägte bürgerschaftliche Dimension mit viel Arbeit im Gemeinwesen, in der Interessenvertretung und bei Werbeveranstaltungen. Dieses Engagement ist meist bei lokalen, frei-gemeinnützigen oder staatlichen Einrichtungen angesiedelt. Die Bereiche „Besuche machen" und „sich um Menschen kümmern" dominieren, während die Mitarbeit in Ausschüssen weniger beliebt ist als in anderen Ländern Europas. Viele Volunteers beginnen in Belgien ihre Tätigkeit über die Mitgliedschaft in Organisationen, Kirchen und religiösen Vereinigungen. Frauen sind häufiger freiwillig engagiert als Männer – im Unterschied zum sonstigen Europa. Belgische Volunteers gehen, ohne viel zu überlegen, pragmatisch auf das Volunteering zu. Sie begründen ihr Engagement damit, Zeit zu haben, entsprechende Fähigkeiten zu besitzen oder die Möglichkeit wahrzunehmen, um neue Kompetenzen zu gewinnen. Manchmal vertreten sie zwar die Ansicht, daß das Volunteering zu viel persönliche Zeit koste, sie fühlen sich aber trotzdem verpflichtet, sich mit Volunteer-Arbeit zu befassen. Gegenleistungen für das Volunteering sind sozialer Status, Erhaltung der Aktivität und der Gesundheit. In Belgien empfindet man dem Volunteering gegenüber offensichtlich eine starke soziale und moralische Verantwortung. Zudem vermittelt das Volunteering ein Gefühl für Status und Verpflichtung. Parallel dazu wird häufig die Meinung vertreten, daß freiwilliges Mitwirken nicht notwendig wäre, wenn der Staat seine Verantwortung voll übernehmen würde. Viele belgische Volunteers sind der Ansicht, daß sie mit ihrer Volunteer-Arbeit Kürzungen im staatlichen Versorgungsangebot kompensieren müssen.

Die Niederländer sind ihren Nachbarn durchaus ähnlich: Auch sie weisen eine hohe Quote für Volunteering und Mitgliedschaft in Organisationen auf. Auch hier bahnt die Kirche die Wege zu unbezahlter Arbeit. Niederländische Volunteers wirken häufiger in Ausschüssen mit und führen Geldsammlungen durch. Sie bevorzugen regelmäßige Volunteer-Mitarbeit, besonders in lokalen frei-gemeinnützigen Organisationen. Die Entwicklung des Gemeinwesens und bürgerschaftliche Arbeit – ein starker Zug des belgischen Volunteering – ist in den Niederlanden unerheblich. Dagegen treten Sport- und Freizeit-Volunteering deutlicher hervor als in Belgien. Niederländische Volunteers haben große Freude an ihrer Arbeit. Die Menschen in den Niederlanden stehen dem von freiwilligen Mitarbeitern geleisteten Beitrag – im Gegensatz zum professionellen Angebot – skeptisch gegenüber. Nach ihrer Vorstellung sollten Volunteers in geringerem Maße öffentliche Verantwortung übernehmen. Gleichzeitig betonen sie jedoch, daß das Volunteering einen aktiven Beitrag innerhalb eines demokratischen Gesellschaftsgefüges leiste. Nach außen wirkt ihr Volunteering gut organisiert, mit Angeboten zur Auslagenerstattung für viele Mitarbeiter.

Großbritannien und die Republik Irland unterscheiden sich durch gemeinsame Kennzeichen von den sie umgebenden europäischen Ländern. Hervorstechendstes Merkmal ist dabei die Konzentration der Volunteers auf die Geldbeschaffung – ein Punkt, der in anderen Ländern wesentlich unbedeutender ist. Viel Zeit fließt auch in die Arbeit in Ausschüssen, die Teil der Organisationsleitung ist. Beide Länder haben eine ausgeprägte Wohlfahrtskomponente in ihrem Volunteering mit weitverzweigten Aktivitäten in den Bereichen „soziale Dienste und Erziehung" und auf dem Gebiet der Religion. Sport und Freizeit nehmen viel Zeit irischer Volunteers in Beschlag, während die Bildungsarbeit ein hervorragender Bereich in Großbritannien ist. Größere, nationale Organisationen in Großbritannien haben ihre Volunteers auf der lokalen Ebene oder in Zweigstellen vor Ort. Dies spiegelt den Tatbestand wider, daß der Wohltätigkeitssektor gut vernetzt ist und die Volunteering-Einsätze der Mitglieder insbesondere darauf ausgerichtet sind, sämtliche Energien für das Sammeln von Geld einzusetzen. Viele britische Volunteers haben nur ein lockeres Verhältnis zu ihren Organisationen; die Mitgliedschaftsquoten sind gering. In beiden Ländern ist man beim Auslagenersatz für Volunteers eher zurückhaltend. Die sozialen Einstellungen der Befragten in Großbritannien und der Republik Irland bringen zum Ausdruck, daß die durch Volunteering erbrachten Leistungen der staatlichen Versorgung als Ergänzung zugute kommen müssen. Die Bevölkerung beider Länder hält wenig von einer moralischen Verpflichtung zum Volunteering und davon, daß Volunteering eine demokratisierende Dimension aufweist.

Die beiden beteiligten skandinavischen Länder haben zwar gewisse gemeinsame Merkmale, jedoch scheinen die Unterschiede zu überwiegen. In beiden Ländern wird sehr viel Volunteering in den Bereichen „Sport und Freizeit" erbracht; Wohlfahrtsdienste und bürgerverpflichtendes Volunteering treten dabei eher zurück. Der nicht-staatliche Sektor beherrscht die Szene mit fast neun von zehn Volunteers, die in diesem Umfeld tätig sind. Der Rest der Volunteers ist in Dänemark in öffentlichen Einrichtungen auf freiwilliger Basis beschäftigt. Das dänische Volunteering scheint ein hohes Element sozialer Verantwortung zu enthalten: Solidarität mit einem bestimmten Anliegen ist ein häufiges Motiv zum Engagement. Dagegen sind in Schweden persönliche Gründe bedeutender. Die Volunteers beider Länder verbringen viel Zeit mit Büro- und Ausschußarbeit, mit Organisieren und Unterrichten. In beiden Ländern fällt auf, daß das Volunteering sehr oft von Mitgliedern erbracht wird. In beiden Ländern ist man davon überzeugt, daß das Volunteering eng mit dem demokratischen Lebensstil in der Gesellschaft verknüpft ist, weshalb man die Bedeutung freiwilliger Mitwirkung nachdrücklich unterstützt. Diese streng demokratische Ausprägung wird in Schweden dadurch demonstriert, daß die Beteiligung am Volunteering quer durch alle Einkommensschichten vorzufinden ist, wobei die sonst vorhandene Verbindung zwischen Einkommen und

Volunteering-Quote keine Rolle spielt. Die Einstellung zum Staat spiegelt die Geschichte eines starken Wohlfahrtsstaates wider, in dem der frei-gemeinnützige Sektor als Anbieter von Dienstleistungen unbedeutend war; z.B. haben sich Kürzungen bei den öffentlichen Ausgaben bisher nicht in der Weise ausgewirkt wie etwa im neuen „Wohlfahrts-Pluralismus" in Großbritannien.

Die östlichen europäischen Länder weisen gemeinsame Charakteristika auf und bilden in der Studie einen eigenen Block. Das Hauptmerkmal, das sie von westlichen und nördlichen europäischen Ländern trennt, ist, daß sich das Volunteering in der Bevölkerung auf relativ niedrigen Ebenen bewegt. Das Volunteering ist auch nicht so sehr an lokale Organisationen gebunden. Oft wird die Verbindung zum Volunteering über den Beruf hergestellt, und meist ist das Volunteering stärker mit staatlichen und kommerziellen Einrichtungen verknüpft als im westlichen Europa. Das weist daraufhin, daß diese Formung des Volunteering unter dem Kommunismus erfolgt ist und in den neuen, unabhängigen Staatsgebilden bis heute überlebt hat. Dieses Erbe ist wohl auch dafür verantwortlich, daß der Prozentsatz junger, in unbezahlter Arbeit tätiger Leute und die Anzahl älterer Mitbürger auffallend hoch sind. Vielleicht werden hier neue Kraftreserven für eine soziale Rekonstruktion des traditionellen, oft in Verbindung zur Kirche stehenden Volunteering erschlossen. Es überrascht nicht, daß die Auffassung von Volunteering als „Freizeitgestaltung" in Osteuropa weit weniger vorherrschend ist als in anderen Ländern. Viel Einsatz konzentriert sich auf Dienstleistungen, in Ostdeutschland besonders auf den Bereich „Bildung", in der Slowakei auf „Gesundheit" und in Bulgarien auf die „Wohnverhältnisse". Interessanterweise hat Bulgarien von allen Ländern, Ost oder West, die höchsten Zahlen für Volunteering im Umwelt-, Natur- und Tierschutz. Dies spiegelt zugleich das Ansteigen von Einrichtungen mit ökologischen Zielsetzungen in den letzten Jahren wider. Viele osteuropäische Volunteers bieten ihre Dienste in den Bereichen „Information und Vermittlung oder Unterricht und Ausbildung" an, betreiben jedoch einen wesentlich geringeren Aufwand bei der Unterstützung der Organisationen durch Geldsammeln und Beteiligung an Ausschüssen. Wahrscheinlich entspricht diese Vorgehensweise der Struktur und dem Arbeitsstil des Volunteering in jenen Ländern.

Die früheren kommunistischen Staaten innerhalb dieser Studie sind nicht homogen. Ostdeutschland unterscheidet sich von den zwei anderen untersuchten Ländern in vielerlei Hinsicht und hat – was wohl nicht überraschend ist – viele Gemeinsamkeiten mit Westdeutschland.

Sowohl die alten als auch die neuen Bundesländer haben ein sehr engagiertes Volunteer-Potential, was deren Arbeitsauffassung angeht, wenn auch die Gesamtraten niedriger sind als im westlichen und nördlichen Europa. Volunteering im Bildungsbereich ist ein gemeinsames Merkmal für ganz Deutschland. Das gilt auch für die Bereiche „Interessenvertretung, Ausschußarbeit, Besuche machen oder sich um Menschen kümmern". Die Beteiligung an Sport- und Freizeitaufgaben sowie an sozialen Diensten ist ein gemeinsames Merkmal mit auffallend höheren Quoten als in den beiden anderen östlichen Ländern.

Volunteers im früheren kommunistischen Block haben im Vergleich zu den meisten anderen europäischen Volunteers am wenigsten Freude bei ihrem Engagement: Sie erfahren nicht nur weniger Befriedigung und erleben weniger Freude in ihrer Tätigkeit, sondern die Arbeit an sich scheint auch weniger gut organisiert zu sein. Nicht viele Volunteers engagieren sich aus den gleichen sozialen Gründen wie im Westen. So stehen z.B. Kriterien wie „neuen Menschen begegnen" oder „Freundschaften schließen" bei den osteuropäischen Volunteers nicht so weit oben auf der Tagesordnung. Hingegen sind persönliche Gründe und Notwendigkeiten im Gemeinwesen wichtige Motive. Der osteuropäische Block zeigt eine weniger ausgeprägte Wahrnehmung, was die grundlegende Bedeutung des freiwilligen Engagements und des freien gemeinnützigen Sektors angeht. Das Bindeglied zwischen demokratischer Teilhabe und Volunteering ist bis jetzt schwach ausgeprägt, und die Beziehungen zwischen Regierung und nicht-staatlichem Sektor sind nicht maßgeblich entwickelt. Die gute Nachricht ist, daß viele Menschen in Bulgarien, Ostdeutschland und in der Slowakei als Volunteers tätig sein würden, wenn sie darum gebeten würden. Hier schlummern noch vielversprechende Chancen für eine stärkere Werbung von Volunteers.

Diese Zusammenfassung weist zahlreiche Übereinstimmungen in den verschiedenen Regionen von Europa nach – im Osten, im Norden, in Großbritannien, in der Republik Irland, in Belgien und in den Niederlanden. Es handelt sich größtenteils um Strömungen, die sich in mancher Hinsicht zwar einander annähern, aber nicht eindeutig ein regionales Muster erkennen lassen. Die abschließende Beurteilung lautet, daß das Volunteering eines jeden Landes seine besonderen Merkmale aufweist – wie dies auch bei jeder Region innerhalb der Länder der Fall ist. Dies ist als Folgeerscheinung des einmaligen Wechselspiels zwischen sozialen, ökonomischen, politischen und kulturellen Faktoren zu werten, die zweifellos für viele weitere Aspekte der nationalen Identitäten verantwortlich gemacht werden können.

Teil 3

Organisation des Volunteering in Europa

EINLEITUNG

Zur Untersuchung der Organisation des Volunteering sind 1994 in zehn Ländern spezielle Studien durchgeführt worden: in Belgien, Bulgarien, Dänemark, Frankreich, Deutschland, Republik Irland, den Niederlanden, Slowakei, Schweden und Großbritannien. Die Ergebnisse sind in diesem Teil des Berichtes zusammengestellt.

Zur Durchführung der Untersuchung wurde ein abgestimmter Rahmen mit folgenden Kriterien festgelegt:

(a) Die Studie sollte sich auf Wohlfahrtsorganisationen konzentrieren, die in folgenden acht Bereichen personenbezogene soziale Dienste anbieten: ältere Menschen, Drogen-/Alkohol-Abhängige, Verbrechensopfer, Behinderte (körperlich, geistig, mit Lernschwierigkeiten), chronisch Kranke, Obdachlose, psychisch Kranke oder Menschen mit psychischen Problemen, allgemeine soziale Unterstützung, humanitäre Hilfe/Dritte-Welt-Hilfe.

(b) Die Auswahl der Organisationen in jedem Land sollte für die Volunteerbeteiligung so repräsentativ wie möglich sein.

(c) Überregionale und lokale, nicht-staatliche Organisationen sollten einbezogen werden.

(d) Öffentliche Einrichtungen sollten soweit wie möglich eingeschlossen sein.

(e) Ein speziell entworfener Fragebogen sollte in allen Ländern gleichermaßen benutzt werden.

(f) Die Einzelauswertung und die Antworten sollten standardisiert werden.

Ziel der Untersuchung war, pro Land eine Stichprobe von 200 bis 250 Organisationen zu erhalten.

Innerhalb dieser Rahmenbedingungen hatten die einzelnen Länder einen gewissen Spielraum, eine den örtlichen Bedingungen angepaßte Vorgehensweise anzuwenden. So gab es z.B. in einigen Ländern bei der Bildung der Stichproben aufgrund der begrenzten Zahl der insgesamt in Frage kommenden Organisationen keine Wahlmöglichkeiten. In anderen Ländern war die Zusammenstellung einer Auswahl durch die vorhandenen Daten über die Organisationen begrenzt. Fünf Länder erreichten die für die Untersuchung geforderte Stichprobe von 200 bis 250 Organisationen, während die übrigen auf 150 bis 200 antwortende Organisationen angewiesen waren. Die hier beschriebenen Untersuchungsergebnisse repräsentieren über 2.000 Wohlfahrtsorganisationen in Europa.

Zur Ergänzung der Studie wurden in jedem Land drei oder vier Organisationen ausgewählt und in Form von Fallstudien näher untersucht, um damit die Interpretation der Daten zu qualifizieren. Einzelheiten über die Vorgehensweisen bei den Organisations- und Fallstudien sind in den Anlagen (S. 199 ff.) beschrieben.

Die in den Umfragen angewandten Methoden erlauben eine Analyse sowohl der Hauptmerkmale als auch der Unterschiede aller europäischen Organisationen, die Volunteers beschäftigen. Wegen der methodologischen Schwankungen muß jedoch ein exakter Vergleich unterbleiben, bzw. von einer Vergleichbarkeit der Daten kann nicht ausgegangen werden. Trotz der Tatsache, daß die Stichproben weder absolut repräsentativ noch vergleichbar sind, bieten die gesammelten Daten signifikante Informationen über die Vorgehensweisen und Praktiken in einer großen Anzahl von Organisationen in Europa. Es ist anzunehmen, daß jedes Land einen detaillierten Bericht mit eigenen Untersuchungsergebnissen publizieren wird (zu den Ergebnissen der deutschen Studie siehe die ergänzenden Beiträge S. 229 ff.).

1. Untersuchte Organisationen

In diesem Kapitel stellen wir die Organisationen, die in den Studien der einzelnen Länder untersucht wurden, kurz vor. Die 2.008 in unserer Erhebung enthaltenen Organisationen sind vorwiegend nichtstaatliche, gemeinnützige Einrichtungen, von denen sich die Mehrzahl nach 1965 etabliert hat. Eine kleine, aber bedeutende Minderheit stellen öffentliche oder staatliche Institutionen dar. In den osteuropäischen Ländern – Bulgarien, Slowakei und Ostdeutschland – wird etwa eine von zehn Einrichtungen in öffentlicher Trägerschaft geführt. In anderen Ländern ist diese Zahl niedriger.

Die Ausgestaltung des frei-gemeinnützigen Sektors variiert von Land zu Land. In Osteuropa finden wir vorwiegend nationale Organisationen: In der Slowakei gehören über vier Fünftel und in Bulgarien rund drei Viertel zu diesem Typ, wogegen in Deutschland die meisten

Organisationen unter dem Dach eines der sechs sozialen Spitzenverbände der freien Wohlfahrtspflege agieren. Bis zu einem gewissen Grad verdeckt jedoch diese Organisationsform auf Bundesebene die Verhältnisse vor Ort. Große Teile des Volunteering in Deutschland erfolgen in Mitgliedseinrichtungen der Spitzenverbände, die weitgehend selbständig handeln.

In Bulgarien sind fast ein Drittel aller frei-gemeinnützigen Organisationen lokale, städtische und Kreisgeschäftsstellen, die dennoch als „national" eingestuft werden, da es sich um „Zentralbüros" handelt und im ganzen Land ansonsten keine gleiche Organisation existiert. Dies spiegelt das gegenwärtige neue Aufblühen der freie-gemeinnützigen Einrichtungen nach dem Ende der kommunistischen Beschränkungen wider.

Daß landesweit operierende Organisationen ein solches Gewicht haben, ist ein Tatbestand, der sich nicht nur auf Osteuropa beschränkt. Die Tradition eines umfassenden Wohltätigkeitssektors tritt sowohl in Großbritannien als auch in der Republik Irland offen zutage: Dort sind ein Fünftel der Organisationen Dependancen nationaler Körperschaften und ein weiteres Fünftel oder mehr Zweigstellen. Schwedens bemerkenswerte „Interessenvertretungen" arbeiten landesweit über Zweigstellen, wobei sich neun von zehn Organisationen als Zweigstellen nationaler Zusammenschlüsse bezeichnen. In Dänemark erhob man die erforderlichen Daten auf der Grundlage vorhandener Daten der nationalen Organisationen und fand dabei heraus, daß die eine Hälfte Zweigstellen vor Ort hatte, die andere Hälfte nicht.

Unabhängige lokale Gruppierungen sind in vielen Ländern eine wichtige Erscheinung. In Belgien und in der Republik Irland fällt die Hälfte der Einrichtungen in diese Kategorie; drei Viertel der irischen lokalen Organisationen beschreiben sich selbst als Einrichtungen des Gemeinwesens. In Frankreich, den Niederlanden und Großbritannien sind ein Drittel der Institutionen lokale oder nachbarschaftliche Einrichtungen. Der kleinere, unabhängige Sektor könnte in der Stichprobenbildung der Studie etwas unterrepräsentiert sein. Fest steht jedoch, daß Organisationsformen dieser Art in den Ergebnissen ausführlich dargestellt sind.

1.1. Alter der Organisationen

Es wurde bereits erwähnt, daß die große Mehrheit der Einrichtungen innerhalb der letzten 30 Jahre gegründet worden ist. Genauer betrachtet wurde mit dieser Verallgemeinerung nicht genügend gewürdigt, daß das Alter vieler Wohlfahrtsorganisationen noch niedriger ist. Die enorme Entfaltung formaler freiwilliger Aktivitäten in Verbindung mit Wohlfahrtsdiensten gerade im letzten Jahrzehnt ist deutlich hervorgetreten. Dieses neuerliche Anwachsen der Organisationen ist in den osteuropäischen Ländern am stärksten ausgeprägt. Dort haben sich als Folge der politischen und moralischen Umbrüche über die Hälfte der Organisationen innerhalb der letzten drei bis vier Jahre formiert. Bei vielen von ihnen handelt es sich um völlig neue Einrichtungen, die „neue" soziale Probleme z. B. Obdachlosigkeit und Armut angehen oder z.B. die bessere Beachtung der Behindertenrechte einfordern. Andere Organisationen sind wiederbelebte Einrichtungen, deren Existenz unter dem Kommunismus verboten war.

Der Rückblick auf die Zeitspanne vor 1990 zeigt, daß im vergangenen Jahrzehnt in diesem Teil des frei-gemeinnützigen Sektors in fast ganz Europa hohe Wachstumsraten zu verzeichnen sind. Mehr als die Hälfte der Organisationen in Frankreich, vier von zehn in Großbritannien und etwa ein Drittel in Belgien, in Dänemark und in der Republik Irland existierten vor 1984 nicht. Mit einem Viertel hat hier Schweden die niedrigste Quote; insgesamt weist Schweden wenig Bewegung in diesem Bereich auf. Die Hälfte der Einrichtungen ist dort über 30 Jahre alt. Dies kann eine Folge der Stichprobenbildung sein, die nach Angaben des schwedischen Forschungsteams die gegenwärtigen Entwicklungstendenzen im Wohlfahrts-Volunteering auf Landesebene nicht einschließt. Auch in Dänemark ist der Prozentsatz der über 30 Jahre alten Institutionen mit 40% bemerkenswert hoch; über die Hälfte ist 50 Jahre alt. Dies kann mit der Auswahl der erfaßten Organisationen – nur landesweit operierende wurden berücksichtigt – zusammenhängen.

Die Anzahl älterer Organisationen ist doppelt so hoch wie die in Großbritannien, der Republik Irland, Frankreich und Belgien. Im größten Teil Europas wurde nur ein geringer Prozentsatz der Organisationen vor 1944 gegründet, z. B. eine von zehn in Großbritannien, der Republik Irland und in den Niederlanden. Es ist interessant festzustellen, daß die meisten Wohlfahrtsorganisationen in Europa in der Nachkriegszeit entstanden sind, nachdem sich in vielen Ländern der Wohlfahrtsstaat etabliert hatte; besonders das letzte Jahrzehnt war diesbezüglich eine Epoche großer Veränderungen. Dies mag zum Teil eine Antwort auf den Rückzug des staatlichen Wohlfahrtssystems sein, aber wahrscheinlicher ist jedenfalls im Licht der gegenwärtigen politischen Veränderungen, daß es sich hier um Symptome für generelle Trends handelt: zunehmende Probleme durch demographische und soziale Veränderungen, steigender Handlungsdruck in Bereichen wie Behindertenrechte, Zunahmen von Gemeinwesen- und Selbsthilfe-Initiativen usw.

In Osteuropa ist dies eindeutig eine Folge des Zusammenbruchs der restriktiven Regime sowie des Zusammenspiels von Faktoren wie Zerstörung des Zentralstaates, Wiederherstellung von Bürgerrechten und der enormen Eskalation von ökonomischen und sozialen Problemen.

1.2. Einnahmen und Ausgaben der Organisationen

Die Daten über die Einnahmen und Ausgaben der untersuchten Organisationen sind lückenhaft. Eine große Anzahl von Organisationen – etwa ein Viertel in den beteiligten Ländern – verweigerte jegliche Auskunft. Einigen standen keine Informationen zur Verfügung, andere wollten keine Angaben machen. In Deutschland wies man darauf hin, daß diese Informationen unter das Datenschutzgesetz fallen; nur eine sehr geringe Anzahl der Organisationen machte dort vage Angaben.

Die Mehrzahl der erfaßten Organisationen hat einen sehr bescheidenen Haushalt. Dies trifft besonders auf die osteuropäischen zu: Über die Hälfte hatte dort im letzten Geschäftsjahr weniger als 1.000 englische Pfund (etwa 2.270 DM) zur Verfügung, vier von fünf Organisationen weniger als 10.000 englische Pfund (etwa 22.700 DM). Die anderen Länder, in denen die Organisationen ebenfalls einen relativ bescheidenen Haushalt haben, sind die Republik Irland, Frankreich und Schweden; etwa die Hälfte hatte dort im letzten Geschäftsjahr weniger als 10.000 englische Pfund Einnahmen. In Großbritannien verfügte etwa ein Drittel der Organisationen über diese Mittel, die Hälfte erhielt bis zu 50.000 Pfund (etwa 113.500 DM).

Länder mit besser ausgestatteten Organisationen sind Belgien, Dänemark und die Niederlande. Gut über die Hälfte ihrer Einrichtungen hat über 50.000 englische Pfund Einnahmen. Vier von fünf niederländischen und zwei von drei dänischen Organisationen erzielten mehr als 50.000 englische Pfund im vergangenen Jahr. Insgesamt hatten nur wenige der Organisationen mehr als 500.000 englische Pfund (ca. 1,2 Mio DM) zur Verfügung: ein Viertel der belgischen und der dänischen und die Hälfte der niederländischen Einrichtungen verfügten über einen Etat in dieser Höhe. Die meisten dieser Organisationen sind große, landesweit tätige oder öffentliche Körperschaften.

Die Daten über die Ausgaben im letzten Geschäftsjahr zeigen, daß fast alle Organisationen gerade noch innerhalb des vorgegebenen Budgets blieben, d. h. Ausgaben und Einnahmen sich die Waage halten. Das Vorhandensein von Einrichtungen ist in jedem Land eng daran gekoppelt, welche Einnahmequellen zur Verfügung stehen und wie hoch die Ausgaben sind.

Die Organisationen haben folgende drei Haupteinnahmequellen: öffentliche Zuschüsse, eigenes Sammeln von Geld (Spenden) und Gebühren. Die wirtschaftlichen Schwierigkeiten der osteuropäischen Organisationen liegen in der Tatsache begründet, daß drei Viertel von ihnen keine staatlichen Unterstützungen erhalten, die Hälfte keinerlei Einnahmen durch Geldspenden hat und über die Hälfte keine Gebühren einfordert. Immerhin erhält eine von fünf Organisationen über 50% ihrer Haushaltsmittel vom Staat. Meist handelt es sich dann um öffentlich-rechtliche oder um traditionelle Organisationen. In Bulgarien oder in der Slowakei beziehen nur wenige Einrichtungen nennenswerte Anteile ihres Haushalts aus einer dieser drei Quellen.

Etwa die Hälfte aller untersuchten Organisationen in Belgien und der Republik Irland erhalten öffentliche Gelder; für die Hälfte von ihnen bedeutet dies dennoch weniger als 50% ihres Budgets. Die Länder, in denen die meisten Organisationen staatliche Zuschüsse erhalten, sind Dänemark, Frankreich, Deutschland, die Niederlande, Schweden und Großbritannien; in der Regel sind es um 80%, ausgenommen die Niederlande mit 66%. Dies ist nur ein Teil ihres Haushalts; zwei Drittel dieser Einrichtungen erhalten bis zur Hälfte ihres Einkommens vom Staat. Britische und dänische Organisationen werden besser ausgestattet, etwa die Hälfte von ihnen erhält über 50% ihres Budgets in Form von öffentlichen Zuschüssen. In den Niederlanden wird ein Fünftel der Organisationen vollständig von der Regierung gefördert. Doppelt so hoch ist die Anzahl in der Republik Irland, in Frankreich und Großbritannien.

Es muß nochmals betont werden, daß diese Angaben nicht vollständig sind, da viele Einrichtungen, vor allem kleinere Organisationen, sich geweigert haben, über ihre Einkommensquellen Auskunft zu geben. Außerdem könnten die Raten der öffentlichen Bezuschussung überbewertet sein.

Überraschend ist, daß es relativ wenige Organisationen sind, die aus eigenen Geldsammlungen Einnahmen erzielt haben. Dies ist am häufigsten in der Republik Irland und in Großbritannien der Fall. Dort hatten mehr als ein Viertel der Organisationen, die Angaben machten, ihre gesamten Einnahmen im Jahr 1994 über Spenden erzielt; die Hälfte von ihnen erlangte damit mehr als 50% ihres Budgets. Wie bereits dargestellt wurde, ist das Sammeln von Geld in diesen Ländern eine der Hauptaufgaben der Volunteers. In anderen Ländern konnte oft nur ein Drittel der Organisationen einen Teil ihrer Haushaltsmittel über Spenden finanzieren; diese machten weniger als ein Viertel des Jahresbudgets, allerhöchstens die Hälfte aus.

Es ist in Europa nicht üblich, für Wohlfahrtsleistungen Gebühren zu erheben. Deshalb sind die Einnahmen aus dieser Quelle auch relativ gering. Nur in Deutschland, Belgien und den Niederlanden werden Klienten Dienste mit Teilbeträgen oder Anteilen in Rechnung gestellt. Mitgliedsbeiträge sind dagegen eher die Regel. Diese tragen jedoch nur zu einem geringen Prozentsatz zu den Einnahmen der Organisationen bei. In einzelnen Fällen kommen auch kleine Beträge aus anderen Quellen, z.B. aus Zinszahlungen oder Spenden, zur Finanzierung des Haushalts hinzu.

1.3. Personal der Organisationen

Auch in diesem Bereich gaben viele Organisationen keine Auskünfte. Von denen, die sich äußerten, haben viele keine bezahlten Mitarbeiter. Mehr als zwei Drittel der irischen, slowakischen und schwedischen Organisationen sind ohne Vollzeitbeschäftigte. Die Länder mit den höchsten Mitarbeiterzahlen sind Deutschland und Belgien. Über die Hälfte der Organisationen in Bulgarien, Dänemark, Frankreich, den Niederlanden und Großbritannien haben wenigstens eine Vollzeitstelle. In den meisten Fällen ist die Personalausstattung mit allenfalls zwei Mitarbeitern auf einer Stelle sehr dünn. Einrichtungen mit einer größeren Anzahl von Mitarbeitern (über zehn) findet man in Belgien, Dänemark, den Niederlanden und Großbritannien. Dabei handelt es sich um große, gut eingerichtete, landesweit operierende, freigemeinnützige und staatliche Körperschaften.
Selbst die Teilzeitstellen sind relativ dünn gesät. In Bulgarien, der Slowakei, in Schweden und der Republik Irland haben nur wenige Organisationen Teilzeitpersonal zur Verfügung. Fast die Hälfte der französischen, niederländischen und britischen Organisationen sind ebenfalls ohne Teilzeitmitarbeiter, zwei Drittel der Einrichtungen haben keine Stelleninhaber mit einer Arbeitszeit von wenigstens 50%. Organisationen, die Teilzeitmitarbeiter beschäftigen, haben eine oder zwei 50%-Stellen sowie einige Mitarbeiter mit zeitlich befristeten Verträgen. Die meisten Teilzeitstellen gibt es in belgischen Organisationen: drei Viertel weisen hier bis zu zehn Mitarbeiter mit einer halben Stelle auf.

1.4. Management der Organisationen

Im folgenden Abschnitt der Studie geht es um die Management-Strukturen der an der Erhebung beteiligten Organisationen, wobei besonderes Gewicht auf die Zusammensetzung der Leitungsgremien gelegt wird.

Die Mehrzahl der Organisationen arbeitet mit einem gewählten Managementkomitee, das auch „Verwaltungsausschuß" oder „Geschäftsführungsausschuß" genannt werden könnte. Anteilig trifft dies auf acht von zehn Organisationen in Belgien, Bulgarien, Frankreich, Dänemark und Schweden zu sowie auf drei Viertel der Organisationen in Deutschland zu. Die Hälfte der irischen, britischen und slowakischen Organisationen haben ein gewähltes Komitee; den niedrigsten Prozentsatz – ein Drittel – findet man in den Niederlanden.

Die Alternative, d.h. ein ernannter Ausschuß oder organisationsinternes Management sind seltener. Ausnahmen sind die Niederlande, wo fast die Hälfte der Organisationen ein ernanntes Komitee aufweist, sowie Großbritannien und die Republik Irland, wo beinahe ein Drittel der Organisationen mit internen Leitungsstrukturen operiert. Auch in Deutschland und der Slowakei ist eine solche organisationsinterne Struktur häufiger vorzufinden (bei einer von fünf Organisationen).

Die meisten Leitungskomitees bestehen aus sechs bis zehn Personen, die sich einmal pro Monat oder alle zwei Monate treffen. Kleinere Gremien sind eher in Osteuropa die Regel. Beinahe die Hälfte der deutschen Organisationen hat eine Leitungsgruppe mit weniger als fünf Personen. Größere Komitees (11 bis 20 Personen) sind eher in Großbritannien (wo beinahe die Hälfte diese Größe hat), in Frankreich, der Republik Irland und in Belgien zu finden. Für verschiedene Länder wurde festgestellt, daß etwa eine von zehn Organisationen mit Ausschüssen operiert, die über 21 bis 50 Mitglieder umfassen.

Die Mitglieder der Managementkomitees werden sehr selten bezahlt, ausgenommen in Belgien. Ein Drittel der Organisationen dort gibt an, daß sie Bezahlung gewähren. Unklar bleibt, wie hoch diese Vergütungen sind, oder ob sich diese Angaben in Wirklichkeit eher auf bezahlte Manager als auf gewählte Mitglieder beziehen.

Die meisten Komitees tagen regelmäßig das Jahr über. In der Republik Irland und in der Slowakei tagen die Ausschüsse bei ca. einem Drittel jedoch nur ein- oder zweimal im Jahr. Die große Mehrheit der sonstigen Komitees tagt drei bis sechs oder sieben bis fünfzehn Mal, d.h. in Abständen von ein bis zwei Monaten. Am aktivsten scheinen die irischen, deutschen, niederländischen und schwedischen Leitungsausschüsse zu sein; bei mehr als der Hälfte findet mindestens sieben Mal pro Jahr eine Sitzung statt. Damit läßt sich hier schon feststellen – dies bestätigen auch die nachfolgenden Ausführungen –, daß bei den Volunteers in Europa die Arbeit in Komitees eine wichtige Priorität ist. Diese Handlungsebene spiegelt sich auch darin wider, daß Ausschußsitzungen sehr häufig sind.

Die wichtige Rolle der Volunteers bei den Leitungsaufgaben von Organisationen läßt sich daran erkennen, daß der Anteil der Volunteers in den Ausschüssen hoch ist. In neun von zehn belgischen, bulgarischen, niederländischen und schwedischen Organisationen sind Volunteers in die Arbeit von Komitees einbezogen, die in diesen Einrichtungen auch sonst tätig sind. Ebenso verhält es sich in acht von zehn deutschen und in wenigstens zwei Drittel der französischen, slowakischen und britischen Organisationen. Nur in den Niederlanden und in Dänemark sind bei zwei Fünftel bzw. einem Fünftel der Organisationen mitarbeitende Volunteers weniger stark in Leitungsgremien vertreten.

Natürlich wird es akzeptiert, wenn Mitglieder eines Leitungsausschusses auch in Form von direkten Dienstleistungen freiwillige Arbeit erbringen. Hier untersuchten wir, in welchem Ausmaß Volunteers, die in der Organisation auf praktischer Ebene tätig sind, in das Management der Organisationen einbezogen werden.

Während Volunteers aus der praktischen Arbeit relativ oft in der Leitungsarbeit mitwirken, trifft dies für Klienten weit weniger zu. Trotzdem sind in den meisten Ländern in ca. einem Fünftel der Organisationen Klienten oder Personen in Ausschüssen tätig, die Leistungen ihrer Organisation in Anspruch nehmen. Die niedrigste Klientenvertretung findet man in Frankreich (gerade bei 1% der Organisationen) und in Schweden, wo allerdings festgestellt wurde, daß durch die vage begriffliche Erfassung von „Klient" diese Daten wahrscheinlich unzuverlässig sind. Relativ wenig Organisationen haben Ausschüsse, die ausschließlich mit Klienten und überhaupt nicht mit Volunteers besetzt sind. In einigen Ländern setzen sich einzelne Gremien aus Vertretern beider Gruppierungen zusammen. Dies trifft auf etwa eine von fünf Organisationen in Belgien, Bulgarien und der Republik Irland und auf beinahe ein Drittel in Frankreich sowie auf fast die Hälfte in Großbritannien zu.

Wie hoch der Anteil der Vertreter der Volunteers und der Klienten in den Gremien ist, wurde nicht festgestellt. Bemerkenswert ist aber, daß dies variieren kann und von einer scheinbaren Beteiligung bis hin zu voller demokratischer Mitgliedschaft in einem Ausschuß reicht. Trotzdem ist es wichtig, daß sowohl die Volunteers als auch die Klienten am Management von Wohlfahrtsorganisationen in Europa in großem Ausmaß beteiligt sind.

2. ARBEIT DER ORGANISATIONEN

Wir haben untersucht, welches die Hauptziele der Organisationen sind. Dazu haben wir die Inhalte ihrer verschiedenen Tätigkeiten und ihre Klientengruppen analysiert.

2.1. Zielgruppen, die von den Organisationen unterstützt werden

Die Organisationen wurden gebeten, anhand einer Liste von 17 Möglichkeiten die Klientengruppen, denen sie geholfen haben, aufzulisten und dazu Zahlenangaben zu machen. Nach den Antworten gibt es in jedem Land Organisationen, die sich spezialisiert haben, solche, die ein breites Aufgabenfeld bedienen, solche, die nur eine einzige Klientengruppe nennen, und andere, die eine große Anzahl auflisten. Wenn man den Durchschnitts- oder Mittelwert als groben Maßstab für das Ausmaß der Spezialisierung nimmt (bei einer gewissen Vorsicht, was die Vergleichbarkeit betrifft), scheint die Republik Irland die meisten und Bulgarien die wenigsten spezialisierten Einrichtungen zu haben. Die irischen Organisationen haben im Durchschnitt eine einzige Klientenzielgruppe, die bulgarischen dagegen fünf. In den meisten Ländern liegen die Angaben zwischen zwei und drei Zielgruppen pro Organisation, mit Frankreich am untersten Ende des Spektrums und Belgien und Dänemark weiter oben mit drei oder vier.

Betrachtet man die Häufigkeit der von den Organisationen angeführten Kliententypen, so stehen in den meisten Ländern die gleichen Gruppen an der Spitze der Liste: Junge Menschen, Kinder, Familien und ältere Menschen sind die häufigsten Zielgruppen der Organisationen und ihrer Dienstleistungen. Tabelle 39 zeigt die Reihenfolge hinsichtlich der Häufigkeit, mit der die o.g. Klientengruppen jeweils erwähnt wurden. Wegen der unterschiedlichen Darstellungsweise dieser Zahlen in den Einzelländern war es notwendig, sie in eine Rangordnung zu bringen. Damit können jedoch auch ziemlich hohe Prozentsätze auf einem tieferliegenden Rang erscheinen. In vier Ländern – der Republik Irland, den Niederlanden, Schweden und Großbritannien – sind ältere Menschen die häufigsten Zielgruppen. In anderen Ländern werden diese seltener erwähnt und nehmen Rang fünf oder darunter ein, wie etwa in Belgien, Bulgarien, Dänemark und Frankreich. Trotzdem erbringen z.B. in Dänemark 30% der Organisationen Dienste für ältere Menschen.

Junge Menschen sind die wahrscheinlich am stärksten betreute Zielgruppe der Organisationen in Belgien, Bulgarien und Dänemark (wo sie unter Kinder und Familien eingeordnet sind). In den Niederlanden, in der Slowakei und in Schweden stehen sie an zweiter Stelle. Auch in Deutschland sind sie von großer Bedeutung; junge Menschen, Kinder und Familien, Frauen und das Gemeinwesen wurden dort in einer Kategorie mit der Bezeichnung „Allgemeine soziale Dienste" zusammengefaßt. Nur in der Republik Irland ist die Rangordnung eine

Tabelle 39: Klientengruppen von Organisationen (Rangordnung nach Häufigkeit)

	BE	BU	DÄ[1]	FR	DT	IR	NL	SL	SW	GB
Ältere Menschen	6	5	7	7	3	1	1	3	1	1
Junge Menschen	1	1	} 1	1	} 1[7]	11	2	2	2	4
Kinder und Familien	2	4		2		5	9	1	2	2
Körperlich Behinderte	8	2	2[2]	13	7[9]	4	4	3	4	3
Psychisch Kranke	13	11	12	} 12	4	10	3	14	9	8
Menschen mit Lernschwierigkeiten	4	10	2[2]		7[9]	7	11	6	8	9
Frauen	5	7	14	4	1[7]	9	7	8	6	7
Ethnische Gruppen	7	8	9[3]	4	2[8]	18	10	15	14	12
Drogen-/Alkoholabhängige	18	15	9	13	6[10]	14	11	16	11	15
Das Gemeinwesen	3	3	15[4]	3	1[7]	2	7	7	—	10
Flüchtlinge	10	16	9[3]	11	2[8]	16	16	12	12	17
Arbeitslose	9	10	6	6	2[8]	3	15	9	14	13
Obdachlose	14	14	11[5]	9	8	11	13	9	17	14
Kranke Menschen	10	9	2[2]	10	5	6	5	5	10	6
Pflegebedürftige	15	6	5[6]	16	—	8	13	13	13	4
Verbrechensopfer	10	} 13	} 12	17	6[10]	16	17	17	16	18
Menschen im Ausland	16			15	2[8]	15	18	11	6	16
Sonstiges	17			8	—	11	5	—	5	11

[1] Dänemarks Kategorien (hier nicht enthalten) sind nach der Rangordnung „Menschen im allgemeinen", 3; „Menschen in Lebenskrisen", 4; „Einzel-Eltern", 8.
[2] Kategorie enthält „körperlich krank, behindert oder psychisch behindert".
[3] Kategorie enthält „Flüchtlinge und ethnische Minoritäten".
[4] Kategorie benannt „Menschen in einer besonderen Form des Gemeinwesens".
[5] Kategorie enthält „Obdachlose, sozial Ausgeschlossene".
[6] Kategorie benannt „Gruppen von Angehörigen(Selbsthilfe)".
[7] In einer Kategorie zusammengefaßt, benannt „Allgemeine soziale Dienste".
[8] In einer Kategorie zusammengefaßt, benannt „personenbezogene Dienste".
[9] In einer Kategorie zusammengefaßt.
[10] In einer Kategorie zusammengefaßt.

andere. Kinder und Familien sind die bedeutendste Klientengruppe in der Slowakei (wie auch in Deutschland und in Dänemark). Sie steht an zweiter Stelle in Belgien, Frankreich, Schweden und Großbritannien. In den Niederlanden wird sie dagegen am niedrigsten, nämlich an neunter Stelle, eingestuft.

Einrichtungen zur Unterstützung von körperlich und sinnesbehinderten Menschen sind ebenfalls zahlreich vorhanden, wenn auch Lernbehinderte oder psychisch Kranke seltener erwähnt werden. Nur in Belgien, möglicherweise auch in Dänemark – sie werden dort den Gruppen der körperlich Behinderten und kranken Menschen zugeordnet –, gibt es Hinweise darauf, daß sich dort die Dienstleistungen auf die Zielgruppe „Lernbehinderte" konzentrieren, während psychisch Kranke in den meisten Ländern – ausgenommen den Niederlanden und Deutschland – auf einer niedrigeren Stufe eingeordnet werden.

Hilfe für „das Gemeinwesen" ist ein wichtiger Aspekt der Organisationen, die freiwillige Mitarbeiter einbeziehen. Das Gemeinwesen als Ganzes ist in der Republik Irland, in Belgien, Bulgarien, Frankreich und Deutschland ein zentrales Anliegen der Organisationen. Von Bedeutung mag es auch in Dänemark sein, wo „Menschen im allgemeinen" als Klientengruppe an dritter Stelle stehen (obwohl die Kategorie „Menschen in einer besonderen Form des Gemeinwesens" fast ganz unten rangiert). In Großbritannien steht „das Gemeinwesen" in der Bedeutungsskala ziemlich weit unten, an zehnter Stelle. Es kann sein, daß dies auch auf einen höheren Grad der Spezialisierung der Organisationen hinweist. Das Verständnis des Gemeinwesens als „Klientengruppe" mag die offensichtliche Spezialisierung der Organisationen auf diesen Bereich sowohl in der Republik Irland als auch in Frankreich teilweise erklären.

Es wird deutlich, daß die Organisationen, die mit Volunteers arbeiten, in Europa einen relativ hohen Grad an Übereinstimmung bei den wichtigsten Zielgruppen ihrer Dienstleistungen aufweisen: junge und ältere Menschen, Kinder und Familien, Behinderte und ganz generell Angehörige des Gemeinwesens – im wesentlichen sind dies die traditionellen Wohlfahrtsgruppierungen. Dies offenbart ein gemeinsames Verständnis für Notlagen in Europa trotz der Unterschiede in den nationalen Kulturen und in der Wohlfahrtsversorgung.

Bei näherer Betrachtung der Randgruppen, die teilweise für die gegenwärtigen sozialen Probleme symptomatisch sind, ist festzustellen, daß sie von den Organisationen im allgemeinen relativ wenig beachtet werden. Es gibt jedoch einige interessante Unterschiede. Arbeitslose sind z.B. Klienten zahlreicher Organisationen in der Republik Irland. Organisationen für Frauen sind in einer Anzahl von Ländern von

Bedeutung, solche für ethnische Minderheiten dagegen weniger, obwohl Frankreich, vielleicht auch Deutschland, diesbezüglich eine gewisse Ausnahme bilden. Drogen- oder Alkoholabhängige, Obdachlose, Verbrechensopfer und Flüchtlinge werden in allen Ländern nur von wenigen Organisationen unterstützt. Pflegebedürftige sind in vielen Ländern beinahe ohne Bedeutung (einschließlich Belgien, Frankreich, den Niederlanden, Slowakei und Schweden). In Großbritannien stehen sie auf Rang vier, und sie scheinen auch in Dänemark und Bulgarien von Bedeutung zu sein. Dies mag zum Teil das neu entstandene Bewußtsein für Pflegebedürftige in Großbritannien widerspiegeln, es kann aber auch darauf hinweisen, daß Einrichtungen mit dieser zentralen Klientengruppe möglicherweise ihre Dienste auf Menschen erweitert haben, die der Gruppe „Angehörige von Pflegebedürftigen" zuzuordnen sind.

2.2. Die wichtigsten Arbeitsaufgaben der Organisationen

Die Organisationen wurden gebeten, alle Tätigkeiten, die sie vorwiegend ausführen, nach einer Liste von 14 Kategorien anzugeben.

Die Abweichungen zwischen den Ländern sind recht ausgeprägt. Ein Tätigkeitsbereich scheint allerdings in den untersuchten Ländern vorherrschend zu sein (siehe Tabelle 40, S. 140): in sechs Ländern stehen als Hauptarbeitsgebiet der Organisationen die Informations- und Vermittlungsdienste an der Spitze der Rangordnung; am niedrigsten wird diese Funktion in Schweden bewertet. Diese Kategorie schließt zwar ein breites Feld von möglichen Aufgaben und Schwerpunkten ein, doch diese Dominanz spricht dafür, daß die Organisationen eine Schlüsselrolle bei der Überbrückung der „Informationskluft" zwischen Bürger und Staat spielen.

Andere bedeutende Arbeitsschwerpunkte der Organisationen in Europa sind: unterstützende Tätigkeiten und Hausbesuche im Gemeinwesen, soziale und Freizeitaktivitäten, Bildung und Ausbildung. Es scheint jedoch einige Ausnahmen zu geben. In Dänemark rangieren die Bereiche „Hausbesuche und soziale oder Freizeitaktivitäten" sehr weit unten, obgleich die Kategorien „Bildung und Ausbildung" hoch plaziert werden. Dies zeigt, daß es innerhalb des skandinavischen Blocks der Studie wenig Übereinstimmung in den Befunden gibt. „Hausbesuche und soziale oder Freizeitaktivitäten" werden von über 50 bzw. 70% der schwedischen Einrichtungen als die häufigsten Arbeitsaufgaben bezeichnet. Dagegen erreichen sie in Dänemark nur den zehnten und zwölften Rang (werden aber trotzdem von den Organisationen mit 20% und 30% angegeben).

Tabelle 40: Hauptarbeit der Organisationen
(Rangordnung nach Häufigkeit)

	BE	BU	DÄ[1]	FR	DT[2]	IR	NL	SL	SW[4]	GB
Hausbesuche	4	5	13	9	—	3	2	4	3	2
Tagespflege	11	13	}9	15	—	12	10	8	12	13
Hauspflege	6	13		13	—	14	9	10	13	13
Information und Vermittlung	2	2	1	1	}2	1	1	1	4	1
Beratung und Therapie	9	8	3	12		7	5	9	11	4
Transport	13	12	17	11	—	11	13	14	10	15
Gesundheitsdienst	10	7	—	8	4	13	4	6	9	9
Interessenvertretung/ Werbeveranstaltung	5	1	3	6	—	9	6	5	8	5
Überweisungen/Einweisungen	15	10	—	13	—	14	8	11	13	11
Bildung und Ausbildung	1	15	2	2	3[3]	5	11	3	5	6
Pflegedienste	14	6	15	10	—	4	7	7	6	8
Unterstützung im Haushalt	7	11	—	7	—	8	13	13	15	12
Gemeinwesenarbeit	8	9	—	5	—	6	15	12	7	10
Soziales/Freizeit	3	3	11	3	3[3]	2	11	2	2	3
Sonstiges	12	4	6	4	—	10	2	—	15	7

[1] Dänemarks Kategorien (hier nicht enthalten) sind nach der Rangordnung: „Geldsammlung", 5; „Gewinnung und Einarbeitung von Volunteers", 6; „Bildung von Selbsthilfegruppen", 8; „Forschung", 10; „ökonomische Unterstützung von bestimmten Gruppen oder Zielen", 12; Leitung von „alternativen" Cafés (z.B. für sozial Ausgeschlossene), 14; „rechtliche Dienste", 16.

[2] Deutschlands häufigster Arbeitstyp ist „Unterstützung durch allgemeine soziale Dienste im Gemeinwesen".

[3] Zusammengefaßt in eine Kategorie „Ausbildung und soziale Aktivitäten".

[4] Rang der Aktivitäten in lokalen und regionalen, frei-gemeinnützigen und staatlichen Organisationen. Für die Zentralbüros (oder „zentralen Zweigstellen") werden verschiedene Aktivitäten aufgeführt. Hauptaktivitäten sind: „politische Angelegenheiten", „Administration", „Bildung und Ausbildung" und „Arrangement/Teilnahme an Konferenzen".

[5] Schweden berichtet von 202 Beispielen von „anderen" Typen der Hauptarbeit. Das schwedische Forschungsteam gruppierte diese in vier Kategorien; die Hauptkategorie enthielt einkommenbeschaffende Aktivitäten, einschließlich Herstellung von Waren zum Verkauf, Abhalten von Basaren, Lotterien und Sammlungen, Geldsammlung für Vereinsaktivitäten.

Im Gegensatz dazu nimmt in Dänemark die Arbeit in Interessenvertretungen und bei Werbeveranstaltungen den dritten Rang auf der Aktivitätenliste ein, in Schweden dagegen nur den zehnten. Für das schwedische Forschungsteam zeigt sich in diesen Zahlen kein korrekter Niederschlag des Niveaus der Interessensvertretungsarbeit in Schweden, da ein großer Teil dieser Aufgaben innerhalb des schwedischen Wohlfahrtsstaates geregelt abläuft, z.B. in Form von Räten für Senioren und Behinderte. Insgesamt werden in dieser Studie Interessenvertretung und Werbeveranstaltungen mit Rang fünf oder sechs in den meisten Ländern relativ häufig aufgeführt. In Bulgarien ist dies sogar die zentrale Arbeitsaufgabe, worin sich möglicherweise eine wachsende Sensibilität der Einrichtungen für spezifische Nöte und Anliegen und die Bemühungen widerspiegeln, sich auf das zunehmende Selbstbewußtsein innerhalb der neuen Gesellschaftsform einzustellen.

Es gibt in jedem Land Organisationen, die sämtliche in der Studie aufgelisteten Tätigkeiten erbringen. Viele von diesen haben allerdings einen viel niedrigeren Stellenwert als die schon beschriebenen Haupttätigkeiten. Die Bereiche „Gesundheitsdienst", „Transport", „Überweisungen/Einweisungen", praktische Dienste, „Unterstützung im Haushalt" und „Gemeinwesenarbeit" erhalten kaum jemals eine höhere Bewertung. Dabei sind folgende Ausnahmen bemerkenswert: in Deutschland und den Niederlanden der Gesundheitsdienst, in der Republik Irland die praktischen Dienste.

Es mag überraschen, daß in der Republik Irland und in Frankreich die „Gemeinwesenarbeit" keine große Bedeutung hat und das, obwohl „das Gemeinwesen" dort zur wichtigsten Zielgruppe zählt. Man mag darin einen Widerspruch sehen, was aber nicht angebracht scheint: Es kann sein, daß Organisationen im Gemeinwesen als Ganzes spezielle Dienste anbieten, z.B. Information oder Hausbesuche, wohingegen die „Gemeinwesenarbeit" einen besonderen Zugang zu den Tätigkeiten beinhaltet (und in den verschiedenen Ländern unterschiedlich gedeutet wurde).

Zwei wichtige Arbeitsaufgaben im Feld der Wohlfahrt – Tagespflege und häusliche Pflege – sind in der Untersuchung, wahrscheinlich infolge der Vorgaben, nicht deutlich in Erscheinung getreten.

Zusammenfassend läßt sich sagen, daß die Angaben hinsichtlich der von den Organisationen betreuten Zielgruppen und angebotenen Dienstleistungen auf übereinstimmende Arbeitsansätze in den europäischen Wohlfahrtsorganisationen hinweisen. Diese – in der großen Mehrzahl frei-gemeinnützige – Organisationen sind als eine soziale Infrastruktur wirksam, die Unterstützung, Information und

Gelegenheit zur Partizipation anbietet. Die Dienste der Organisationen stehen im allgemeinen der Bürgerschaft im weiten Sinne zur Verfügung, doch sie konzentrieren sich in der Regel auf Gruppierungen mit anhaltenden sozialen Problemen und Bedürfnissen im Wohlfahrtsbereich, z.B. auf ältere und behinderte Menschen, Kinder, Jugendliche und Familien.

2.3. Reichweite der Organisationen

Zusätzlich zur Frage der inhaltlichen Arbeit der Organisationen haben wir auch noch versucht, ein umfassendes Bild von der Reichweite der Organisationen und dem Umfang ihrer Aktivitäten zu gewinnen. Dabei muß nochmals hervorgehoben werden, daß die Unterschiede in der Vorgehensweise bei der Untersuchung zu Fehldeutungen der wirklichen Situation eines Landes führen können.

Die Organisationen wurden daraufhin befragt, wie groß ihre Annahmekapazität für Klienten ist. Sie haben Angaben gemacht, die sich teils auf eine reguläre Arbeitswoche, teils auf ein ganzes Jahr bezogen, wiesen aber zugleich auf die Schwierigkeit hin, exakte Zahlen bereitzustellen. Eine hohe Anzahl der befragten Organisationen lieferte keine Informationen. In den Niederlanden z.B. machte über die Hälfte der Organisationen keine nach Wochen gegliederte Angaben, ein Drittel ließ die jahresbezogenen Angaben weg. In einigen Ländern liegt es an der Gestaltung der Organisationen, daß eine klare Unterscheidung zwischen den „Klienten" nicht ohne weiteres möglich ist. In Schweden z.B. wurde betont, daß die meisten mit Organisationen in Verbindung stehenden Menschen sowohl Empfänger von Diensten sind als auch selbst aktiv an deren Erbringung mitwirken. Deshalb wäre eine Einteilung der „Klienten" in Gruppen eher willkürlich, und die gemachten Zahlenangaben würden keine richtige Bewertung zulassen.

Man sollte auch im Gedächtnis behalten, daß die Auslegung des Begriffs „Klient" erheblich variieren kann, insbesondere in bezug auf den Umfang des Arbeitseinsatzes. Einige Organisationen subsumieren darunter jeden, der Kontakt zur Organisation hatte, oder auch Einzelanfragen, während andere nur diejenigen als Klienten berücksichtigen, die regelmäßig Dienstleistungen erhalten. Bei einem Hausbesuchsdienst für ältere Menschen wird ein kleinerer Klientenstamm einbezogen werden als bei der Durchführung von Tätigkeiten für Jugendliche oder Informationsdienste.

Dennoch bieten die Daten einige interessante Ergebnisse. Die meisten Organisationen in Europa leisten Dienste für einen Klientenstamm von weniger als 50 Personen pro Woche (siehe Tabelle 41). In den meisten Ländern haben ungefähr sechs von zehn Organisationen diesen Umfang an Klienten. Nach unseren Daten ist diese Größenordnung in Schweden und Bulgarien (etwa sieben von jeweils zehn Organisationen) und in der Slowakei (beinahe acht von zehn Organisationen) sogar noch stärker ausgeprägt. Tatsächlich leisten in der Slowakei beinahe sechs von zehn Organisationen Dienste für weniger als zehn Personen in einer regulären Arbeitswoche. Dieser Anteil beträgt in Schweden und Bulgarien etwa ein Drittel.

Tabelle 41: Durchschnittliche Zahl der Klienten pro Woche

	BE	BU	DÄ[1]	FR	DT[2]	IR	NL	SL	SW	GB
0-10	17	30	—	22	—	14	11	57	32	15
11-50	45	37	—	40	—	50	28	21	38	46
51-100	16	11	—	13	—	14	18	9	15	9
101-500	15	15	—	17	—	18	37	12	14	23
500+	7	7	—	9	—	4	6	2	2	6
Zusammenfassung:										
0-50	62	67	—	62	—	64	39	78	70	61
51-100	16	11	—	13	—	14	18	9	15	9
101+	22	22	—	26	—	22	43	14	16	29

[1] Dänemark hat diese Information nicht gesammelt.
[2] Deutschland hat diese Angaben wegen niedriger Antwortraten nicht ausgewertet.

Dieses Ergebnis mag in Schweden durch die Vorgehensweise bei der Datenerhebung bedingt sein. Es zeigt aber auch sehr deutlich, wie begrenzt die Reichweite vieler osteuropäischer Organisationen ist. Im Gegensatz dazu bieten mehr als vier Zehntel der niederländischen Organisationen bis zu 50 Menschen in einer regulären Arbeitswoche Dienstleistungen an; nur eine Einrichtung von jeweils zehn unterstützt zehn oder weniger Menschen.

Die niederländischen Organisationen versorgen zu einem relativ hohen Prozentsatz mehr als 100 Personen pro Woche; dies ist bei mehr als vier von zehn niederländischen Einrichtungen der Fall. Dagegen beträgt in anderen Ländern der Prozentsatz nur ca. die Hälfte oder noch weniger. Nur in Großbritannien liegt er bei etwa drei von zehn Organisationen über dem Durchschnitt. In den anderen Ländern stellen Organisationen mit mehr als 100 Klienten pro reguläre Arbeitswoche etwa ein Fünftel aller Organisationen. Dies trifft auch für Bulgarien zu: Dort wird die Vielzahl der Organisationen mit begrenzter Reichweite dadurch einigermaßen ausgeglichen, daß der Anteil von Organisationen mit größeren Klientenzahlen im Durchschnitt hoch ist. Die meisten dieser Organisationen gehören zu dem mehr traditionellen, entweder frei-gemeinnützigen oder staatlichen Sektor Bulgariens. Sehr wenige Organisationen in allen Ländern – zwischen 2 und 7% – betreuen mehr als 500 Klienten wöchentlich.

Wie aus Tabelle 42 ersichtlich wird, gibt es europaweit zahlreiche kleine Organisationen mit einer sehr begrenzten Reichweite. So betreuen z. B. vier von zehn Organisationen in der Slowakei nur 50 oder weniger Klienten pro Jahr. In Schweden sind es zweieinhalb von zehn Organisationen, die weniger als 50 Klienten jährlich versorgen, in Großbritannien, Frankreich und Belgien sind es zwei von zehn und in Bulgarien, in der Republik Irland und in den Niederlanden ist es eine von zehn Organisationen. Dagegen gibt es in Frankreich, der Slowakei und Schweden Organisationen, die für bis zu 300 Klienten jährlich Dienstleistungen erbringen: in Frankreich und der Slowakei sind dies etwa zwei Drittel, in Schweden drei Viertel aller befragten Organisationen. In allen anderen untersuchten Ländern betreuen etwa die Hälfte oder noch weniger Einrichtungen Klienten in dieser Größenordnung. In Belgien, Irland, Frank-

Tabelle 42: Zahl der Klienten in einem Jahr

	BE	BU	DÄ[1]	FR	DT[2]	IR	NL	SL	SW	GB
0-50	18	11	—	17	—	8	11	40	25	17
51-300	29	25	—	43	—	38	32	22	49	24
301-1.000	23	22	—	22	—	19	21	13	16	18
1.001-5.000	18	20	—	12	—	24	22	15	7	22
5.001+	12	22	—	6	—	11	14	10	2	19
Zusammenfassung										
0-300	47	36	—	60	—	46	43	62	74	41
301-1.000	23	22	—	22	—	19	21	13	16	18
1.001+	30	42	—	18	—	35	36	25	9	41

[1] Dänemark hat diese Information nicht gesammelt.
[2] Deutschland hat diese Angaben wegen niedriger Antwortraten nicht ausgewertet.

reich, den Niederlanden und Großbritannien haben von zehn Organisationen zwischen vier und fünf einen Stamm von bis zu 300 Klienten pro Jahr. Diese Zahl ist in Bulgarien etwas niedriger.

In den meisten Ländern sind es nicht wenige Organisationen, die Dienste für mehr als 1.000 Klienten im Jahr leisten. Die höchsten Prozentsätze – über 40% – weisen Bulgarien und Großbritannien aus. Etwa ein Drittel der Organisationen in Belgien, der Republik Irland und den Niederlanden haben einen Klientenstamm von mehr als 1.000 Menschen pro Jahr. In der Slowakei ist der Prozentsatz ein Viertel, in Frankreich noch etwas niedriger. In der schwedischen Untersuchung ist weniger als eine von zehn Organisationen in diesem Umfang tätig.

Selbstverständlich hängt die Zahl der Klienten nicht nur von der Reichweite einer Organisation ab. Größere Klientengruppen lassen sich in der Regel bei nationalen Organisationen und Einrichtungen mit bezahlten Mitarbeitern finden. Die örtlichen unabhängigen Organisationen oder lokalen Zweigstellen nationaler Zusammenschlüsse, die meist kein bezahltes Personal haben, weisen gewöhnlich kleinere Klientenzahlen aus.

Der Zusammenhang, der zwischen wochen- und jahresbezogenen Klientenzahlen besteht, läßt sich dadurch erklären, daß es anscheinend in den meisten Ländern eine fortlaufende „Werbung" von Klienten durch die Organisationen gibt. In der Slowakei scheint es eine niedrigere Fluktuation bei den Klienten zu geben als in den anderen Ländern. Wenn dort die Hälfte der Organisationen nur 50 oder weniger Klienten in der Woche hat, können im Laufe des Jahres auch kaum neue Klienten gewonnen werden, denn die gleiche Klientenzahl wird auch für den Zeitraum eines Jahres genannt. (Andererseits lassen die wenigen Jahre, seit diese Organisationen meistens existieren, keine der sonst üblichen Beurteilungen zu.) Im Gegensatz dazu unterstützen zwei Drittel der irischen Organisationen 50 oder weniger Klienten in einer regulären Arbeitswoche, während nur ein Bruchteil von ihnen diese Zahl für das gesamte Jahr angibt. Dies läßt einen Zuwachs von neuen Klienten im Laufe der Zeit vermuten. Diese Art der Erweiterung scheint in Bulgarien ziemlich schnell, in den Niederlanden dagegen am langsamsten vonstatten zu gehen. Hier muß wiederum darauf hingewiesen werden, daß die unterschiedlichen Vorgehensweisen bei der Erhebung dieser Daten zu verschiedenen Ergebnissen führen können. Die genannten Klientenquoten könnten sich auch dadurch ergeben, daß eine Organisation ihre unter der Woche angebotenen Tätigkeiten mit geringer Reichweite durchführt, die jahresbezogenen Angaben bezüglich der Klientengruppen dagegen durch Ferienprojekte oder andere einmalige, jahreszeitlich bedingte Aktivitäten ansteigen und daß deswegen die auf die Woche bezogenen Zahlen bescheiden bleiben.

2.4. Zielgruppe der Organisationen und Umfeld ihrer Dienstleistungen

Schließlich haben wir die Organisationen gebeten, zur Art der Bevölkerungsschichten, die sie versorgen, Angaben zu machen und die wirtschaftliche Lage ihrer Zielgruppen zu charakterisieren. In einer Anzahl von Ländern leistete die Hälfte der Organisationen Dienste für Menschen mit geringem Einkommen; in den anderen Ländern ist dieser Anteil viel niedriger. In Belgien, Bulgarien und Frankreich kümmert sich der Großteil der Einrichtungen ausschließlich um die Bedürfnisse ärmerer Menschen. In der Republik Irland und in den Niederlanden tut dies nur ein Drittel der Organisationen, in Großbritannien ein Viertel. Gerade 10 % der schwedischen Organisationen versorgen speziell Menschen mit niedrigem Einkommen. Die Mehrzahl der Organisationen erbringt Dienstleistungen für Menschen, unabhängig davon, in welcher wirtschaftlichen Lage sich diese befinden. Sie weisen darauf hin, daß das Einkommen einer Person kein Kriterium für ihre Dienstleistung ist. Etwa eine von zehn Organisationen in Belgien und Bulgarien stellt fest, daß sie auch für die Bevölkerungsschicht mit mittlerem und hohem Einkommen Dienste leistet. In anderen Ländern wird diese Gruppe kaum angepeilt.

Wie die Organisationen auf der vorgegebenen Skala die Einzugsgebiete von der unmittelbaren Nachbarschaft bis zum ganzen Land klassifizieren, vermittelt einen guten Eindruck von der geographischen Reichweite der Organisationen. Die höchsten flächenbezogenen Prozentzahlen haben Organisationen, die als Einzugsgebiet vor allem die Nachbarschaft oder kommunale Gebietskörperschaften haben, in der Republik Irland, in Deutschland und in Schweden; die niedrigsten haben die Einrichtungen in der Slowakei. Dienstleistungen für klein- bzw. großstädtische Gebiete und deren ländliches Umfeld sind vorherrschend in Belgien, Deutschland, der Slowakei und Schweden. Nur wenige Organisationen decken rein ländliche Gebiete ab.

Einzugsgebiete oder Reichweiten auf der Ebene von Landkreisen finden sich relativ häufig in der Slowakei, den Niederlanden, Deutschland und Frankreich. Landesweite Aktionsfelder zeigen die Organisationen in Bulgarien, wo der Wert mit 50% aller Einrichtungen besonders hoch ist. Dieser hohe Wert ist ebenso ausgeprägt in der Slowakei, in der Republik Irland und in Großbritannien. In Schweden, Deutschland, Frankreich und Belgien ist er dagegen gering. Einige der Organisationen sind nicht landesweit tätig, obwohl sie sich selbst als „nationale, frei-gemeinnützige Organisationen" bezeichnen.

3. Einbindung der Volunteers in die Organisation

In diesem Kapitel untersuchen und beschreiben wir die Rolle der Volunteers innerhalb der verschiedenen Organisationen sowie den Umfang ihrer Aktivitäten.

3.1. Die Ebenen der Einbeziehung und die organisatorische Abhängigkeit

Zuerst wurde der Anteil der Organisationen ermittelt, die Volunteers einbeziehen. In den meisten Ländern ist dies die große Mehrzahl – zwischen 90% und 100%. In Deutschland gilt diese hohe Prozentzahl für die freien Wohlfahrtsverbände, die kirchlichen Organisationen beschäftigen dagegen nur zu 60% Volunteers. In Belgien hat man 399 Wohlfahrtsorganisationen erfaßt, von denen 170 Volunteers einbezogen haben (43%). Das belgische Forschungsteam schloß dann im weiteren Verlauf die Organisationen aus der Studie aus, die keine Volunteers beteiligen, und beschränkte die Untersuchung auf die Einrichtungen mit Volunteers. Auf diese Weise entstand bei Organisationen mit Beteiligung von freiwilligen Mitarbeitern natürlich ein Ausgangswert von 100 %.

Die Beschäftigung von Volunteers ist in den Wohlfahrtsorganisationen Europas weit verbreitet. Dieser Sektor scheint mit einem großen Teil seiner Arbeit von den „freiwilligen Helfern" abhängig zu sein. Die Frage, ob die Organisationen ohne Volunteers funktionsfähig sein könnten, verneinte die große Mehrzahl. Mehr als neun von zehn Organisationen in Bulgarien und der Republik Irland und über acht von zehn in Frankreich, der Slowakei und Großbritannien stellten fest, daß ihre Funktionsfähigkeit von den Beiträgen der Volunteers abhängig ist. In Schweden wurden dazu keine Informationen gesammelt, aber dennoch bestätigt, wie überwältigend die Abhängigkeit von den Volunteers besonders bei örtlichen und regionalen Organisationen ist. In Dänemark und Deutschland konnten entsprechende Daten nicht ermittelt werden.

Es ist interessant, daß in zwei Ländern die Organisationen zu einem geringeren Grad von Volunteers abhängig sind: in Belgien und den Niederlanden. In beiden Ländern war ein Viertel der Organisationen der Meinung, daß sie ohne Volunteers tätig sein könnten. Es scheint so zu sein, daß trotz entsprechender Filterungsversuche auch in Belgien nicht alle Organisationen, die auf Volunteering verzichten, aus der Studie ausgeschlossen wurden. Wenn auch die Abhängigkeit von Volunteers in Belgien und den Niederlanden im Vergleich zu den anderen Ländern gering zu sein scheint, so trifft es dennoch zu, daß drei von vier Organisationen in jenen Ländern der Meinung waren, daß sie ohne Volunteers nicht funktionieren könnten.

Damit läßt sich allgemein feststellen, daß die frei-gemeinnützigen Wohlfahrtsorganisationen in Europa in entscheidender Weise auf Volunteers angewiesen sind. Es überrascht auch nicht, daß Organisationen, die von Volunteers geführt werden, sogar noch stärker von ihnen abhängig sind als jene, die über bezahlte Mitarbeiter verfügen.

3.2. Die Anzahl der in den Organisationen engagierten Volunteers

In den meisten Organisationen erbringt eine relativ bescheidene Anzahl von Volunteers Dienstleistungen in einer regulären Arbeitswoche (siehe Tabelle 43). In den meisten Ländern sind es fünf oder weniger Volunteers bei einem Viertel bis zur Hälfte der Organisationen, die in diesem Sinne tätig sind. Die Slowakei hat den geringsten Anteil in den meisten ihrer Einrichtungen, d.h. acht von zehn Organisationen beschäftigen gerade eine Handvoll Volunteers.

Tabelle 43: Anzahl der Volunteers in einer regulären Arbeitswoche

	BE	BU	DÄ[1]	FR	DT[2]	IR	NL	SL	SW	GB
0-5	50	39	30	37	—	26	43	78	43	28
6-20	35	41	23	43	—	52	25	14	44	40
21-50	7	10	14	11	—	10	17	4	10	17
51-100	7	5	10	4	—	6	11	1	3	7
101-500	1	3	14	4	—	5	4	2	1	5
501+	0	2	9	0	—	1	0	1	0	2
Zusammenfassung:										
0-20	85	80	53	80	—	78	68	92	87	68
21-100	14	15	24	15	—	16	28	5	13	24
101+	1	5	23	4	—	6	4	3	1	7

[1] Dänemarks Zahlen stehen für Volunteers, die an der Arbeit der Organisation „regelmäßig beteiligt" sind.
[2] Deutschland hat diese Angaben wegen niedriger Antwortraten nicht ausgewertet.

Die in Tabelle 43 zusammengefaßten Zahlen lassen erkennen, daß bei der großen Mehrheit der europäischen Organisationen in einer regulären Arbeitswoche nicht mehr als 20 Volunteers beteiligt sind: Das sind etwa 80% oder mehr der Organisationen in Belgien, Bulgarien, der Republik Irland, Frankreich, der Slowakei und Schweden und über zwei Drittel in den Niederlanden und Großbritannien. Deutschland konnte dazu keine Angaben machen; Dänemark hat nur nach „regelmäßiger Beteiligung", nicht jedoch nach wöchentlicher Tätigkeit gefragt. Die Hälfte der dänischen Organisationen gab an, daß bis zu 20 Volunteers regelmäßig mitarbeiten. An dieser Stelle darf jedoch nicht vergessen werden, daß sich die dänische Untersuchung auf größere, hauptsächlich landesweit tätige Einrichtungen konzentriert hat. Es sollte daher nicht überraschen, daß ein Viertel der dänischen Organisationen regelmäßig über 100 Volunteers einbezieht. Dies ist ein viel höherer Prozentsatz als in anderen Ländern, wenn man dies mit Organisationen vergleicht, die eine solche Anzahl von Volunteers in einer regulären Arbeitswoche in Anspruch nehmen.

Wenn wir uns den Zahlen der Volunteers zuwenden, die sich während des ganzen Jahres engagieren, können wir feststellen, daß immer noch ein wesentlicher Teil der Organisationen in den meisten Ländern 20 oder etwas weniger Volunteers das Jahr über beschäftigt (siehe Tabelle 44, S. 150). Etwa die Hälfte bis zwei Drittel der Organisationen in sechs Ländern verfügen über einen solchen begrenzten jährlichen Volunteer-Stamm. Die herausragende Ausnahme ist Bulgarien, wo weniger als eine von fünf Organisationen diese kleine Zahl an Volunteers in einem Jahr aufweist. Auch Großbritannien unterscheidet sich von den meisten Ländern, da beinahe zwei Drittel der Organisationen mehr als 20 Volunteers in einem Jahr beschäftigen. Bis zu einem Drittel der Einrichtungen arbeitet mit mehr als 100 Volunteers das Jahr über. Die Quote von 33% wird allerdings nur von Bulgarien erreicht. Kleinere Volunteer-Gruppierungen scheinen für Schweden, Frankreich und Belgien charakteristisch zu sein, wo weniger als eine von zehn Organisationen über 100 Volunteers im Jahr verfügt.

Der Vergleich der wochen- und jahresbezogenen Volunteer-Zahlen läßt vermuten, daß ein großer Teil der Organisationen einen regelmäßigen Stamm von Volunteers zur Verfügung hat, der Woche für Woche Volunteer-Arbeit ausführt; z.B. geben vier Fünftel der niederländischen Einrichtungen, die über bis zu fünf Volunteers in einer regulären Arbeitswoche verfügen, die gleiche Zahl von Volunteers für das ganze Jahr an, während die Quote bei Organisationen mit bis zu

Tabelle 44: Zahl der Volunteers, die das Jahr über mitarbeiten

	BE	BU	DÄ[1]	FR	DT[2]	IR	NL	SL	SW	GB
0-5	25	2	—	23	—	14	34	35	4	10
6-20	40	15	—	38	—	43	16	25	50	28
21-50	14	28	—	20	—	14	22	17	28	19
51-100	12	22	—	10	—	6	10	8	12	11
101-1.000	9	27	—	5	—	19	15	12	6	26
1.000+	1	6	—	4	—	4	3	4	0	5
Zusammenfassung:										
0-20	65	17	—	61	—	57	50	60	54	38
21-100	26	50	—	30	—	20	32	25	40	30
101+	10	33	—	9	—	23	18	16	6	31

[1] Dänemark hat diese Frage nicht gestellt.
[2] Deutschland hat diese Angaben wegen niedriger Antwortraten nicht ausgewertet.

20 Volunteers 75% beträgt. Die Werte für eine stärkere Volunteer-Beteiligung im Laufe eines Jahres sind in Schweden und Bulgarien am höchsten. In diesen beiden Ländern beschäftigen etwa 40% der Organisationen nur eine Handvoll Volunteers während der regulären Arbeitswochen. Eine so geringe Zahl von Volunteers, die das Jahr über mitarbeiten, wird nur von weniger als einer von zehn dieser Organisationen angegeben. Bulgarien hebt besonders hervor, daß es sich lediglich um einen Kern von Volunteers (drei bis zehn Personen) handelt, der für die reguläre Infrastruktur der Einrichtung sorgt. Dazu kommen Volunteers „an der Peripherie", die auf einer weniger regelmäßigen Basis tätig sind, z. B. bei Werbeveranstaltungen oder zeitlich begrenzten Unternehmungen.

3.3. Die Fluktuation bei den Volunteers

In Bulgarien ist die Fluktuation der Volunteers am stärksten. Sie wurde anhand der Zahlen von Volunteers geschätzt, die innerhalb eines Jahres in eine Organisation eintreten und diese wieder verlassen. Viele Organisationen führen keine Statistik über den Wechsel der Volunteers und konnten deshalb keine diesbezüglichen Informationen zur Verfügung stellen. Andere Organisationen betonen, daß ihre Angaben auf Schätzungen beruhen. Daher sind die Zahlen nur teilweise verwertbar und lassen in bezug auf interne Trends nur Vermutungen zu.

Im allgemeinen stimmen sie jedoch mit den anderen Ergebnissen überein. Es gibt zahlreiche Hinweise dafür, daß in den meisten Ländern jeweils wenig neue Volunteers gewonnen werden. Die Mehrzahl der Organisationen spricht von einer „Handvoll" (ein bis fünf Volunteers), die im Laufe eines Jahres zu ihnen kommen. Nur Bulgarien und die Slowakei unterscheiden sich ganz wesentlich von diesen Zahlen. Dort werden in der Regel bei großen Organisationen zwischen 20 und 100 neue freiwillige Mitarbeiter jährlich gewonnen.

In den westlichen und nördlichen Ländern beträgt die Zunahme im Durchschnitt nicht mehr als 20 Volunteers pro Jahr. Die Anzahl der beschäftigten freiwilligen Mitarbeiter bleibt jedoch weitgehend konstant, da etwa die gleiche Zahl (ca. 20) diese Organisationen jeweils wieder verläßt. Insgesamt scheint es aber einen geringfügigen Anstieg zu geben. Auch hier nehmen Bulgarien und die Slowakei eine Sonderstellung ein, wo kleinere Organisationen mehr Volunteers verlieren, als sie neu gewinnen können, und wo größere Organisationen – wie oben erwähnt – beträchtliche Neuzugänge (bis zu 100 jährlich) verzeichnen.

3.4. Der zeitliche Arbeitsaufwand der Volunteers

Nur die Hälfte der befragten Organisationen war in der Lage, konkrete Angaben über den zeitlichen Arbeitsaufwand ihrer Volunteers zu machen; andere (z.B. Bulgarien, Slowakei und Schweden) konnten den Arbeitsaufwand nur schätzen.

Wie aus Tabelle 45 (siehe S. 152) ersichtlich, gibt es in Europa eine gewisse Übereinstimmung hinsichtlich der wöchentlichen Arbeitszeit der Volunteers. Sie liegt bei 50 bis 75% der Organisationen bei etwa fünf Stunden pro Woche. In Belgien, Bulgarien, Dänemark, Frankreich und der Slowakei ergibt sich ein Mittelwert von bis zu fünf Stunden pro Volunteer. In der Republik Irland und in Schweden ist dieser Wert am niedrigsten. In den Niederlanden und Großbritannien liegt die durchschnittliche Arbeitszeit unter fünf Stunden wöchentlich. In vielen Ländern sind bei 20 bis 25% der Organisationen ein oder zwei Stunden pro Woche die Norm. In den Niederlanden und Schweden (teilweise auch in der Republik Irland) ist die Anzahl von Organisationen mit einem derartig geringen wöchentlichen Arbeitsumfang ihrer Volunteers noch höher.

Tabelle 45: Durchschnittliche Arbeitszeit der Volunteers pro Woche

	BE	BU	DÄ	FR	DT[1]	IR	NL	SL	SW	GB
0-2 Stunden	20	18	21	27	—	29	40	23	33	25
3-5 Stunden	32	31	35	23	—	44	27	25	42	38
6-10 Stunden	22	24	21	25	—	17	22	36	18	21
11-20 Stunden	13	18	18	10	—	8	7	12	5	11
21+	12	8	6	15	—	2	4	4	2	5
Zusammenfassung:										
0-5 Stunden	52	49	56	50	—	73	67	48	75	63
0-10 Stunden	74	73	77	75	—	90	89	84	93	84
11+	25	26	24	25	—	10	11	16	7	16

[1] Deutschland hat diese Angaben wegen niedriger Anwortraten nicht ausgewertet.

Zwischen drei und fünf Stunden wöchentlich arbeiten Volunteers bei einem Viertel der Organisationen in Frankreich, den Niederlanden und der Slowakei, bei einem Drittel der Organisationen in Belgien, Bulgarien und Dänemark und bei rund 40% in der Republik Irland, in Schweden und in Großbritannien.

Der Zeitumfang, den die Volunteers bereitstellen, weist bei den einzelnen Ländern interessante Variationen auf. Beispielsweise verfügen in Bulgarien und Dänemark beinahe ein Fünftel der Organisationen über Volunteers, die zwischen 11 und 20 Stunden in der Woche freiwillig tätig sind. Dies ist zweimal soviel wie in den meisten anderen Ländern. In Belgien und Frankreich ist es eine von zehn Organisationen, die einen zeitlichen Umfang des Volunteering von über 21 Stunden angegeben hat. Legt man ein Engagement von elf Stunden oder mehr zugrunde, dann sind es ein Viertel der Organisationen in vier Ländern – Belgien, Bulgarien, Dänemark und Frankreich –, die von diesem großzügigen Volunteer-Einsatz profitieren. Dieser Prozentsatz trifft nur bei einem Zehntel der Organisationen in der Republik Irland, in den Niederlanden und in Schweden zu. Die Slowakei und Großbritannien haben Zahlenwerte, die zwischen diesen beiden Quoten liegen.

Dies läßt die Schlußfolgerung zu, daß Volunteers in der Republik Irland, in Schweden, den Niederlanden und Großbritannien weniger Wochenstunden einsetzen als ihre „Kollegen" in anderen Ländern. Generell und trotz der Unterschiede in der Organisationsstruktur und in den Handlungsweisen, ist die Übereinstimmung bei den Volunteers hinsichtlich des Zeitaufwandes, den sie für unbezahlte Aktivitäten erbringen, in Europa recht hoch.

3.5. Der Beitrag der Volunteers im Vergleich zu den Vollzeitbeschäftigten

Um die Bedeutung der Volunteers in Wohlfahrtsdiensten zu beurteilen, wurden die Organisationen in einem weiteren Schritt gefragt, ob sie den Gegenwert der Beiträge aller ihrer Volunteers im Vergleich zu dem der Vollzeitbeschäftigten einschätzen könnten. Insgesamt waren weniger als die Hälfte der Organisationen dazu in der Lage. Deshalb sollten diese Ergebnisse mit Vorsicht behandelt werden.

Bei denen, die eine Beurteilung abgeben konnten, war die häufigste Ansicht die, daß der Gesamtbeitrag der Volunteers etwa dem Einsatz von einem oder zwei Vollzeitmitarbeitern pro Woche entspräche. Die Hälfte der befragten Einrichtungen machte diese Angabe. Eine Ausnahme bildet Schweden, wo dies beinahe alle Einrichtungen bestätigten. In vielen Ländern vertrat etwa eine von fünf Organisationen die Ansicht, daß der Gesamtbeitrag von Volunteers dem von drei bis fünf Vollzeitmitarbeitern entspräche.

Somit haben in den meisten Ländern gut über zwei Drittel der Organisationen (in einigen über 80%) die Beiträge der Volunteers gegenüber denen von Vollzeitmitarbeitern als durchaus vergleichbar erachtet. Dies deutet darauf hin, daß die Volunteers in den meisten freien gemeinnützigen Wohlfahrtsorganisationen gewissermaßen das Rückgrat der Einrichtungen sind und einem kleinen Mitarbeiterstab entsprechen. In vielen Organisationen kommt die Arbeit eines Volunteers der eines einzigen bezahlten Mitarbeiters gleich, wobei viele der Organisationen Festangestellte nur deswegen anstreben, um ihren Arbeitsablauf sicherzustellen.

3.6. Die Volunteer-Tätigkeiten

Anhand einer Liste mit 17 Tätigkeitsmerkmalen spezifizierten die befragten Organisationen die Hauptaufgabengebiete ihrer Volunteers. Tabelle 46 (siehe S. 154) zeigt die Reihenfolge der Aktivitäten entsprechend der von den Einrichtungen angegebenen Häufigkeit.

Zwei Drittel oder mehr Organisationen vieler Länder berichten, daß Volunteers in ihren Komitees beteiligt sind. Diese Tätigkeit erreichte Platz eins in sechs und Platz zwei in drei Ländern; nur Deutschland bildet eine Ausnahme. Abgesehen von dieser fast gleichbleibend her-

Tabelle 46: Aktivitäten der Volunteers (Rangordnung nach Häufigkeit)

	BE[1]	BU	DÄ	FR	DT	IR	NL	SL	SW[6]	GB
Geldsammlung	6	2	5	9	8	1	8	2	9	2
Komiteearbeit	1	2	2	1	5[5]	2	1	1	1	1
Büroarbeit	4 } 7		} 4	3	7	8	3	9	8	7
Administration	3			2	5[5]	4	10	10	2	5
Information	6 } 1		2[3]	5	6	5	6	7	5	4
Ratgeben/Anleiten	11		6[4]	5	1	6	4	3	11	3
Interessenvertretung	15 } 4	—		14	13	14	10	17	17	13
Werben/Bekanntmachen	12		2[3]	11	2	12	13	11	10	10
Ausbildung und Unterricht	8	5	8	4	11	13	10	6	7	12
Leitung	2	—	—	5	9	17	16	13	12	18
Transport leisten	13	8	10	13	12	7	9	16	14	9
Besuchen/sich um Menschen kümmern	14	6	9	12	3	3	5	8	4	6
Praktische Arbeiten	16	9	1	16	13	10	15	17	14	17
Therapeutische Aktivitäten	19	11[2]	—	18	15	16	17	14	17	14
Persönliche Fürsorge	18	10	—	17 } 10		14	18	15	16	15
Beratung	10	—	6[4]	15		10	13	5	13	11
Freizeit-Aktivitäten	9	11	6	8	3	5	1	4	3	8
Sonstiges	5	—	11	10	—	9	7	12	6	16

[1] Belgien fügte eine zusätzliche Aktivität ein, „psychologische Beratung" mit Rang 17.

[2] Diese zwei Aktivitäten wurden in einer Kategorie erfaßt.

[3] In einer Kategorie wurden „Information, Bekanntmachen, Werbung" zusammengefaßt.

[4] In einer Kategorie wurden „Beratung, rechtliche Dienste" zusammengefaßt.

[5] In einer Kategorie zusammengefaßt.

[6] Zahlen nur für lokale und regionale, freie gemeinnützige und staatliche Organisationen. Die 17 schwedischen Zentralbüros und die nationalen, freien gemeinnützigen Organisationen haben andere Aktivitätstypen aufgelistet.

ausragenden Tätigkeit, ist ihre Verschiedenartigkeit das Hauptcharakteristikum der Aktivitäten von Volunteers in Europa. „Ratgeben und Anleiten" ist z. B. die häufigste Volunteer-Arbeit in Deutschland und in Bulgarien, wo sie mit der Tätigkeit „Informationen geben" verbunden ist. In Belgien und Schweden nimmt diese Beschäftigungsform hingegen nur Rang elf ein. Generell steht diese Tätigkeit zwischen dem dritten und sechsten Rang und weist auf ein relativ breit gefächertes Einsatzgebiet von Volunteers hin.

Wie schon erwähnt, ist die hohe Beteiligung an „Geldsammlungen" kennzeichnend für die Volunteer-Arbeit in der Republik Irland und in Großbritannien. Die Untersuchung belegt, daß diese Tätigkeit in Irland am häufigsten durchgeführt wird und in Großbritannien unmittelbar nach der Arbeit in Komitees an zweiter Stelle steht. In beiden Ländern berichten mehr als zwei Drittel der Organisationen von dieser Volunteer-Beteiligung. Interessanterweise belegt die Tätigkeit „Geldsammlung" auch in den beiden osteuropäischen Ländern – Bulgarien und Slowakei – Rang zwei. Ansonsten steht sie an fünfter Stelle oder noch darunter. In Frankreich und Schweden ist dies der Tätigkeitsbereich mit der niedrigsten Volunteer-Beteiligung. Doch auch dort berichtet ein Drittel der Einrichtungen über das Engagement von Volunteers beim Sammeln von Geld.

Die Rolle, die Volunteers bei der Bewältigung von „Aufgaben im Hintergrund" spielen, unterstreicht die Schlüsselrolle, die ihnen bei der Herstellung der Infrastruktur für die Organisationen zukommt. Zusätzlich zur zentralen Bedeutung der Arbeit in Komitees hat die Unterstützung bei der Büroarbeit oder bei der Administration der Organisationen in mehreren Ländern einen bemerkenswert hohen Stellenwert, am deutlichsten in Belgien, Dänemark und Frankreich, wo diese Aktivitäten von der Hälfte oder mehr der Organisationen angegeben werden.

Tabelle 46 zeigt auch, daß Volunteers einen wichtigen Beitrag zur Überbrückung der „Informationskluft" zwischen Bürger und Staat leisten. Diese Aufgabe rangiert durchgehend an fünfter oder sechster Stelle der aufgelisteten Tätigkeitsbereiche. In den meisten Ländern geben um 40% der Organisationen Informationsdienste als einen Volunteer-Tätigkeitsbereich an. Einen ähnlichen Prozentsatz hat Dänemark, wo die Aktivitäten „Information, Werbung und Bekanntmachen" kombiniert wurden. Dort ist es die zweithäufigste Volunteer-Aufgabe. In Bulgarien sind die dominierenden Volunteer-Tätigkeiten „Information und Vermittlung in Verbindung mit Ratgeben und Anleiten"; mehr als drei Viertel der Organisationen berichten von der Beteiligung der Volunteers an dieser Art von Arbeit.

Die Mitarbeit bei Interessenvertretungen und bei Werbeveranstaltungen ist auch in Bulgarien eine häufige Aktivität, in die beinahe die Hälfte aller Einrichtungen ihre Volunteers einbezieht. Die Interessenvertretung von Zielgruppen und das Engagement bei Werbeaktionen sind auch für Deutschland besonders kennzeichnend (ebenso für Dänemark). In Deutschland beteiligt die Hälfte der Organisationen Volunteers an diesen motivierenden Tätigkeiten. Andere Länder bewerten diese Art von Volunter-Arbeit viel geringer und bestätigen dies dadurch, daß sie diese auf Rang zehn oder darunter einordnen.

Die im Gegensatz zu den „Aufgaben im Hintergrund" und Informationsarbeiten stehende Erbringung von direkten Dienstleistungen ist bei den europäischen Volunteers weniger bedeutend. Freizeit- und soziale Aktivitäten sind die häufigsten und in einigen Ländern – den Niederlanden, Deutschland und Schweden – sogar die zentralen Tätigkeitsbereiche der Volunteers. Auch in anderen Ländern setzen große Teile (40 oder 50%) der Organisationen Volunteers bei sozialen oder bei Freizeittätigkeiten ein.

In zahlreichen Ländern, z. B. in der Republik Irland, in Deutschland und in Schweden, machen Volunteers Besuche und kümmern sich um Bedürftige. Klientenzentrierte Versorgungsleistungen werden von Volunteers weniger häufig ausgeführt: persönliche Fürsorge, therapeutische Aktivitäten, Beratung und praktische Haushaltsarbeit werden in der Regel den unteren Rängen zugeordnet.

Letztendlich haben wir versucht, zwischen der Häufigkeit und dem Umfang der verschiedenen Aufgaben zu unterscheiden. Die Einrichtungen wurden gebeten, Aktivitäten entsprechend der von allen Volunteers eingebrachten Zeit in eine Rangordnung zu bringen. Auch wenn die Daten nicht vollständig sind, so weisen sie doch darauf hin, daß generell die hierarchische Abstufung der Einzelaktivitäten hinsichtlich der Zeit, die die Volunteers aufwenden, ein ähnliches Bild ergibt wie die Rangordnung bei den sonstigen Tätigkeiten, die in diesem Kapitel beschrieben wurden. In den Angaben zeigen sich zwar leichte Veränderungen in der Rangfolge oder Position, im allgemeinen bleiben die dominierenden Tätigkeiten aber in jeder Aufreihung erhalten. Dies unterstreicht die Bedeutung der dominierenden Tätigkeiten und zeigt, daß diese nicht nur in der Häufigkeit, sondern auch vom Umfang her das gesamte Volunteering-Bild prägen.

4. GEWINNUNG UND UNTERSTÜTZUNG VON VOLUNTEERS

In diesem Kapitel gehen wir folgenden Fragestellungen nach: Welche Strategien setzt das Volunteer-Management um? Wie werden Volunteers gewonnen? Wieviel Unterstützung und Einarbeitung erhalten die Volunteers? Und: Wie gestaltet sich auf den verschiedenen Gebieten die Begleitung der Volunteers?

4.1. Richtlinien für Volunteers

Die erste Frage lautete, ob Organisationen Regelungen für Volunteers getroffen oder gar schriftliche Richtlinien (Einzelaufstellung in Tabelle 47) ausgearbeitet haben. Der Inhalt dieser Regelungen kann die Gewinnung, die Unterstützung und die Einarbeitung der Volunteers zum Gegenstand haben. Er könnte des weiteren Kriterien für die Planung, für die Auswahl und Zuweisung der Volunteers sowie festgelegte Verpflichtungen der Volunteers und der Organisationen beinhalten, sowie Regelungen und Verfahren zum Umgang mit Problemen

Tabelle 47: Vorliegen von Richtlinien für Volunteers und Maßnahmen zur Gewinnung von Volunteers

	BE	BU	DÄ	FR	DT	IR	NL	SL	SW	GB
Volunteer-Richtlinien	24	23	12	15	23	11	36	25	70	18
Einführungsgespräche	72	54	35	—	71	33	83	73	28	66
Empfehlungen und polizeiliches Führungszeugnis										
– Nur Empfehlungen	10[1]	1	1	6	38	6	5	2	2	28
– Nur polizeiliches Führungszeugnis	8[2]	13	—	2	—	2	8	5	4	2
– beides	2	5	—	—	—	—	—	1	1	18
– keines	87	80	—	93	—	—	—	92	92	52
Tätigkeitsbeschreibungen und Vereinbarungen										
– Nur Tätigkeitsbeschreibungen	88	69	33	50	80	36	62	10	22	28
– Nur Vereinbarungen	28	13	—	2	24	9	41	4	5	4
– beides	25	4	—	12	—	—	—	2	10	19
– keines	12	15	—	36	—	—	—	84	58	49

[1] Die Summe der Prozentsätze ergibt nicht 100, da jede Antwort auf eine getrennte Frage bezogen ist, z. B. keine Verteilung auf vier Kategorien.

[2] Plus 7%, die es „manchmal" anfordern.

aufweisen. Sind solche Grundregeln erstellt, dann weist dies auf eine durchdachte, geplante Herangehensweise an das Volunteering in der Organisation hin, was gewöhnlich bei größeren, personalintensiveren Einrichtungen zu finden ist.

Einige der beteiligten Berichterstatter innerhalb des Forschungsprojekts merkten an, daß die hohen Antwortraten dazu veranlassen könnten, die Häufigkeit schriftlicher Regelungen in ihrem Land überzubewerten. Aus der Slowakei wurde darauf hingewiesen, daß sich die 25 % positiven Antworten eher mit dem Vorliegen verborgener Richtlinien innerhalb der Praxis erklärten, als daß klar definierte, schriftliche Planungen oder Regelungen für das Volunteering vorhanden seien. In Schweden, wo beinahe drei Viertel der Organisationen behaupten, Grundregelungen zu haben, mußte man diese Angaben zum einen als eine weite Auslegung der Vereinssatzung (die als „Dach aller Vorschriften" gilt) oder des Jahresprogramms an Aktivitäten deuten und zum anderen dahingehend interpretieren, daß nur ganz wenige der kleineren örtlichen Einrichtungen tatsächlich besondere Volunteer-Grundregelungen aufgestellt haben.

Abgesehen von Schweden wird in der Mehrzahl der Länder nur von einem Viertel der Organisationen oder weniger angegeben, daß schriftliche Regelungen für die Volunteers vorhanden sind. In den Niederlanden sind es über ein Drittel, in Belgien, Deutschland, der Slowakei und Bulgarien nicht mehr als ein Viertel. Weniger als eine von fünf Organisationen in Dänemark, der Republik Irland, Großbritannien und Frankreich geben an, schriftliche Richtlinien für Volunteers zu haben.

4.2. Methoden zur Gewinnung von Volunteers

Den Organisationen wurde eine Liste mit elf Möglichkeiten zur Gewinnung von Volunteers vorgelegt. Sie sollten eine oder alle der von ihnen in der Regel angewandten Vorgehensweisen auswählen und angeben, welche für sie die wirkungsvollste ist.

Tabelle 48 zeigt, daß sich, unabhängig von allen sonstigen Unterschieden beim Volunteering, die meisten Organisationen in Europa über den bestmöglichen Weg, bei Volunteers Interesse für ihre Arbeit zu wecken, einig sind. Persönliche Kontakte sind dabei unumstritten die häufigste Methode und wurden in neun Ländern auch für die wirkungsvollste gehalten. Nur in Frankreich ist die Anwerbung über Mitgliedschaft häufiger, der Unterschied ist jedoch sehr gering. Viele andere Länder bevorzugen gleichfalls die Anwerbung von Volunteers aus den Reihen ihrer Mitglieder. Diese beiden Methoden übertreffen

Tabelle 48: Methoden zur Gewinnung von Volunteers
(Rangordnung nach Häufigkeit)
Die fettgedruckten Zahlen sind die wirkungsvollsten Methoden in jedem Land.

	BE	BU	DÄ[1]	FR	DT	IR	NL	SL	SW	GB
Persönliche Kontakte	**1**	**1**	**1**	2	**1**	**1**	**1**	**1**	**1**	**1**
Über Mitgliedschaft	2	—	—	**1**	2	2	5	**2**	**2**	3
Arbeit/Beruf	12	**2**	8	9	—[2]	11	12	10	7	10
Zeitung	4	7		4	5	5	**2**	6	6	5
Radio	10	6	}4	6	7	7	10	7	10	9
Fernsehen	10	10		11	9	11	11	9	12	12
Volunteer-Büros	**3**	11	5	3	8	10	**3**	12	11	**2**
Handzettel/Plakate	8	3	**2**	6	4	4	4	4	4	4
Öffentliche Einrichtungen	9	4	6	9	3[3]	6	8	3	4	6
Kirche/Religion	5	8	8	8	6	3	6	5	8	7
Volunteer-Veranstaltungen	5	5	3	5	—	8	9	11	9	8
Sonstiges	7	9	7[1]	12	10	8	6	8	3	11

[1] Die häufigste „andere" Methode in Dänemark ist die Gewinnung „durch Mitgliedschaft", was nicht als getrennte Kategorie aufgeführt war.
[2] In Deutschland wurde die Kategorie „bezahlte Professionelle" mit Bezug auf den bezahlten Mitarbeiterstab der Organisationen mit Rang 3 eingestuft.
[3] In Deutschland wurde die Kategorie „öffentliche Ereignisse" statt „öffentliche Einrichtungen" benutzt.

in der Beliebtheit bei weitem alle anderen möglichen Vorgehensweisen zur Gewinnung von Volunteers.

Nur in wenigen Ländern finden andere Wege Anklang: In Bulgarien sind es Arbeits- und Berufsnetzwerke, in den Niederlanden Zeitungsanzeigen, in Dänemark Handzettel und Plakate und in Belgien, den Niederlanden und Großbritannien Volunteer-Büros. Einige Länder haben keine speziellen „Rekrutierungsbüros". Aber auch in den drei genannten Ländern halten nur etwa ein Zehntel der Organisationen diese für nützlich. Handzettel und Plakate scheinen in den meisten Ländern eine hilfreiche Strategie zur Unterstützung anderer Maßnahmen zu sein, werden aber als solche für weit weniger bedeutungsvoll gehalten als persönliche Verbindungen und Kontakte durch

Mitgliedschaft, da sie allenfalls potentielle Volunteers ansprechen können.

Das wesentliche Instrument, das die große Mehrzahl der europäischen Organisationen einsetzt, um die Versorgung mit Volunteers abzusichern, ist mehr auf die intern von den Einrichtungen ausgehenden Netzwerke ausgerichtet als auf Planungen von außen. Diese Nutzung persönlicher Verbindungen ist zweifellos folgerichtig und wirtschaftlich. Sie kann aber auf Kosten gleicher Zugangsvoraussetzungen gehen bzw. die Reichweite der Organisationen beschränken, weil sie über ihre unmittelbaren Interessensgruppen nicht hinausgehen, was für viele Wohlfahrtsorganisationen zutreffen dürfte.

4.3. Zugangsvoraussetzungen für Volunteers

Der Umgang, den die Organisationen mit Volunteer-Bewerbern oder -Anwärtern wählen, ist recht informell (siehe Tabelle 47). Keineswegs alle Organisationen führen Einführungsgespräche mit potentiellen Volunteers durch. Einige kommentierten dies damit, daß dafür keine Bedarf vorhanden sei, da die Volunteers vorwiegend über Mitglieder gewonnen würden, und daß in manchen von Volunteers geleiteten Gruppen jeder Freiwillige, der komme und Hilfe anbiete, automatisch aufgenommen werde. Nur bei großen, landesweit tätigen und mit professionellem Personal arbeitenden Organisationen lassen sich einigermaßen einheitliche, formale Vorgehensweisen feststellen. Bei örtlichen und auf Gemeindeebene tätigen Gruppen ist die Praxis formloser Zuordnung ebenfalls sehr viel ausgeprägter.

Zwischen den Ländern, in denen Einführungsgespräche durchgeführt werden, und denen, in denen dies nicht geschieht, gibt es wesentliche Unterschiede. Die zwei Lager, um die es sich hier handelt, sind: Länder, in denen mehr als zwei Drittel der Organisationen mit Volunteer-Anwärtern Gespräche führen, etwa die Slowakei (73%), Belgien (72%), Deutschland (71%), Großbritannien (66%), und Länder, in denen nur zu einem Drittel oder weniger Einführungsgespräche angeboten werden, wozu die Republik Irland (33%), Dänemark (35%) und Schweden (28%) zählen. Bulgarien liegt mit einem Prozentsatz von 54% Einführungsgesprächen dazwischen. In Frankreich wurde diese Frage nicht gestellt. Diese Zahlen scheinen mit den Merkmalen des Umfeldes, in dem das Volunteering in diesen Ländern stattfindet, übereinzustimmen: In der ersten Ländergruppe ist dieses Umfeld eher strukturiert und formell; in der zweiten auf persönliche Interessen bezogen.

Nach schriftlichen Empfehlungen und polizeilichen Führungszeugnissen wird von der großen Mehrzahl der Organisationen nicht gefragt. Acht oder neun von zehn Einrichtungen unterlassen dies in den meisten Ländern. Nur in Deutschland (38%) und Großbritannien (28%) bittet eine Minderheit von Einrichtungen um Unterlagen. Fast eine von fünf britischen Organisationen verlangt dagegen beides, was zur Folge hat, daß Großbritannien bei dieser Vorgehensweise weit vorne liegt. Eine von zehn belgischen Organisationen erkundigt sich nach Referenzen oder polizeilichem Führungszeugnis, nur 2% bestehen auf beidem. Etwa ein Zehntel der bulgarischen und niederländischen Organisationen fordert polizeiliche Führungszeugnisse; noch weniger wollen Empfehlungen haben.

Im Zusammenhang mit der Formalisierung der Beziehung zwischen der Organisation und den Volunteers wurde auch die Frage gestellt, ob Organisationen für Volunteers Tätigkeitsbeschreibungen, schriftliche Verträge oder Vereinbarungen vorsehen. Die Antworten überraschen etwas: Viele Organisationen in verschiedenen Ländern geben an, daß sie für Volunteers Tätigkeitsbeschreibungen vorgeben. Wir neigen jedoch zu der Annahme, daß dieser Begriff bei der Beantwortung der Fragen eher großzügig ausgelegt wurde und damit auch Informationen über die Rolle von Volunteers bzw. eher generelle Beschreibungen der Tätigkeit gemeint sind und weniger eine in allen Einzelheiten formalisierte, gegliederte Aufschlüsselung von Tätigkeitsbestandteilen, wie sie zu einer „Arbeitsplatzbeschreibung" bei der bezahlten Anstellung gehört.

Unter diesem Vorbehalt haben wir ermittelt, daß in zwei Ländern vier von fünf Organisationen solche Tätigkeitsbeschreibungen vorzugeben scheinen – in Belgien sind es 88%, in Deutschland 80% der Organisationen. Bulgarien kommt auf 69%, die Niederlande auf 62%. Es folgen die Republik Irland mit 36%, Dänemark mit 33%, Großbritannien mit 28%, Schweden mit 22% und die Slowakei mit 10%. Eine von fünf britischen und belgischen Organisationen arbeitet sowohl mit Tätigkeitsbeschreibungen als auch mit Verträgen für die Volunteers.

Ähnliche Unterschiede lassen sich für die Kategorie „ausschließlich schriftliche Verträge" feststellen: Die Niederlande führten mit 41% der Organisationen die Liste an, gefolgt von Belgien (28%), Deutschland (24%) und Bulgarien (13%). In den übrigen befragten Ländern werden nur ganz selten Verträge abgeschlossen.

Die Organisationen in den hier untersuchten europäischen Ländern zeigen somit sehr verschiedene Praktiken hinsichtlich der Zugangsvoraussetzungen für Volunteers. Einige sind deutlich formaler in ihren

Vorgehensweisen, führen Einführungsgespräche und wählen zusätzliche Wege zum Aufbau der Beziehungen zwischen Organisation und Volunteer, während andere dies weit weniger tun. Am förmlichsten scheint der Zugang in Belgien, Deutschland, den Niederlanden und Großbritannien zu sein, während es in Bulgarien und Frankreich weniger Hinweise auf solche strukturierte Vorgehensweisen gibt. Die Organisationen in Dänemark, der Republik Irland, in der Slowakei und Schweden sind wesentlich weniger förmlich in ihren Organisationspraktiken.

4.4. Verantwortung für die Gewinnung und Begleitung von Volunteers

Es besteht kein Zweifel, daß Organisationen mit bezahltem Personal eher auf formale Vorgehensweisen bei der Gewinnung und der Anleitung von Volunteers zurückgreifen. In Ländern, die solche festgelegten Zugangswege aufweisen, verfügen die Organisationen zumeist auch über Personal, das für die Gewinnung von Volunteers, für deren Supervision, Unterstützung und Einarbeitung verantwortlich ist (siehe Tabelle 49). Dies trifft für Belgien, die Niederlande, Großbritannien und Deutschland zu, wo oft Hauptamtliche bei der Gestaltung dieses Verantwortungsbereiches mit Volunteers zusammenarbeiten.

Tabelle 49: Verantwortung für die Gewinnung, Unterstützung und Einarbeitung von Volunteers

Verantwortliche Person	BE	BU	DÄ	FR	DT	IR	NL	SL	SW	GB
Volunteer-Gewinnung										
– Volunteer	21	35		10	5	18	14	21	25	15
			34[1]							
– Mitarbeiterstab	33	23		34	25	10	51	33	12	46
– niemand	46	41	66	55	57	69	35	46	63	39
– beide	—	—	—	1	13	3	—	—	—	—
Supervision/Unterstützung										
– Volunteer	19	35	—	18	11	20	20	26	21	19
– Mitarbeiterstab	47	28	—	32	39	10	63	30	11	50
– niemand	33	36	—	48	26	66	17	44	68	31
– beide	—	—	—	2	23	4	—	—	—	—
Volunteer-Einarbeitung										
– Volunteer	13	28	—	15	10	—	10	26	21	14
– Mitarbeiterstab	33	20	—	25	29	—	49	26	13	44
– niemand	54	53	—	59	39	—	41	48	66	42
– beide	—	—	—	2	22	—	—	—	—	—

[1] Alle drei Gebiete der Verantwortung sind in einer Frage enthalten.

Tabelle 49 weist nach, daß es in Europa eine große Zahl von Organisationen gibt, die niemanden haben, der für die Anwerbung von Volunteers und deren Begleitung zuständig ist. In den meisten Ländern haben die Hälfte bis zwei Drittel der Organisationen weder für die Gewinnung noch für die Einarbeitung entsprechendes Personal zur Verfügung. Einige wenige Einrichtungen geben an, daß sie keine Mitarbeiter haben, die sich um Supervision und Unterstützung der Volunteers kümmern. In einer relativ großen Anzahl von Organisationen wird diese Aufgabe von Volunteers selbst übernommen. Dies ist besonders bei Projekten der Fall, die von Volunteers geleitet werden. Bei vielen Organisationen, in denen niemand für die Gewinnung, Anleitung und Einarbeitung von Volunteers verantwortlich ist, handelt es sich um solche, die von Volunteers geführt werden und mehr auf der Basis gegenseitiger Unterstützung arbeiten. Die meisten Einrichtungen sind aber in der Lage, wenigstens regelmäßig Begleitung und Supervision für Volunteers anzubieten, wie im folgenden Abschnitt näher beschrieben wird.

4.5. Unterstützung und Einarbeitung von Volunteers

Die Organisationen wurden auch nach der Unterstützung, Supervision und Einarbeitung ihrer Volunteers gefragt (siehe Tabelle 50). Die große Mehrheit ist der Meinung, daß ihre Volunteers regelmäßig Unterstützung und Supervision erhalten. Die meisten Organisationen bieten ein Einführungstraining oder eine Orientierung in bezug auf ihren Aufbau und

Tabelle 50: Gewährung von regelmäßiger Unterstützung, Supervision, Einarbeitung und Ausgabenersatz für Volunteers

	BE	BU	DÄ	FR	DT	IR	NL	SL	SW	GB
Supervision u. Unterstützung	84	94	65	68	84[2]	68	88	60	59	77
Einarbeitung	92	33	52	64	—	50	89	64	—	69
Regelmäßige Fortbildung	53	30	38	52	52	30	46	30	36	50
Zugang zu externer Fortbildung	40	58	—	43	73	32	48	66	58	45
Ausgabenersatz[1]	76	22	72	67	79	55	58	42	35	71

[1] Frage, ob Volunteers immer oder „manchmal" Ersatz für eigene Ausgaben angeboten bekommen.
[2] Zahl für „Beratung und Unterstützung". 19 % bieten „Supervision" an. Dies hat Deutschland als gesonderte Kategorie eingeführt.

ihre Arbeit an. Die Quoten der Organisationen, die regelmäßig Unterstützung und Supervision vorsehen, sind in Bulgarien, Belgien, Deutschland und den Niederlanden sehr hoch und betragen in Großbritannien
mehr als drei Viertel; ansonsten liegen sie bei zwei Drittel.

In der Republik Irland und in Dänemark werden die Volunteers von der
Hälfte der Organisationen, in Bulgarien nur von einem Drittel auf diese
Weise eingeführt. In allen Ländern wird ein regelmäßiges Einarbei-
tungsprogramm bestenfalls von der Hälfte der Organisationen angeboten, am häufigsten in Belgien, Frankreich, Deutschland, Großbritannien
und den Niederlanden, am seltensten in Bulgarien, der Slowakei, der Republik Irland, Schweden und Dänemark. Zugang zu externer Fortbildung ist den Volunteers weitgehend möglich, besonders in Deutschland
und der Slowakei, am wenigsten in der Republik Irland.

Die Organisationen wurden darum gebeten, Beispiele für die Einarbeitung ihrer Volunteers anzuführen. Trotz lückenhafter Antworten
lassen die Aussagen die Vermutung zu, daß die häufigste Form der
Einarbeitung Seminare oder Tagungen sind, die von den jeweiligen
Organisationen durchgeführt werden. Dabei werden Volunteers
besonders von kleineren, lokalen Einrichtungen, die nicht genügend
eigene Mittel haben, bevorzugt zu externen Kursen geschickt. Einige
der Einrichtungen tun dies in Form von Gruppendiskussionen bzw.
regelmäßigen Treffen der Volunteers. Häufig erfolgt die Einarbeitung
während der laufenden Tätigkeit. Dies geschieht manchmal in der
Form, daß Volunteers bei erfahreneren Kollegen „in die Lehre gehen", oder durch persönlichen Rat oder unter Anleitung von Hauptberuflichen.

4.6. Ausgaben der Organisationen für Volunteers

In diesem Zusammenhang wurde untersucht, inwieweit den Volunteers die eigenen Ausgaben für Fahrten, Mahlzeiten, Nebenkosten
und gelegentlich für Fortbildungskosten ersetzt werden. Hier gibt
es erhebliche Unterschiede in den Ergebnissen. Etwa drei Viertel
der belgischen, dänischen, deutschen und britischen, zwei Drittel
der französischen und über die Hälfte der niederländischen und
irischen Organisationen bieten ihren Volunteers die Erstattung der
eigenen Ausgaben an (siehe Tabelle 50). In Bulgarien, der Slowakei
und auch in Schweden sind Ausgabenentschädigungen sehr viel
seltener.

Die Organisationen wurden auch nach der Höhe ihres Budgets oder
ihres Aufwands für Volunteer-Kosten im vergangenen Jahr gefragt.

Viele konnten dazu keine Auskunft geben. Von den Antwortenden betonte die große Mehrheit, daß sie dafür nichts oder nur kleine Geldbeträge ausgegeben haben (siehe Tabelle 51). Viele der Organisationen in den osteuropäischen Ländern besitzen gar kein Aufwandsbudget für Volunteers, was nicht überrascht. In der Republik Irland bezahlten zwei Drittel der Organisationen nichts für Ausgaben, die den Volunteers entstehen. Die Hälfte der schwedischen Organisationen gab dafür im letzten Jahr 100 englische Pfund (etwa 270 DM) oder weniger aus, ebenso ein Drittel der britischen, belgischen und dänischen Organisationen. Einige dänische, französische und niederländische Einrichtungen verwendeten größere Beträge, meist über 500 englische Pfund (etwa 1.350 DM) oder sogar mehr als 2.000 englische Pfund (etwa 5.400 DM). Wenige Organisationen haben ein Budget für Volunteers, das 10.000 englische Pfund (etwa 27.000 DM) überschreitet. In Dänemark und den Niederlanden gibt es diese Größenordnung z. B. bei einer von fünf Organisationen. Dies sind offensichtlich große und mit Ressourcen gut ausgestattete, landesweit tätige Organisationen oder Wohltätigkeitsverbände.

Diese Informationen zeigen, daß Volunteers tatsächlich Arbeitskräfte sind, die kaum Kosten verursachen, die relativ geringfügige direkte Ausgaben hervorrufen und in bezug auf indirekte Aufwendungen eine begrenzte finanzielle Belastung bedeuten. Die Ausgaben beziehen sich

Tabelle 51: Ausgaben der Organisationen für Volunteers (im letzten Geschäftsjahr)

	BE	BU	DÄ	FR[1]	DT	IR	NL	SL	SW	GB
Keine	25	67	28	0	—	64	3	76	5	17
1-100 engl. Pfund	3	21	5	13	—	16	1	11	41	17
101-500 engl. Pfund	31	5	11	16	—	8	10	7	31	14
501-2.000 engl. Pfund	16	4	15	42	—	5	30	3	12	20
2.001-10.000 engl. Pfund	17	1	22	23	—	5	26	1	8	11
10.001+	8	3	20	6	—	2	29	2	3	10
Zusammenfassung:										
bis zu 500 engl. Pfund	59	93	44	29	—	88	14	94	77	48
bis zu 2.000 engl. Pfund	75	97	59	71	—	93	44	97	89	68

[1] Kategorien der französischen Studie: 1-125 engl. Pfund; 126-625 engl. Pfund; 626-2.500 engl. Pfund; 2.501-12.500 engl. Pfund; 12.501 engl. Pfund und mehr.

im wesentlichen auf Organisationskosten hinsichtlich der Zeit, die der Mitarbeiterstab für die Begleitung von Volunteers aufbringt, und betreffen vor allem die Unterstützung und Einarbeitung der Volunteers. Für viele Organisationen, deren gesamte Tätigkeiten von Volunteers erbracht werden, sind diese Gesichtspunkte relativ unbedeutend.

5. VORTEILE UND NACHTEILE DURCH DIE MITWIRKUNG VON VOLUNTEERS

Die Organisationen wurden nach den drei wichtigsten Vorteilen und den drei größten Problemfeldern gefragt, die sich aus dem Einsatz von Volunteers ergeben. Die Antworten wurden in zehn Kategorien zusammengefaßt und je nach Häufigkeit in eine Rangfolge gebracht.

5.1. Vorteile durch die Mitwirkung von Volunteers

Eine weitgehende Übereinstimmung besteht bei den europäischen Organisationen hinsichtlich der wichtigsten Vorteile durch die Beteiligung von Volunteers (siehe Tabelle 52). Für viele stellen Volunteers eine Arbeitskraft dar, die die Organisationen überhaupt erst in die Lage versetzt, ihre Aufgaben durchzuführen und/oder auszudehnen. Ohne Volunteers könnte manche Organisation gar nicht existieren oder wäre in ihrer Arbeitsweise und Entwicklung erheblich eingeschränkt. Dieser Vorteil ist in drei Ländern am wichtigsten – in Deutschland, den Niederlanden und Schweden. Er wird in der gesamten Untersuchung hoch bewertet.

Auch die persönlichen Qualitäten der Volunteers werden weitgehend anerkannt. Merkmale wie Motivation, Begeisterung und persönliche Erfahrung werden von allen Organisationen sehr geschätzt, ganz besonders in Großbritannien, der Republik Irland und der Slowakei. Auch die Vielfalt der Fertigkeiten, der Kompetenzen und der neuen Ideen, die die Volunteers in ihre freiwillige Arbeit einbringen, wird begrüßt.

Eher als Mittel zum Zweck bewerten Organisationen die niedrigen Kosten von Volunteers, die als billige Arbeitskräfte dazu beitragen, die Arbeitslast der bezahlten Mitarbeiter zu verringern, oder die bei Organisationen, die von Volunteers geleitet werden, die laufenden Kosten auf einem Minimum halten. Dieser Vorteil wird am häufigsten in Frankreich und Belgien erwähnt und von den slowakischen und niederländischen Organisationen an zweiter Stelle eingeordnet. Von geringerer Bedeutung, obwohl von einigen Organisationen genannt, ist, daß die Arbeitskraft des Volunteer – wie es heißt – flexibel, verfügbar

Tabelle 52: Vorteile durch die Mitwirkung von Volunteers (Rangfolge nach Häufigkeit) Die fettgedruckten Zahlen weisen darauf hin, daß mehr als 25% diesen Vorteil erwähnt haben.

	BE	BU	DÄ	FR	DT[1]	IR	NL	SL	SW	GB
Billige Arbeitskraft	**1**	**5**	—	**1**	7	**3**	**2**	**2**	**4**	3
Motivation, Begeisterung	**2**	**2**	—	**2**	5	**1**	**3**	**1**	**3**	1
Flexible Arbeitskraft	**4**	6	—	6	—	6	8	—	7	7
Fertigkeiten und Ideen	**3**	**4**	—	4	6	5	6	—	6	6
Kontakt mit der Kommune	6	**1**	—	5	8	4	4	4	**5**	4
Ermöglichte Projekte	**4**	**3**	—	3	1	**2**	**1**	5	**1**	2
Rolle beim Management	8	7	—	8	—	9	—	7	9	—
Moralische Verantwortung	9	8	—	7	—	10	8	—	7	—
Kontrolle über Organisation	9	10	—	9	—	8	7	6	10	—
Sonstige	7	9	—	10	—	7	5	**3**	**2**	5

[1] In Deutschland erreicht die Kategorie „Tradition" Rang 2; „nahe der Zielgruppe" Rang 3 und „Mitarbeiterentlastung" Rang 4.

und informell ist. Außerdem folgt sie nicht einer hierarchischen Gliederung.

Viele Organisationen schätzen die Verbindung zum örtlichen Gemeinwesen und zur allgemeinen Öffentlichkeit durch die Volunteers. Dies wurde in Bulgarien als großer Vorteil bewertet, in den meisten Ländern auf Rang vier oder fünf eingestuft. Davon profitieren beide Seiten: Volunteers bringen Erfahrung und Nähe zum täglichen Leben, zur Arbeit und zu den Menschen mit, denen sie helfen. Sie tragen außerdem dazu bei, sowohl den Auftrag der Organisationen als auch den ideellen Wert des Volunteering durch persönliche Kontakte zu verbreiten. In Bulgarien z.B. führt dies dazu, daß die Arbeit der Organisationen publik wird und andere für das Volunteering motiviert werden.

Andere Vorteile werden von einigen wenigen Organisationen erwähnt, haben aber keine hohe Priorität. Die Rolle der Volunteers im Management und in auf freiwilliger Basis geleiteten Projekten oder bei der Kontrolle von Organisationen erhielt z.B. keine sehr hohe Bewertung. Die generelle Bedeutung des Volunteering, Menschen Gelegenheit zu geben, ihren moralischen Überzeugungen und religiösen Verpflichtungen Ausdruck zu verleihen, schien den meisten Organisationen nicht sehr wichtig zu sein.

In den meisten Ländern gibt es eine hohe Übereinstimmung hinsichtlich der drei oder vier größten Vorteile, die von einer großen Anzahl der Organisationen, teilweise mit mehr als der Hälfte oder bis zu über einem Viertel, angegeben wurden. Die restlichen Vorteile erhalten insgesamt nur eine geringe Anzahl positiver Bewertungen. Die größten Gewinne durch Volunteers beziehen sich auf deren persönliche und praktische Qualitäten. Ihr Mitwirken bedeutet, daß viele Projekte überhaupt überleben und sogar anwachsen, ohne daß der finanzielle Aufwand für die Organisationen groß ist. Volunteers werden wegen ihrer individuellen und persönlichen Merkmale – Begeisterung, Hingabe, Fertigkeiten und Erfahrung – geschätzt. Sie verankern die Organisationen im Leben des örtlichen Gemeinwesens und arbeiten weitgehend als Botschafter für die Außenwelt.

5.2. Nachteile durch die Mitwirkung von Volunteers

Eine große Zahl von Organisationen hat keinerlei Nachteile angegeben, die mit der Mitwirkung von Volunteers verbunden sind. Dieses problemlose Einbeziehen von Volunteers in die Arbeit ist ermutigend (siehe Tabelle 53). Bei den Nachteilen wird häufig die Sorge darüber genannt, daß Volunteers keine professionellen Arbeitskräfte sind. Sie könnten unregelmäßig zur Arbeit kommen oder unzuverlässig sein. Außerdem ist es schwierig, an freiwillig Tätige Forderungen zu stellen und berufliche Maßstäbe anzulegen; auch kann z.B. Vertraulichkeit nicht immer geltend gemacht werden. Dieser Nachteil ist der am häufigsten genannte in fünf Ländern und steht an zweiter Stelle in zwei weiteren Ländern.

Deutliche Probleme zeigen sich bei der Gewinnung von Volunteers. Diese verursacht den irischen Organisationen die größte Besorgnis und steht an zweiter Stelle bei den französischen, niederländischen und britischen Organisationen. Manchmal ist es die generelle Schwierigkeit, Volunteers in einer ausreichenden Anzahl oder mit den Fertigkeiten, wie sie von der Organisation gerade benötigt werden, anzuwerben oder zu finden. Mit einer Ergänzungsfrage wollte man in diesen Fällen in Erfahrung bringen, ob die Organisationen ein solches Rekrutierungsziel angestrebt haben. Mehr als ein Drittel der Organisationen bejahte dies. Die Mehrzahl von ihnen versuchte, Personen mit professionellen Fertigkeiten zu gewinnen, und wies auf die weitverbreiteten Schwierigkeiten hin, kompetente Kräfte mit entsprechenden

Tabelle 53: Nachteile durch die Mitwirkung von Volunteers
(Rangordnung nach Häufigkeit)
Die fettgedruckten Zahlen weisen darauf hin, daß mehr als 25%
diesen Nachteil erwähnt haben.

	BE	BU	DÄ	FR	DT[1]	IR	NL	SL	SW	GB
Gewinnung	6	5	—	2	—	**1**	2	**2**	2	2
Schwierige Volunteers	**2**	7	—	4	—	6	7	—	—	6
Volunteers interessiert halten	7	**2**	—	5	—	3	6	5	3	5
Keine Professionellen	**1**	**1**	—	**1**	1	**2**	2	**3**	4	1
Kosten für die Organisation	4	**3**	—	3	6	5	**4**	**1**	—	3
Grenzen	4	—	—	7	—	8	5	—	—	7
Versicherung usw.	8	8	—	9	—	10	—	—	—	7
Keine Verantwortung übernehmen	8	6	—	6	—	7	8	—	—	7
Vertrauen der Klienten	7	—	—	10	—	9	—	—	—	—
Sonstige	3	4	—	8	—	4	**1**	4	**1**	4

[1] In Deutschland erreicht die Kategorie „interne Organisationsgründe" Rang 2; „zunehmendes Alter" Rang 3; „Aufwand für Einführung der Volunteers in die Arbeit" und „Koordination" Rang 4.

Qualifikationen für ihre Projekte zu finden – sei es für organisatorische Zwecke (z. B. Buchhalter, Rechtsanwälte, Manager) oder für klientenbezogene Aufgaben (Krankenschwestern, Ärzte, Sozialarbeiter usw.).
Weniger häufig wollten die Organisationen ganz bestimmte Zielgruppen erreichen. Diese Art der gezielten Suche ist lediglich in Großbritannien und der Republik Irland die Regel. Dort werden jüngere und ältere Menschen als Volunteers gesucht. In Schweden dagegen erregt die Überalterung der Volunteers Besorgnis und führt zu dem weitverbreiteten Wunsch, junge Menschen in das Volunteering einzubeziehen. In Deutschland liegt der Schwerpunkt auf der Zielgruppe „offene, vertrauensvolle und verantwortungsbewußte Menschen".
Fragestellungen, die sich auf die Kosten der Volunteers für die Organisation, auf das Interesse von Volunteers an ihrer Tätigkeit, auf die Erhaltung ihrer anfänglichen Begeisterung und auf den Umgang mit schwierigen Volunteers beziehen, beschäftigen eine Reihe von Organisationen. Alle diese Faktoren stehen im Zusammenhang mit der Notwendigkeit, Volunteers effektiv zu unterstützen und zu begleiten, und

mit den diesbezüglich von den Organisationen geforderten Anstrengungen. Nur so bleibt ihnen die Arbeitskraft der Volunteers erhalten.

Die Sorge um die Aufrechterhaltung einer klaren Rollenabgrenzung zwischen dem bezahltem Mitarbeiterstab und den Volunteers ist bei den Organisationen relativ gering. Offensichtlich handelt es sich dabei um ein Kriterium, das nur in Organisationen mit festem Personal bedeutungsvoll ist. Einige Schwierigkeiten scheint es bei Versicherungsangelegenheiten für Volunteers zu geben. Für Organisationen, die nur von Volunteers geleitet werden, ist es überraschenderweise kein wesentliches Problem, daß die Mehrzahl der Mitarbeiter die Verantwortung auf einige wenige, zum Kern gehörende Volunteers überträgt. Ermutigend ist zudem, daß es kaum Hinweise darauf gibt, daß zwischen Klienten und Volunteers kein ausreichendes Vertrauen entsteht – ein mögliches Problem, auf das im Zusammenhang mit dem Anwachsen der freien gemeinnützigen Wohlfahrtsversorgung hingewiesen wird.

Zusammengefaßt läßt sich sagen, daß sich die wichtigsten Fragen und Probleme der Organisationen auf bestimmte Merkmale der Arbeitskraft „Volunteer" konzentrieren, auf das Anwerben der Volunteers und auf den Kostenaufwand der Organisationen für deren Beteiligung und Begleitung.

6. HERAUSFORDERUNGEN IM BEREICH DES VOLUNTEERING

In diesem Schlußkapitel untersuchen wir, welche Ansichten die Organisationen zu den Aufgabenstellungen hinsichtlich des Volunteering in den 90er Jahren haben.

6.1. Hauptaufgaben, denen sich der frei-gemeinnützige Sektor gegenübersieht

Die Organisationen wurden gebeten, die drei wichtigsten Punkte zu beschreiben, denen frei-gemeinnützige Organisationen in den kommenden drei bis fünf Jahren gegenüberstehen. Viele gaben nur einen Aufgabenbereich an, manche zwei. Die Antworten wurden in neun Kategorien zusammengefaßt.

Die größten Sorgen bereiten den Organisationen die zukünftige Bezuschussung des frei-gemeinnützigen Sektors, die Beziehungen zum Staat und die Gewinnung von Volunteers. In einigen Ländern wird die Beschaffung von Geldmitteln als das vorrangigste Problem angegeben:

Am größten sind die diesbezüglichen Sorgen in Bulgarien (drei Viertel der Organisationen), ebenso in der Slowakei (zwei Drittel der Organisationen), in Großbritannien und in der Republik Irland (über die Hälfte). Auch in Schweden wird die Beschaffung von Geldmitteln als an erster Stelle stehendes Anliegen betrachtet, das dort von einem Fünftel der Organisationen erwähnt wird.

Ein großer Teil der Sorge hinsichtlich der Beschaffung zukünftiger Geldmittel steht (in verschiedener Weise) in Zusammenhang mit dem Verhältnis zwischen dem frei-gemeinnützigen Sektor und dem Staat. Diese Überlegungen sind sehr verbreitet in Bulgarien, wo die Kürzungen der Mittel für öffentliche Dienstleistungen und die Zunahme sozialer Probleme als besorgniserregend betrachtet werden. Dies wird auch in der Slowakei häufig erwähnt. Damit wird erneut unterstrichen, wie arm der nicht-staatliche Sektor und wie groß das Ausmaß der politischen und wirtschaftlichen Unsicherheit in den früheren kommunistischen Ländern sind. Die Frage nach der Anerkennung der Rolle und der Rechte des nicht-staatlichen Sektors wird auch von einigen deutschen Organisationen hervorgehoben. Damit wird die Sorge verbunden, daß der Staat die Bezuschussung ändert und die Beziehungen zu den freien Trägern modifiziert. Zahlreiche Organisationen in Großbritannien sind wegen der zukünftigen Beziehungen zur Regierung und wegen der Auswirkungen, die die neuen Gesetze und die Politik im Wohlfahrts- und Gesundheitsbereich haben werden, zutiefst beunruhigt. Die Hauptprobleme der Republik Irland scheinen dagegen andere zu sein. Zukunftsaussichten im Hinblick auf die Beziehungen zum Staat geben allem Anschein nach auch in einigen belgischen, deutschen und schwedischen Organisationen Grund zur Unsicherheit. Mehr als eine von zehn Organisationen sieht Probleme im Hinblick auf die Beziehungen zwischen der öffentlichen Hand und dem nicht-staatlichen Sektor. In Schweden erwartet eine von fünf Organisationen Schwierigkeiten durch Kürzungen bei den staatlichen Diensten.

Es ist beruhigend, daß trotz der Sorgen um die Beschaffung von Geldmitteln und ob der staatlichen Politik nur wenige Organisationen den wachsenden Wettbewerb innerhalb des nicht-staatlichen Sektors als ein Problem empfinden. Ähnlich geringe Bedenken gibt es auch bei der Anspruchshaltung, die aus der steigenden Professionalisierung der freien gemeinnützigen Organisationen entsteht, und die wohl als ein unvermeidlicher Trend in Richtung einer *mixed economy of welfare* betrachtet werden muß.

Die Sorgen um die unmittelbare Zukunft werden in den meisten Organisationen offensichtlich nicht durch negative Erfahrungen mit der gegenwärtigen staatlichen Politik verursacht. Bei der Bitte, die Auswirkungen der Regierungsmaßnahmen auf die Nutzung von Volunteers zu beschreiben, berichtete über die Hälfte der Organisationen in vielen Ländern, daß es keine negativen Effekte gäbe. In Schweden bestätigten diese Angaben vier von fünf Organisationen, wobei sich diese hohe Zahl nur auf die Abhängigkeit von der finanziellen Unterstützung bezieht.

Zwei Drittel der bulgarischen Organisationen weisen jedoch auf Folgen hin, die sich aus dem ungünstigen politischen Klima und der Einstellung des Staates ergeben. Ebenso beziehen sich in der Slowakei die Sorgen hauptsächlich auf das Fehlen einer unterstützenden Gesetzgebung sowie auf die steuerrechtlichen Rahmenbedingungen für freigemeinnützige Organisationen.

In einigen Ländern warfen einzelne Einrichtungen zudem Fragen zur gegenwärtigen Bezuschussung im Zusammenhang mit den Auswirkungen der staatlichen Politik auf. In vier Ländern – in Belgien, den Niederlanden, Großbritannien und der Republik Irland – betrifft die Beunruhigung, die durch die Politik verursacht wurde, insbesondere die Finanzierung der Sozialleistungen. Im ersten Teil dieser Studie wurde festgehalten, daß in einigen Ländern die Empfänger staatlicher Unterstützung Regelungen unterworfen sind, die dem Umfang des Volunteering Bedingungen auferlegen oder es einschränken. Etwa eine von fünf Einrichtungen in jenen Ländern ist der Meinung, daß dadurch die Fähigkeit und die Bereitschaft der Menschen zum Volunteering beeinträchtigt wird.

Nicht alle Auswirkungen der staatlichen Politik sind negativ. Ein positives politisches Klima und staatliche Initiativen, die das Volunteering unterstützen, werden besonders von niederländischen Organisationen gewürdigt. Sogar eine von zehn bulgarischen Einrichtungen spricht von einem günstigen politischen Klima für den Einsatz von Volunteers.

6.2. Optimismus oder Pessimismus hinsichtlich der Zukunft von Volunteering

Die Organisationen wurden darum gebeten, ihre Sicht des Volunteering für die nächsten Jahre dahingehend zusammenzufassen, ob sie optimistisch oder pessimistisch in die Zukunft blicken oder keine Meinung dazu haben. Die Erläuterungen zu ihren Antworten haben wir in Kategorien eingeteilt.

Es ermutigt, daß hinsichtlich der Zukunft des Volunteering in einem hohen Grad Optimismus vorherrscht. Mehr als die Hälfte der Organisationen in den sieben Ländern, die hierzu Informationen zur Verfügung gestellt haben, bringen eine zuversichtliche Grundeinstellung zum Ausdruck. Die höchsten Quoten (um zwei Drittel) sind in der Republik Irland, in Frankreich und in Schweden zu finden. Die Hälfte der belgischen, niederländischen, slowakischen und britischen Organisationen blicken hoffnungsvoll auf die Zukunft des Volunteering. Die Hauptbegründung lautet, daß das Interesse am Volunteering anhalten oder sogar zunehmen werde. Großbritannien und die Republik Irland sind besonders zuversichtlich, daß es Impulse für das Volunteering immer geben werde. Frankreich und Belgien sagen sogar ein vermehrtes Interesse am Volunteering voraus.

Die belgischen Organisationen sind davon überzeugt, daß die sozialen, ökonomischen und demographischen Veränderungen zu einer Steigerung des Volunteering führen werden, zumal mehr freie Zeit für den einzelnen zur Verfügung steht. Ganz vereinzelt erwarten auch andere Länder eine Zunahme der Freizeit als solcher. Wenigstens eine von zehn Organisationen in sechs anderen Ländern sieht mit Hoffnung auf die entsprechenden Auswirkungen der ökonomischen und demographischen Veränderungen.

Die zu Optimismus Anlaß gebenden Faktoren werden in einigen Organisationen jedoch auch anders gedeutet. Die Gründe für den Pessimismus sind der spürbare Rückgang des Interesses am Volunteering und die negativen Auswirkungen von sozialen, ökonomischen und demographischen Veränderungen und zwar in dem Sinne, daß sich das Potential an Volunteers verringern könnte. Die Angst vor einem oder beiden dieser Faktoren ist besonders groß bei belgischen, irischen, schwedischen und slowakischen Organisationen; etwas geringer ist sie bei den britischen Organisationen. Daß unterstützende politische Rahmenbedingungen und eine für das Volunteering förderliche Gesetzgebung fehlen, verursacht ebenfalls Pessimismus, vor allem in Belgien, aber auch in der Slowakei, in Bulgarien und in Großbritannien. In Großbritannien und in geringerem Umfang auch in der Republik Irland besteht eine vergleichbare Sorge darin, daß in der Zukunft die Volunteers möglicherweise ausgenutzt werden, da im Bereich der Wohlfahrt immer mehr Forderungen an die Organisationen gestellt werden. In anderen Ländern ist dies kein Problempunkt.

Die Kosten des Volunteering und die Professionalisierung der freiwilligen Arbeit werden selten als Grund für negative Erwartungen angegeben. Insgesamt ist nur etwa ein Viertel der Organisationen in den meisten Ländern der Meinung, daß es Gründe für eine negative Haltung gibt. In der Slowakei sind die Quoten für eine pessimistische Einstellung hoch, ebenso in Deutschland. In der Slowakei wird dies verschiedenen Faktoren zugeschrieben, die sich negativ auf das Angebot an Volunteers auswirken. Damit sind der allgemeine „moralische Verfall" der Gesellschaft, die niedrige Bezuschussung und Ausgabenentschädigung sowie die allgemeine staatliche Einstellung, die der freiwilligen Arbeit einen niedrigen Wert beimißt, gemeint.

In den meisten Ländern haben die Organisationen von der Wahlmöglichkeit Gebrauch gemacht, sich nicht über die Zukunftsaussichten des Volunteering zu äußern. Die Unsicherheit ist in Großbritannien am größten (über ein Viertel der Organisationen) und in den Niederlanden ist sie fast so groß. In Belgien, der Republik Irland, in der Slowakei und Schweden haben eine von fünf bzw. eine von zehn Organisationen keine Meinung dazu, ob sie die Zukunft des Volunteering pessimistisch oder optimistisch betrachten sollen. Am wenigsten Unsicherheit besteht in Frankreich (gerade 1%). Dort ist die positive Grundstimmung im Hinblick darauf, daß man ein steigendes Interesse am Volunteering erwartet, am stärksten.

6.3. Einstellungen zum Volunteering

Zuletzt haben wir den befragten Organisationen fünf Aussagen mit verschiedenen Einstellungen zu Volunteering vorgelegt und danach gefragt, ob sie diesen Aussagen zustimmen oder sie ablehnen. Tabelle 54 zeigt, wie verschieden die Einstellungen zum Volunteering in den Ländern sind. Die Gewinnung von Volunteers ist, wie in diesem Kapitel schon besprochen, in der Hälfte der Länder ein großes Problem. Dies gilt vor allem für Bulgarien, die Slowakei und Schweden (über zwei Drittel der Organisationen), für Frankreich und die Republik Irland (die Hälfte oder mehr). Diese Länder (außer Frankreich) betrachten die Gewinnung von Volunteers als das Hauptproblem, mit dem sich freie gemeinnützige Organisationen konfrontiert sehen.

Die Ansicht, daß es schwieriger wird, Volunteers zu gewinnen, wird auch von einer großen Zahl der britischen Organisationen (44%), ebenso von mehr als einem Drittel der dänischen und niederländischen und von etwa einem Viertel der belgischen und deutschen Organisationen geteilt. Das heißt, daß mehr als die Hälfte der Organisationen in Belgien, Frankreich, Deutschland und den Niederlanden *nicht* der Meinung sind, daß es künftig schwieriger sein wird, Volunteers zu gewinnen. Etwa eine von zehn Organisationen (eine von fünf in Dänemark) weiß nicht, ob sie dieser Aussage zustimmen soll.

Tabelle 54: Einstellungen zu Volunteering

	BE	BU	DÄ	FR	DT	IR	NL	SL	SW	GB
„Volunteers sind schwieriger zu gewinnen, weil die Menschen keine Zeit oder kein Interesse haben."										
– Zustimmung	23	64	36	50	27	52	38	76	65	44
– Ablehnung	67	30	45	50	60	42	50	20	24	41
– Weiß nicht	10	6	19	—	12	6	12	4	12	15
„Es ist schwierig, einen Trennungsstrich zu ziehen zwischen geeigneter Arbeit für Volunteers und bezahltem Personal."										
– Zustimmung	33	25	32	44	65	40	38	27	19	46
– Ablehnung	59	67	39	56	28	40	54	51	30	38
– Weiß nicht	8	7	29	—	7	20	8	22	51	16
„Volunteers helfen, Kürzungen in öffentlichen Ausgaben und Diensten auszugleichen."										
– Zustimmung	65	86	39	72	38	76	58	65	42	60
– Ablehnung	30	9	33	28	52	17	31	19	37	27
– Weiß nicht	5	5	29	—	10	7	11	15	21	13
„Hauptgrund für die Nutzung von Volunteers ist, daß sie kostenlose Arbeitskräfte sind."										
– Zustimmung	48	73	34	42	61	48	32	31	49	32
– Ablehnung	50	22	50	58	30	49	64	65	36	64
– Weiß nicht	2	5	16	—	9	2	4	4	15	5
„Volunteers bringen besondere Qualitäten für die Arbeit der Organisation ein, die bezahltes Personal nicht anbieten kann."										
– Zustimmung	75	51	74	76	24	80	67	78	56	74
– Ablehnung	19	43	7	24	62	13	25	18	10	20
– Weiß nicht	6	6	19	—	13	7	8	4	34	6

Wir haben zuvor schon festgestellt, daß die Frage nach angemessener Abgrenzung der Arbeit von Volunteers und der von bezahlten Mitarbeitern in den Organisationen Europas keine große Rolle zu spielen scheint. Die vorliegenden Daten bestätigen dies bis zu einem gewissen Punkt: Die Mehrzahl der Organisationen in fünf Ländern stimmt der zweiten These (siehe Tabelle 54) nicht zu. Trotzdem ist dies offensichtlich ein Problem für ein Drittel oder mehr Organisationen in sieben Ländern, nämlich in Belgien, den Niederlanden, Dänemark, Deutschland, Frankreich, der Republik Irland und Großbritannien. In den letzten drei Ländern ist sich die Hälfte der Organisationen darin einig, daß die Frage der richtigen Abgrenzung der Arbeitsbereiche eine drängende Aufgabe darstelle. Die höchste Zustimmung (zwei Drittel der Organisationen) zu einer Grenzüberschreitung in der Zusammenarbeit wird in Deutschland verzeichnet. Dies steht wohl im Zusammenhang mit den weniger strukturierten Arbeitsbedingungen in den Einrichtungen der Wohlfahrtsverbände, durch die sich die Arbeitsgebiete der Volunteers und die der bezahlten Professionellen nur schwer voneinander abgrenzen lassen.

Unsicherheit in dieser Frage wird von etwa einer von fünf Organisationen in der Slowakei, Großbritannien, der Republik Irland und von nahezu 30% in Dänemark gezeigt. Sie ist am größten in den schwedischen Organisationen, von denen die Hälfte angibt, keine Informationen in diesem Punkt zu haben. Dies spiegelt die Tatsache wider, daß viele der schwedischen Organisationen keine bezahlten Mitarbeiter haben und daß die Vorstellungen, wie sich die Bereiche (z.B. auch zwischen Volunteers und Klienten) abgrenzen lassen, in Schweden viel stärker verwischen als in anderen Ländern.

Die Diskussion in diesem Kapitel hat bereits mehrfach erkennen lassen, wie weit in den Organisationen die Beunruhigung über die Beziehung des frei-gemeinnützigen Sektors zum Staat verbreitet ist. Sie bestätigen dies damit, daß sie der Aussage „Volunteers helfen, die Kürzungen in den öffentlichen Ausgaben und Diensten auszugleichen" zustimmen. Diese Auffassung ist bei Organisationen in den oben aufgeführten sieben Ländern weit verbreitet. Sogar in den übrigen drei Ländern – Dänemark, Deutschland und Schweden – stimmen vier von zehn Organisationen der Beobachtung zu, daß die Volunteer-Arbeit zum Ausgleich von Defiziten in der staatlichen Versorgung beiträgt.

Die Zustimmung zu diesem Punkt der Befragung ist am höchsten in Bulgarien, der Republik Irland und Frankreich (drei Viertel der Organisationen oder mehr). Sie liegt bei zwei Dritteln in Belgien und der Slowakei, während in Deutschland diese These weitestgehend verneint wird: Die Hälfte der Organisationen vertritt diese Meinung nicht.

Etwa ein Drittel der belgischen, niederländischen, dänischen und schwedischen Organisationen sind ebenfalls nicht der Meinung, daß Volunteers die Lücken bei den öffentlichen Dienstleistungen füllen. Dagegen kann sich ein Sechstel der skandinavischen Organisationen zu diesem Punkt nicht äußern.

Schließlich haben wir zwei Statements vorgegeben, die die speziellen Arbeitsqualitäten der Volunteers beschreiben. Das erste unterstellte den Organisationen, Volunteers aus rein funktionalen Gründen, d. h. vor allem deshalb einzusetzen, weil es sich dabei um eine kostenlose Arbeitskraft handelt. In Bulgarien und Deutschland wird diese Ansicht weitgehend geteilt, in Schweden, Belgien und der Republik Irland ist die Hälfte der Organisationen mit dieser Aussage einverstanden. Dagegen lehnen in Belgien, Dänemark, der Republik Irland, Frankreich, den Niederlanden, der Slowakei und Großbritannien die Hälfte bis zwei Drittel der Organisationen diese Sichtweise ab. Beinahe eine von fünf dänischen und schwedischen Organisationen kann dazu keine Angaben machen.

Es ist ermutigend, daß die Mehrheit der Organisationen den Hauptgewinn im Umgang mit Volunteers nicht darin sieht, daß deren Kosten niedrig sind, sondern andere Werte und Aspekte ihres freiwilligen Beitrags schätzt. Ausschlaggebend für diese Haltung könnte die Erkenntnis sein, daß der Arbeitseinsatz eines Volunteers gerade nicht ohne Kostenaufwand möglich ist. Dieser Punkt wurde oben in der Diskussion über die Organisationskosten für die Begleitung und den Einsatz von Volunteers bereits betont.

Der höchste Grad an Übereinstimmung bei den über 2.000 europäischen Organisationen der Studie besteht in der Frage nach dem besonderen Beitrag der Volunteers: „Volunteers bringen spezielle Qualitäten in die Arbeit einer Organisation ein, die die bezahlten Mitarbeiter nicht anbieten können." Nur in einem Land – Deutschland – vertritt die Mehrzahl der Organisationen diese Ansicht nicht. Über die Hälfte der Organisationen in den anderen neun Ländern stimmt der Auffassung zu, daß sich der Beitrag der freiwilligen Mitarbeiter von dem des bezahlten Personals unterscheidet.

Die stärkste Unterstützung dieser Aussage findet sich in mehr als drei Viertel der belgischen, dänischen, irischen, französischen, slowakischen und britischen Organisationen. Mehr als die Hälfte der osteuropäischen Organisationen stimmen diesem Punkt zu, ebenso zwei Drittel der niederländischen. Nur in Dänemark und Schweden besteht bei dieser Frage eine größere Unsicherheit (ein Fünftel bzw. ein Drittel der Organisationen wissen es nicht).

Folglich überwiegt in allen Ländern, mit Ausnahme von Deutschland und Bulgarien, eine Haltung, die den speziellen Beitrag der Volunteers anerkennt, deren Wertung als billige Mitarbeiter in einem Verhältnis von zwei zu eins steht. Es überrascht nicht, daß in den früheren kommunistischen Ländern die funktionale Rolle der Volunteers in einem unsicheren wirtschaftlichen und politischen Klima höher bewertet wird, während die Organisationen sonst mehr auf den einmaligen Aspekt des persönlichen, freiwilligen Beitrags abheben. Die offenkundig niedrige Einstufung seitens der deutschen Einrichtungen unterscheidet diese vom übrigen Europa und spiegelt möglicherweise das Fehlen einer klaren Trennung zwischen bezahlter Arbeit und freiwilligen Beiträgen für die Organisationen wider.

7. Zusammenfassung der Diskussion zur Organisation des Volunteering

Zusammenfassend muß nochmals betont werden, daß die Abweichungen innerhalb der Stichprobenbildung und die dabei angewandten Methoden nicht vergleichbare Elemente in die Daten der einzelnen Länder einbringen. Es läßt sich deshalb nicht immer klären, ob augenscheinliche Ungleichheiten echte Unterschiede widerspiegeln, selbst wenn diese Ungleichheiten mit anderen Befunden der Untersuchung in Einklang stehen.

Die folgende Zusammenfassung konzentriert sich auf die großen strukturellen und thematischen Aspekte. Die in die Studie einbezogenen Organisationen haben sich im wesentlichen innerhalb der letzten zwei Jahrzehnte etabliert und reflektieren die gegenwärtig hohe Wachstumsrate im Wohlfahrtssektor in fast ganz Europa. Die Mehrzahl dieser Organisationen verfügt über einen recht begrenzten Spielraum mit wenig, wenn überhaupt bezahltem Personal und mit bescheidenen Einnahmen, die teilweise von staatlicher Seite kommen. Dies ist jedoch von Land zu Land sehr unterschiedlich. Die Beschaffung von Geldmitteln aus nicht-staatlichen Quellen ist generell selten, sieht man von Großbritannien und der Republik Irland ab. Jüngere und ärmere Organisationen findet man in den osteuropäischen Ländern. Die meisten Einrichtungen werden europaweit von einem gewählten Komitee geleitet, in dem Volunteers, die sich in der Organisation betätigen, gut vertreten sind.

Die Aufgaben der nicht-staatlichen Organisationen lassen sich als Aufbau einer sozialen Infrastruktur verstehen, in der Informationsangebote und Vermittlungsarbeit, Unterstützung des Gemeinwesens, soziale und Freizeit-Aktivitäten, Bildung und Ausbildung hervorzuheben sind. Volunteers leisten einen großen Beitrag zur Gestaltung der Wohlfahrtsorganisationen. Sie stellen bis zu fünf Stunden Arbeitszeit pro Woche zur Verfügung. Sie spielen in den Ausschüssen ihrer Organisationen eine Schlüsselrolle und helfen bei der Büroarbeit und Verwaltung. Sie beteiligen sich an der Beschaffung und an dem Transfer von Informationen, in geringerem Maße auch an der Arbeit in Interessenvertretungen und bei Werbeveranstaltungen. Direkte Dienstleistungen anzubieten ist – im Gegensatz zu den „Hintergrund-" und Informationsaktivitäten – für Volunteers in Europa weniger bedeutend. Dennoch sind soziales und auf Freizeit bezogenes Volunteering, „Besuche machen" und „sich um Menschen kümmern" relativ häufig vorzufinden.

Die Vorgehensweise beim Volunteering ist quer durch Europa eher informell. Relativ wenige Organisationen verfügen über gesetzliche Regelungen oder bedeutende Budgets für Volunteers. Die meisten handeln auf der Basis formloser Rekrutierungsverfahren. Die Mehrzahl der Organisationen besitzt keine verantwortliche Person – weder bezahlt noch unbezahlt – zur Anwerbung oder für die Begleitung der Volunteers. Dennoch behaupten die meisten, daß den Volunteers regelmäßige Unterstützung und Supervision gewährt und sie in ihre Tätigkeiten eingeführt werden.

Die Studie zeigt, daß sich die Organisationen trotz aller weiterer Unterschiede über den besten Weg, wie man Volunteers gewinnt, einig sind. Persönliche Verbindungen sind dabei die erfolgreichste Methode; daneben ist der Zugang zum Volunteering über eine Mitgliedschaft häufig vorzufinden. Auf andere Mechanismen, z.B. auf Arbeitsverhältnisse oder berufliche Netzwerke, Anzeigen, Handzettel und Plakate, wird nur stellenweise zurückgegriffen. So sind die Mittel, die von der großen Mehrzahl der Organisationen zur Sicherstellung der Versorgung mit Volunteers eingesetzt werden, eher auf Netzwerke hin angelegt, die von den Organisationen ausgehen, als auf von außen geleitete Vorgehensweisen. Die Gewinnung von Volunteers ist für viele Einrichtungen Anlaß zur Sorge. Beruflich ausgebildete und qualifizierte Volunteers zur Mitarbeit zu gewinnen, ist ein verbreiteter Wunsch der Organisationen. In einzelnen Ländern wird dagegen angestrebt, besondere Bevölkerungsgruppen – ältere oder jüngere Menschen – anzuziehen.

Die große Mehrheit der Organisationen vertritt die Ansicht, daß Volunteers die Voraussetzung dafür bilden, daß sie ihre Arbeit überhaupt erbringen können. Die meisten Pluspunkte bei der Beteiligung von Volunteers werden für deren persönliche Qualitäten vergeben. Ihr Beitrag ermöglicht vielen Projekten nicht nur das Überleben, sondern sogar weiteres Wachstum. Hingegen sind die volunteer-bedingten Belastungen in bezug auf die Ausgaben der Organisation minimal. Die positiven Aspekte des Beitrags von Volunteers überwiegen bei weitem den geringen Kostenaufwand. Freiwillig Engagierte werden besonders wegen ihrer persönlichen Qualitäten wie Begeisterungsfähigkeit, Ideenreichtum, Erfahrung und Können hoch geschätzt. Für die Organisationen stellen sie einen Bezug zum Leben des örtlichen Gemeinwesens her und wirken bis zu einem gewissen Grad als Botschafter für die Außenwelt.

Nach Auffassung der Organisationen werden die Nachteile des Volunteering von den positiven Gesichtspunkten bei weitem übertroffen. Nachteile finden sich nur in gewissen Bereichen der Volunteer-Mitarbeit: bei der Gewinnung und bei den Kosten für die Einarbeitung und Begleitung.

Die Untersuchung zeigt, daß bei den Organisationen in Europa in hohem Grad Optimismus hinsichtlich der Zukunft des Volunteering vorherrscht. Die meisten Organisationen gehen davon aus, daß Volunteering fortbestehen oder sogar noch zunehmen wird. Die Auswirkungen der demographischen und ökonomischen Veränderungen könnten das Reservoir möglicher Volunteers sogar noch erweitern. Die größten Sorgen für die Zukunft des freien gemeinnützigen Sektors richten sich auf die Beschaffung von finanziellen Mitteln und die Beziehung zum Staat. Dies spiegelt den hohen Grad an Unsicherheit in vielen Ländern wider, da sich die Regierungen auf dem Weg neuer Gesetzgebungen die Rolle und Förderung dieses Sektors – besonders im Feld der Wohlfahrt – zueigen machen können.

Teil 4
Schlußfolgerungen

Aus den dargestellten reichhaltigen Daten dieser Untersuchung läßt sich eine Vielzahl von Schlüssen ziehen. Im folgenden Teil wollen wir eine Gesamtbetrachtung der Muster und Trends im Bereich des Volunteering vornehmen, soweit sich diese aus der Studie ableiten lassen. Die Schlußfolgerungen aus dieser Untersuchung lassen sich im Blick auf zentrale politische Fragestellungen ziehen.

1. MUSTER UND TRENDS IM VOLUNTEERING

Die Studie zeigt, daß das Volunteering ein universelles Phänomen ist. In jedem Land, das in diese Untersuchung einbezogen war, widmet ein gewisser Prozentsatz der Bevölkerung einen Teil seiner freien Zeit Aktivitäten, die dem Wohl anderer dienen. Durchschnittlich sind mehr als ein Viertel der über 15 Jahre alten Menschen als Volunteers tätig, über die Hälfte davon regelmäßig. Der Umfang des Engagements variiert jedoch von Land zu Land: In der Slowakei arbeitet etwa eine von zehn Personen als Volunteer, in Schweden und den Niederlanden sind es bis nahezu vier von zehn Personen.

Das Volunteering findet sich in Europa in allen sozialen Gruppierungen und schließt Menschen mit ganz unterschiedlichen persönlichen Merkmalen ein. Dagegen ist das Ausmaß des Volunteering eindeutig mit der sozialen Lage eines Volunteers verbunden. Menschen, die neben ihrer bezahlten Arbeit als Volunteers tätig sind, haben einen relativ hohen Status hinsichtlich Ausbildung, Beruf, sozialer Stellung und Einkommen. Dieser Zusammenhang läßt sich jedoch nicht verallgemeinern, da die beobachtbaren Trends z.B. in Osteuropa und Schweden sehr verschieden sind. Männer und Frauen engagieren sich nahezu in gleichem Verhältnis im Volunteering. In fünf Ländern der Studie sind allerdings mehr Männer als Frauen als Volunteers tätig, und nur in zwei Ländern weisen Frauen höhere Raten auf. Volunteers umfassen alle Altersgruppen, mit einer ganz geringen Konzentration im mittleren Alter. Wer als Volunteer tätig ist, lebt eher in ländlichen Gegenden und in kleineren Städten als in dichtbesiedelten, städtischen Gebieten.

Das Volunteering entwickelt sich aus sozialer Verbundenheit und aus dem gemeinschaftlichen Leben der Menschen. Es gibt ein gemeinsames Muster für den Einstieg in die Tätigkeit als Volunteer, nämlich über persönliche und familiäre Verbindungen, über Arbeitszusammenhänge, Religionsgemeinschaften oder über bereits bestehende Mitgliedschaft in einer Organisation. In vielen Fällen ist das freiwillige Engagement gewissermaßen eine natürliche Erweiterung der Identifikation eines Menschen mit seinen lokalen Angelegenheiten. Einige wenige engagieren sich gleichzeitig bei mehreren Organisationen, einschließlich landesweiter, freier gemeinnütziger oder staatlicher Einrichtungen.

Menschen sind freiwillig tätig aus einer Mischung von persönlichen, altruistischen und funktionalen Gründen. Im Durchschnitt stecken die regelmäßig tätigen Volunteers etwa zehn Stunden ihrer Zeit pro Monat in unbezahlte Arbeit. Wir haben festgestellt, daß die Zeit, die pro Jahr in den neun untersuchten Ländern für das Volunteering aufgewandt wird, (auf der Berechnungsgrundlage einer regelmäßigen formellen Volunteer-Tätigkeit) der Arbeitszeit von 80 Millionen Personen pro Woche oder der von eineinhalb bis zwei Millionen Personen pro Jahr entspricht. Dieses überraschende Ergebnis zeigt, wie unermeßlich der Beitrag der Volunteers zum gesellschaftlichen, kulturellen und wirtschaftlichen Leben der europäischen Gesellschaften ist.

Die freiwillig angebotene Zeit wird in fast alle Lebensbereiche investiert. Ein großer Teil davon wird regelmäßig in Organisationen erbracht, die sich Sport- und Freizeitaktivitäten widmen und in denen besonders Männer und jüngere Menschen aktiv sind. Zu den weiteren, wichtigen Gebieten des Volunteering gehören einerseits die Wohlfahrtsdienste, in denen die älteren Menschen und Frauen tätig werden, und andererseits der Bildungsbereich, in dem Frauen und Menschen im mittleren Lebensalter dominieren. Auch die Entwicklung des Gemeinwesens und die Religionsgemeinschaften sind für Volunteers attraktiv, wobei ältere Menschen bevorzugt in letzteren engagiert sind. Die Bereiche „Gesundheit, Kultur und Kunst, Bürger- und Interessenvertretungen" verfügen ebenfalls über unbezahlte Mitarbeiter.

Innerhalb des von ihnen ausgewählten Arbeitsfeldes nehmen die Volunteers eine große Anzahl von Aufgaben wahr. Sie spielen eine lebensnotwendige Rolle bei der Unterstützung der Organisationen durch das Sammeln von Geld oder durch die Mitwirkung in der Leitung oder in den Ausschüssen der Einrichtungen. Sie leisten einen großen Teil der praktischen Fürsorgearbeit, sie kümmern sich um

Menschen, machen Besuche, sorgen für Transporte und beteiligen sich an therapeutischen oder persönlichen Diensten. Sie sind außerdem im Bildungsbereich aktiv. Volunteers helfen im Büro und arbeiten bei Informations- und Vermittlungsdiensten mit oder erledigen Aufgaben bei Interessenvertretungen und Werbeveranstaltungen.

Das Profil des Volunteering weist sowohl in bezug auf den Umfang der Volunteer-Tätigkeiten insgesamt als auch hinsichtlich der verschiedenen Bereiche und Handlungsformen länderspezifische Unterschiede auf. Einige regionale Charakteristika können wir benennen. Wir finden hohe Zahlen für Volunteering-Tätigkeiten in Belgien und den Niederlanden und darüber hinaus eine beachtliche Dimension von bürgerschaftlichem Engagement innerhalb des Volunteering in Belgien. Ein wesentlicher Aspekt in beiden Ländern ist die Mitgliedschaft. Diese ist in den skandinavischen Ländern noch bedeutungsvoller. In den Niederlanden dominiert das Volunteering im Bereich Sport und Freizeit. Verbindung zur Organisation ist in Großbritannien und der Republik Irland weniger wichtig; beide Länder weisen in ihrem Volunteering eine starke Wohlfahrtskomponente auf. Dort engagieren sich die Volunteers besonders in Geldsammlungen für die Organisationen. Die osteuropäischen Länder spiegeln mit relativ niedrigen Volunteer-Zahlen wider, wie zerrissen die Geschichte des Volunteering dort ist – eine Volunteer-Arbeit, die sich vor allem in den Bereichen der „Dienstleistungen und Weitergabe von Information" findet. Das früher kommunistische Ostdeutschland weist sicherlich auch solche Ausprägungen auf, doch hat es durchaus auch Ähnlichkeiten mit den Verhältnissen in den alten Bundesländern. Für Deutschland als Ganzes sind die Zahlen für das Volunteering relativ niedrig (wohl ein Erbe des Nationalsozialismus und Kommunismus), doch typisch ist die starke bürgerschaftliche und Wohlfahrtsdimension.

Trotz dieser Gemeinsamkeiten in verschiedenen Regionen des Kontinents sind das primäre Charakteristikum des Volunteering in Europa die nationalen „Unterschiede" – mit den eigenen Strukturen, die sich über Jahrhunderte hinweg im Kontext sozialer, wirtschaftlicher, politischer und kultureller Entwicklungen in jedem einzelnen Land herausgebildet haben. Ein gemeinsamer Trend scheint darin zu liegen, daß die freiwillige Mitwirkung beim Aufbau einer sozialen Infrastruktur eine bedeutende Rolle spielt – nämlich die eines dem Gemeinwesen zugrundeliegenden Netzwerkes und Unterstützungssystems, das das vorrangige Ziel hat, die soziale Lebensqualität sowie die Freizeit, Wohlfahrt, Bildung und soziale Integration zu entwickeln und zu verbessern. Schlüsselelement innerhalb dieser Infrastruktur ist die umfassende Rolle, die der *Volunteer-Sektor* beim Schließen von Informationslücken zwischen Bürger und Staat spielt. Wir sehen darin einen wichtigen Aspekt in allen untersuchten Ländern und können dies als eine der am besten geeigneten „*Empowerment*-Funktionen" des Volunteering werten.

2. DIE KULTUR DES VOLUNTEERING

Die Schlußfolgerungen, die im vorangegangenen Abschnitt gezogen wurden, lassen sich auf die Kultur des Volunteering quer durch Europa übertragen. Auch hier gibt es gemeinsame Themen und ein gemeinsames Verständnis vom Wesen des Volunteering, und ebenso unterschiedliche landesspezifische Auffassungen und Abweichungen in den Überzeugungen und Wertmaßstäben.

Zu den von uns im einzelnen identifizierten Strukturmustern und thematischen Übereinstimmungen zählt die tief verwurzelte Tradition freiwilliger Arbeit, anderen Menschen zu helfen und im Gemeinwesen aktiv zu sein, sowohl aus religiösen als auch aus weltanschaulichen Motiven. Eine weitere Gemeinsamkeit ist das Aufkommen von Volunteering im 19. Jahrhundert. In einem langen Wechselspiel zwischen freiwilligem Engagement und staatlicher Intervention bildeten sich die Wohlfahrtssysteme.

Gemeinsamkeiten gibt es zudem in den jüngst zu verzeichnenden Veränderungen der ideologischen Einstellungen sowohl auf der linken als auch auf der rechten Seite. Beide betonen den Wert des Volunteering. Übereinstimmend hebt die gegenwärtige Politik die Bedeutung der Volunteers und der frei-gemeinnützigen Organisationen als einer Schlüsselgröße innerhalb der *mixed economy of welfare* hervor. Für die Existenz der meisten dieser kulturellen und politischen Muster in fast allen untersuchten Ländern gibt es entsprechende Hinweise.

Innerhalb dieser breit gefächerten Strukturmuster und Traditionen haben national-historische Zusammenhänge die Kultur des Volunteering entsprechend beeinflußt. In den skandinavischen Ländern ist der frei-gemeinnützige Sektor tief in den kulturellen Grundlagen der Demokratie und in den sozialen Bewegungen verwurzelt. Das Volunteering entwickelte sich dort nahezu selbstverständlich aus den Verbindungen der Menschen zu den Organisationen. Unterscheidungen zwischen „Klienten" auf der einen und „Volunteers" auf der anderen Seite wirken dort geradezu künstlich. In Deutschland kennt man die Tradition einer bürgerschaftlichen Verantwortung, die den Bürgern gewissermaßen als moralische und soziale Pflicht auferlegt ist und die sich in entsprechenden Strukturen niedergeschlagen hat, die entschieden dem Subsidiaritätsprinzip folgen. In diesem Jahrhundert hat die unter dem Nationalsozialismus und unter dem Kommunismus erzwungene Volunteer-Arbeit die Kultur des Volunteering verzerrt und das Verständnis für dessen Wert und Rolle verändert. Ähnliches hat sich in Osteuropa ereignet. Großbritannien hat eine lange Tradition, in der Wohltätigkeitsorganisationen wesentlich zur Kultur des Volunteering in diesem Land beitragen.

Im Rahmen dieser unterschiedlichen Kontexte ist es vielleicht umso überraschender, daß dennoch die Einstellungen zu und die Bewertung von Volunteering in den verschiedenen Ländern starke Ähnlichkeiten aufweisen. Die Studie belegt eindeutig, wie weitverbreitet die Überzeugung hinsichtlich der moralischen und sozial-verantwortlichen Qualität und wie relativ gering der aktive Widerstand oder die Ablehnung von Volunteering ist. Wenn auch nicht überall, so herrscht doch die Ansicht vor, daß das Volunteering heute einen besonderen und wichtigen Beitrag in vielen sozialen Bereichen leistet und daß es in der Gesellschaft auch in Zukunft immer eine Rolle spielen wird. Diese grundlegenden Elemente weisen nach, daß es eine anhaltende kulturelle Verankerung dieser Auffassungen zum Volunteering gibt, deren Werte und Überzeugungen in konsequenter Weise über die Generationen hinweg tradiert wurden. In vielen Ländern ist Volunteering eng mit einer aktiven Rolle in einer demokratischen Gesellschaft verknüpft. In vielen Ländern ist man der Überzeugung, daß die Volunteers etwas anderes anbieten als bezahlte Mitarbeiter. Dort verwirft man die Ansicht, daß Organisationen, die sich auf Volunteering stützen, amateurhaft arbeiten. Die Meinungen sind allerdings nicht mehr so einhellig hinsichtlich der Rolle, die Volunteers als Ersatz für staatliche Defizite spielen, wobei sich darin wohl eher der zunehmende Druck auf die Volunteer-Arbeit in einer Phase widerspiegelt, in der die öffentlichen Mittel gekürzt werden.

Die Rolle des Staates, mit der er das Umfeld des Volunteering beeinflußt, ist bezeichnend. Wie wir im ersten Kapitel dieser Studie festgestellt haben, reichen die politischen Positionen zum Volunteering von Unterstützung (historisch in Deutschland, Großbritannien und zeitweilig in Dänemark) und Zusammenarbeit (Schweden) über „verordnende" Zurückhaltung (Frankreich) bis hin zu Zwang und Zerstörung (Osteuropa).

Im Rahmen der Diskussion über das Verhältnis des Volunteering zum Staat, werden wir im nächsten Abschnitt grundlegende politische

Fragestellungen besonders behandeln. Die ersten Aspekte beziehen sich dabei auf einschlägige interne Anliegen und Vorgehensweisen innerhalb des Volunteer-Sektors.

3. DIE GEWINNUNG VON VOLUNTEERS

Die Aussagen von den befragten Einzelpersonen und den Organisationen zeigen, daß die Mehrzahl der Volunteers über persönliche Ansprache erreicht wird. Dies ist ein Weg, der sich nach unserer Feststellung geradezu logisch aus dem persönlichen und gemeinwesenorientierten Leben der Volunteers ergibt. Zudem ist es ein kostensparendes Vorgehen, wenn Organisationen auf ihre Mitglieder und andere enge Kontakte zurückgreifen, um freiwillige Unterstützung zu bekommen. Allerdings muß man dabei in Erwägung ziehen, daß die beschriebene Anwerbestrategie möglicherweise weitere Volunteers ausschließt. Ein erweitertes Rekrutierungsnetz, das zusätzlich auf noch nicht ausgeschöpfte Methoden zurückgreift, könnte neue Potentiale erschließen und die „Ressource Volunteering" für die Organisationen vermehren.

4. FÖRDERUNG DES INTERESSES AM VOLUNTEERING

Die Motive von Volunteers, sich zu engagieren, sind eine Mischung von persönlichen, altruistischen und funktionalen Gründen. Sicherlich sind dabei die eigenen Interessen, der persönliche Zugewinn und die persönlichen Ziele von gleichrangiger Bedeutung wie das altruistische Motiv, der uneigenützige Wunsch, anderen zu helfen. Es kann sein, daß die Organisationen das Volunteering offensiver „vermarkten" müssen, um Volunteers zu gewinnen, wobei sie Ziele und Vorteile sowohl für die handelnde Person als auch für die Organisationen und die Gesellschaft hervorheben sollten. Die Studie zeigt auf, daß die meisten Volunteers an ihrer freiwilligen Tätigkeit Freude haben und daß sie ihnen hilft, aktiv und gesund zu bleiben. Auf diese eher vernachlässigten Vorzüge könnte bei der öffentlichen Darstellung des Volunteering noch stärker hingewiesen werden. Wenn man Aspekte wie etwa den Erwerb von Fertigkeiten oder die Möglichkeit, die beruflichen Kenntnisse auf einem aktuellen Stand zu halten, herausstellen würde, ließen sich auch arbeitslose Menschen oder jene gewinnen, die eine berufliche Weiterentwicklung anstreben.

Mit einer aktiveren Vorgehensweise könnte ein Teil der gegenwärtig nicht freiwillig Tätigen – dies sind etwa 70% – für das Volunteering gewonnen werden. Wir haben festgestellt, daß nur eine Minderheit sich gegenüber Volunteering ablehnend geäußert hat, und daß sich etwa einer von fünf Nicht-Volunteers vorstellen könnte, eine freiwillige Tätigkeit auszuüben, wenn er gefragt würde. Die Aussagen deuten darauf hin, daß es den Organisationen zum Vorteil gereichen könnte, wenn sie die Menschen stärker auf die Möglichkeiten hinweisen würden, die das Volunteering für die individuelle Weiterentwicklung bietet, und wenn sie zugleich um eine persönliche Mitwirkung bitten würden.

Es ist wichtig, die Volunteers nicht zu überlasten. Vielleicht fürchten sich Nicht-Volunteers vor einem Engagement in der Annahme, es fordere sie zu sehr und könnte beschwerlich werden. Viele nennen Zeitmangel als Hauptgrund für ein Nicht-Engagement. Dabei sind es oft die am meisten beschäftigten Menschen, die Volunteer-Arbeit erbringen; solche, die in der Familie Verantwortung tragen, und solche, die in bezahlten Arbeitsverhältnissen stehen. Rentner und Arbeitslose, die theoretisch mehr Zeit haben, engagieren sich in geringerem Maße. Dies mag auf Probleme mit dem Zeitaufwand hinweisen und auf die Tatsache, daß solche Menschen außerhalb enger sozialer Netzwerke stehen, durch die viele Volunteers gewonnen werden. Die Einrichtungen könnten solche Ängste vor einem übermäßigen zeitlichen Aufwand abbauen, wenn sie betonten, daß auch eine zeitlich weniger umfangreiche Mitwirkung wertvoll ist. Zudem könnten sie versichern, daß es bei dem anfänglich für das Engagement abgesprochene Zeitbudget bleibt, so daß sich neue Volunteers nicht überfordert fühlen und zurückziehen.

5. Unterstützung und Einarbeitung

Die Studie zeigt, daß nur drei von jeweils zehn Volunteers in ihre Tätigkeit eingearbeitet werden. Jedoch sind die meisten von ihnen mit der angebotenen Einarbeitung und Unterstützung zufrieden. Dennoch ist ein Teil der nicht unerheblichen Fluktuation bei den Volunteers bisweilen auf das nicht ausreichende Begleitungs- und Supervisionsangebot der jeweiligen Organisation zurückzuführen.

Die meisten Volunteers scheinen mit den Rahmenbedingungen, unter denen sie ihrer Tätigkeit nachgehen, zufrieden zu sein. Ein häufig von den Volunteers genannter Nachteil sind die schlechten organisatorischen Umstände. Dies betrifft einen Bereich, der in den verschiedenen Organisationen generell einer Verbesserung bedarf. Diese Feststellung sollte nicht als Forderung nach einer übermäßigen Formalisierung des Volunteering gedeutet werden. Ein großer Teil der Anziehungskraft, die das Volunteering ausübt, ist auf dessen Beweglichkeit und Flexibilität zurückzuführen, die ganz im Gegensatz zur bezahlten Arbeit und zum formellen Anstellungsverhältnis stehen. Es besteht allerdings die Gefahr, daß im Rahmen der Bestrebungen, das Volunteering professioneller und übersichtlicher zu gestalten (besonders als Reaktion auf Erwartungen des Staates), etwas von diesem „Geist der Freiwilligkeit" (*Voluntarismus*) verloren geht.

Die Untersuchung hat gezeigt, daß durchschnittlich nur einem Viertel der Volunteers ein Ersatz ihrer Auslagen angeboten wurde, was eine relativ geringe Quote von Rückerstattung persönlicher Geldausgaben bedeutet. Es ist verständlich, daß für viele Organisationen – besonders für die, die nur von Volunteers geleitet werden, sowie für die osteuropäischen Einrichtungen – ein Ausgabenersatz schwierig ist. Einige Volunteers betrachten die geringe Vergütung als Teil ihres Beitrags für die Organisation. Folglich erwarten sie auch keinen Ersatz dafür. Es ist jedoch ebenso wichtig zu erkennen, daß Auslagen, die durch das Volunteering entstehen und nicht erstattet werden, Menschen mit niedrigem Einkommen von dieser Tätigkeit abschrecken können. Außerdem werden damit Fragen zum Einstieg in das Volunteering und zu gleichen Zugangsvoraussetzungen aufgeworfen.

Die Mehrzahl der Organisationen hat behauptet, den Volunteers eine regelmäßige Unterstützung und Supervision zukommen zu lassen, allerdings sehen die meisten von ihnen dies nicht als ein vorrangiges Ziel an. In einigen Organisationen mag es deshalb Spannungen geben zwischen den Bedürfnissen der Volunteers auf der einen und der primären Funktion der Organisationen, für Klienten oder Mitglieder Dienstleistungen zu erbringen, auf der anderen Seite.

Höchstens ein Viertel der untersuchten Organisationen verfügt über schriftliche Richtlinien für die Einführung der Volunteers in ihren Arbeitsbereich. Nur wenige von ihnen haben ein angemessenes Budget für die Volunteers. Viele Organisationen haben keinen für das Volunteering zuständigen festen Mitarbeiter vorgesehen.

Auch wenn der Mangel an organisatorischer Planung und Unterstützung für das Volunteering offensichtlich ist, die meisten Organisationen sind sich des Wertes der Volunteers für ihren Wirkungskreis sehr wohl bewußt. Sie schätzen nicht nur die persönlichen Qualitäten wie etwa Ansporn und Begeisterungsfähigkeit, Ideen, Fertigkeiten und Erfahrung, die Volunteers ihren Organisationen zukommen lassen, sondern auch die Verbindungen zum örtlichen Gemeinwesen, die es ermöglichen, einschlägige Kenntnisse auszutauschen und auf gegenseitiger Basis zu kommunizieren. Die Organisationen erkennen sehr wohl, daß oft erst das Vorhandensein von Volunteers sie in die Lage versetzt, ihre Arbeit zu tun und ihren Wirkungskreis auszudehnen. Die meisten Organisationen sehen deshalb die Volunteers nicht nur unter einem rein pragmatischen Aspekt – als billige Arbeitskräfte –, auch wenn die niedrigen Kosten der Volunteers einen großen Vorteil darstellen.

Es besteht die Gefahr, daß Volunteers als selbstverständlich angesehen werden, und daß die Organisationen, obwohl sie sich in hohem Maß auf Volunteers verlassen, sich nur wenig um ihre Unterstützung und Begleitung kümmern. Die Herausforderung für die Organisationen lautet demnach auch, für die Förderung der Volunteers einen angemessenen Rahmen zu finden und die „Ressource Volunteering" wirkungsvoll einzusetzen, ohne die Bedingungen übermäßig zu formalisieren.

6. Volunteering von Jung und Alt

Die öffentliche Aufmerksamkeit richtet sich neuerdings auf das Volunteering in der dritten Lebensphase, seit demographische Trends eine „Überalterung" der Bevölkerung in Europa prognostizieren. Dies führte zur Forderung, einerseits mehr Dienste für pflegebedürftige Menschen einzurichten, und andererseits mehr Zugangsmöglichkeiten für „Vorruhestands-Volunteers" zu schaffen. Die vorliegende Untersuchung weist nach, daß die Volunteering-Zahlen für die Altersgruppe der Rentner zurückgehen. Dies ist wahrscheinlich darauf zurückzuführen, daß diesen Menschen nach Eintritt ins Rentenalter die Zugangswege zum Volunteering (z.B. durch die fehlenden beruflichen Netzwerke) verschlossen bleiben, und möglicherweise auch darauf, daß sie Angst vor übermäßigen Anforderungen und gesundheitlichen Belastungen haben.

Um diesen großen Pool an möglicher Energie und Erfahrung zu nutzen, sollte es für die Organisationen eine Herausforderung sein, Menschen, die sich in der dritten Lebensphase befinden, als Volunteer-Zielgruppe anzusehen und das Volunteering als attraktive Möglichkeit zum Mitwirken darzustellen. Damit könnten verstärkt Fragen hinsichtlich des Images von Volunteering, der Zugangswege und Unterstützungsstrukturen für Volunteers aufgeworfen werden.

Junge Menschen sind ein weiterer Teil der Bevölkerung, dessen Beteiligung am Volunteering erhöht werden könnte. Wenn junge Menschen, besonders die unter Fünfundzwanzigjährigen, direkt darauf angesprochen werden, sind sie – das zeigen die entsprechenden Quoten – nicht nur offen für die Idee des Volunteering, sondern auch dazu bereit, eine freiwillige Tätigkeit auszuüben. Oft ist es nur eine Frage des fehlenden Zugangs, oder es mangelt einfach an Initiative bei der Kontaktaufnahme mit einer Organisation. Zahlreiche Einrichtungen würden von der Energie und dem sozialen Engagement junger Menschen profitieren. Diese wiederum würden Bekanntschaft machen mit der Kultur und der Praxis des Volunteering, wodurch die Wahrscheinlichkeit erhöht würde, daß sie in ihrem späteren Leben als Volunteers tätig werden. Dies kann für die Organisationen zum einen ein Anlaß sein, ein richtiges „Marketing" für das Volunteering vor allem in bezug auf Jugendliche zu entwickeln. Zum anderen kann es zur Ausarbeitung flexibler „Managementstrategien" dienen, die sich an die Ausbildungs- und Mobilitätsanforderungen der jungen Leute anpassen.

7. Volunteering und hauptamtliche Mitarbeiter

Die Studie hat wenig Hinweise darauf gegeben, daß zwischen den Hauptamtlichen und den Volunteers ein offener Konflikt besteht. Allerdings war es auch nicht das Ziel dieser Untersuchung, speziell diese Frage zu klären. Trotzdem berichten einige Länder, z. B. Deutschland, von anhaltenden Vorbehalten der hauptamtlichen Mitarbeiter gegenüber Volunteers, insbesondere im Bereich der Wohlfahrt. Wichtig ist die Feststellung, daß in vielen Situationen die Gelegenheiten und die Ressourcen für Volunteering von den hauptamtlichen Mitarbeitern abhängen, und daß in diesem Zusammenhang die Professionellen als *gate keeper* (Torhüter) operieren. Dies kann sich auf bezahlte Mitarbeiter in Organisationen beziehen, die Volunteers an ihrer Arbeit beteiligen, aber auch auf Hauptberufliche in staatlichen Einrichtungen, deren Mitarbeit beim Aufbau freiwilliger Aktivitäten erforderlich ist. Dies zeigt auch, wie dringlich es ist, die Professionellen hinsichtlich der Rolle und der Bedürfnisse der Volunteers auszubilden und ihnen die Vorteile, die sich aus einer Beteiligung der Volunteers ergeben, zu verdeutlichen. Vom Standpunkt der Organisationen aus besteht kaum Notwendigkeit, die Qualitäten von Volunteers mit einer beruflichen Ausbildung zu betonen, da sie ohnehin gerne mehr Personen mit beruflichen Fähigkeiten für ihren Volunteer-Stamm gewinnen möchten. In diesem Bereich könnten beruflich qualifizierte Personen in der dritten Lebensphase eine lohnende Zielgruppe sein.

Der größte Teil der europäischen Organisationen ist nicht der Auffassung, daß die Volunteers eine Bedrohung für bezahlte Arbeit darstellen. Auch ist man dort nicht der Meinung, daß die Volunteers dazu benutzt werden, Lücken in der durch Kürzungen beeinträchtigten öffentlichen Versorgung zu schließen. Im Gegenteil, es wird weitgehend die Ansicht vertreten, daß Volunteers etwas bieten, was berufliche Mitarbeiter niemals leisten könnten. Allerdings gibt es durchaus Gebiete, in denen die Sorge besteht, daß freiwillige Tätigkeiten als Ersatz für bezahlte, berufliche Dienstleistungen benutzt werden. Gemeinhin gelten alle Bildungsbereiche als ein Feld, in dem Volunteers keine Bedrohung für Professionelle darstellen, sondern vielmehr etwas Besonderes anzubieten haben. Deshalb stellt Partnerschaft einen konstruktiven Weg nach vorne dar.

8. Volunteering und finanzielle Förderung

Eine vorrangige Sorge der frei-gemeinnützigen Organisationen gilt der Beschaffung finanzieller Mittel in der Zukunft. Dies wird besonders deutlich im Zusammenhang mit der Frage nach der Beziehung zum Staat zum Ausdruck gebracht. Die Studie zeigt, daß die finanzielle Förderung von Organisationen, die sich auf Volunteers stützen, durch die Regierung in einigen Ländern (z. B. in Belgien und Großbritannien) recht hoch ist. Sie deckt aber im allgemeinen nur einen Teil der Kosten und wird auch dort als unsicher und gefährdet empfunden. In anderen Länder, insbesondere in den osteuropäischen, ist die staatliche Unterstützung der Organisationen gering oder gar bedeutungslos. Andere Geldquellen sind ebenso wenig beständig und keineswegs zuverlässiger. Wir fanden bei den frei-gemeinnützigen Organisationen sehr unterschiedliche Praktiken, wie sie Geldmittel aus nicht-staatlichen und anderen zugänglichen Quellen beschaffen. Es gibt einzelne Länder, vor allem Großbritannien und die Republik Irland, wo die Geldbeschaffung eine wesentliche Tätigkeit der Volunteers darstellt. Möglicherweise macht dieses Vorgehen auch anderswo Schule.

Die finanzielle Förderung der Organisationen ist wichtig, denn Volunteering ist nicht kostenneutral. Die erfolgreiche Gewinnung, Unterstützung und Begleitung der Volunteers erfordert gewisse Ressourcen. Da die Regierungen zunehmend Forderungen an die Volunteers stellen, besonders in der Wohlfahrt, muß damit auch die Bereitstellung finanzieller Mittel für die Infrastruktur des Volunteering einhergehen. Es ist durchaus möglich, daß ein solcher Beitrag die Kapazitäten der Organisationen für die Anwerbung und den Verbleib besser qualifizierter Volunteers, auf die sie Wert legen, steigern kann. Wenn die Unterstützung des Staates für den Ausbau der Volunteering-Infrastruktur ausbleibt, diese Mittel jedoch von den Organisationen dringend gebraucht werden, führt dies dazu, daß sich die ganze Energie sowohl der Organisationen als auch der Volunteers wieder auf die Beschaffung von Geldmitteln konzentrieren müßte.

9. VOLUNTEERING UND DEMOKRATIE

Ein Großteil der gegenwärtigen Diskussion über die Rolle des Volunteering dreht sich um die Frage, welchen Beitrag die Volunteer-Arbeit innerhalb eines pluralistischen *welfare mix* leisten kann. Die Studie macht jedoch darauf aufmerksam, daß das Volunteering eine tiefere – und in der Tat wertvollere – Rolle in den europäischen Gesellschaften zu spielen vermag: Das Volunteering ist Ausdruck und zugleich der Baustein einer bürgerschaftlichen Gesellschaft und Demokratie. Insgesamt haben sechs von zehn Befragten den Eindruck, daß das Volunteering dem einzelnen dazu verhelfe, in einer demokratischen Gesellschaft eine aktive Rolle zu übernehmen. Nicht alle teilen diese Auffassung. Die Verbindung zwischen dem Volunteering und den demokratischen Grundlagen einer Gesellschaft scheint in Osteuropa bis jetzt noch nicht vorhanden zu sein. Vor allem in Schweden und Dänemark wird das Volunteering als Ausdruck demokratischer Freiheit betrachtet.

Die Überprüfung der Regierungspolitik gegenüber dem Volunteering hat ergeben, daß die meisten politischen Parteien in Europa die Rolle der Volunteer-Arbeit als eine Möglichkeit anerkennen, Bürger zur Teilnahme an demokratischen Prozessen zu bewegen. Die Studie wirft allerdings auch die Frage auf, in welchem Ausmaß das Volunteering diese Aufgabe in den beteiligten Ländern wirklich erfüllt. Ein zentrales Kriterium dafür, daß diese Möglichkeit tatsächlich besteht, ist die ernsthafte Öffnung des Volunteering für alle Menschen. Man könnte nämlich in der Tat wie folgt argumentieren: Wenn das Volunteering im demokratischen Prozeß wirklich eine Rolle spielen soll (oder im gegenwärtigen Sprachgebrauch: dazu beizutragen soll, das demokratische Defizit auszugleichen), dann sollte es besonders auf Randgruppen abseits der traditionellen demokratischen Wege ausgerichtet sein. Es fehlt noch der Beweis, ob diese These in der einen oder in der anderen Richtung stimmt.

In den meisten Ländern zeigen sich in der Verbindung zwischen sozio-ökonomischem Status und Volunteering klare Muster. Das Volunteering in Schweden beweist jedoch seine wahre demokratische Struktur dadurch, daß es mit diesem Muster, das in Osteuropa in einer ähnlichen Form existiert, nichts gemein hat. In den meisten Ländern steht das Volunteering in einem engen Zusammenhang mit dem sozialen Status: Einkommen, Ausbildung und Anstellungsverhältnis. Ein wichtiger Vorbehalt gegenüber dieser Feststellung ist jedoch, daß die Befragung von Einzelpersonen nur das formelle Volunteering einbezieht, während andere Forschungen annehmen lassen, daß das informelle Volunteering weniger einseitig auf die Mittelschicht ausgerichtet ist. Somit ist die Schlußfolgerung, daß Menschen mit einer schlechteren Ausbildung und in weniger gesicherten Lebensumständen weniger Volunteer-Arbeit erbringen, nur bedingt zulässig. Der Beitrag, den diese Menschen zur Festigung der Verbindungen innerhalb ihres Gemeinwesens erbringen, mag informeller sein, aber er ist nicht weniger wichtig als der der formellen Volunteers.

Gleichzeitig können wir uns der Schlußfolgerung nicht entziehen, daß die besser gestellten, sozio-ökonomisch abgesicherten Gruppen eine Vorliebe für das formelle Volunteering haben. Die Gründe sind nicht Gegenstand dieses Berichtes. Sie könnten mit philanthropischen Traditionen, mit dem Bild des formellen Volunteering, mit Fragen des Zugangs oder des finanziellen Status zusammenhängen, oder mit Dingen, die nur schlecht greifbar sind, wie etwa mittelschichtspezifisches Selbstvertrauen und politisches Engagement.

Der zentrale Punkt ist, daß wir mit der Untersuchung die Sichtweise bestätigen können, daß in den europäischen Gesellschaften nicht alle Menschen den gleichen Zugang zum Volunteering und damit auch nicht die gleichen Möglichkeiten haben, am demokratischen Prozeß teilzunehmen. Darüber hinaus gibt es Hinweise dafür, daß sich die Ausrichtung des Volunteering an der Mittelschicht weiter verstärken wird. Viele Organisationen haben berichtet, daß sie hoffen, noch gezielter Menschen mit beruflichen Kompetenzen ansprechen und für ihre Arbeit gewinnen zu können. Diese stärkere Ausrichtung auf Volunteers mit beruflichen

Fähigkeiten ist, wie wir festgestellt haben, eine direkte Folge des Trends in Richtung Wohlfahrtspluralismus, in dem von den frei-gemeinnützigen Organisationen eine größere Rolle im Dienstleistungsangebot erwartet wird. Die Übernahme von vorhandenen Diensten aus vormals öffentlicher Trägerschaft und das Arbeiten unter vertraglich fixierten Rahmenbedingungen veranlaßt die nicht-staatlichen Organisationen, „professioneller" zu werden, d. h. eine Ausstattung mit qualifizierteren Volunteers zu suchen und letztendlich, Volunteers durch bezahlte Mitarbeiter zu ersetzen (wenn die Ressourcen es erlauben).

Diese Entwicklung in Richtung professionellerer Volunteer-Kräfte paßt nicht ohne weiteres zu den Zielen und der Rhetorik, daß Volunteering ein wesentliches Element der Demokratisierung und des Umgangs mit ihr ist. Britische Kommentatoren haben darauf hingewiesen, daß sich der frei-gemeinnützige Sektor durchaus spalten könnte. Das Resultat wäre ein gut ausgestatteter professionalisierter Sektor auf der einen Seite, von dem Volunteers zunehmend ausgeschlossen würden, und ein kleinerer, schlechter gestellter Sektor auf der anderen, der immer noch Ausdruck einer bürgernahen (*grass roots*) Demokratie und der Bereitschaft von Menschen ist, sich für das Wohl ihres Gemeinwesens einzusetzen.

Diese möglichen Auswirkungen müssen hier in Erwägung gezogen werden. Folglich ist es gerade in diesem Zusammenhang die Aufgabe des Staates, tätig zu werden, um allen Bevölkerungsschichten den Zugang zum Volunteering zu öffnen. Entsprechende Versuche wurden in begrenztem Umfang bereits unternommen. Allerdings beziehen sie sich im allgemeinen nur auf eine geringfügige Anpassung von Regelungen, die sich auf das Volunteering von Menschen mit Arbeitslosen- oder anderen staatlichen Unterstützungsleistungen konzentrieren (Schweden bildet hier eine Ausnahme). Diese zögerlichen Änderungen in der Gesetzgebung illustrieren, wie tief die Kluft zwischen staatlichem Handeln und politischer Rhetorik ist. Volunteering mag als sinnvolles demokratisches Engagement begrüßt werden, das die Regierungen auch unterstützen möchten, doch bisher haben nur wenige Staaten entschlossen gehandelt, um Barrieren für das Volunteering gesellschaftlicher Randgruppen zu beseitigen.

10. Ein neues bürgerschaftliches Europa?

Die Analyse der Geschichte und der Traditionen des Volunteering haben bestätigt, daß es sich um kein neues Phänomen handelt. Als Ausdruck gemeinschaftlicher Verpflichtung und mitmenschlicher Handlungsimpulse hat das Volunteering verschiedene politische Systeme überdauert und geht der Demokratisierung einer Gesellschaft und dem, was wir heute unter einer Bürgergesellschaft verstehen, voraus. Wir haben aber auch festgestellt, daß die Entwicklung des Volunteering von sozialen, wirtschaftlichen, politischen und kulturellen Faktoren geformt wurde. Die besondere Gewichtung dieser Faktoren im späten 20. Jahrhundert gibt dem Volunteering ein neues Image.

Ein entscheidender Anreiz dafür ist zweifellos das wachsende politische Interesse am Phänomen des Volunteering und der Rolle, die es in der Gesellschaft spielen könnte oder sollte. Dieses Interesse ist, wie wir beobachtet haben, in der Wohlfahrt besonders ausgeprägt. Es ist aber auch in anderen Bereichen, wie z. B. dem Umweltschutz, der Freizeit, dem kulturellen Erbe und der Bildung, von Bedeutung.

Noch weitreichender sind jedoch die politischen Einflüsse, die zu einer Entfaltung einer neuen bürgerschaftlichen Gesellschaft beitragen könnten. Die wirtschaftlichen und kulturellen Trends mögen dieses Wechselspiel ebenfalls beeinflussen. Zu diesen Faktoren können wir auch die Ernüchterung der Bürger gegenüber der Politik im allgemeinen zählen oder die rechts wie links aufkommenden Ideologien, die Konzepte, wie etwa „Empowerment", „Selbstverwirklichung" und „Bürgerrechtsbewegungen" gefördert haben. Die jüngst zu verzeichnenden ökonomischen Krisen, die zu einem Anstieg der Arbeitslosigkeit und Armut, bzw. zu einer Zunahme von Symptomen sozialer Problemlagen, z. B. Drogen- und Alkohol-Mißbrauch, Obdachlosigkeit, Kriminalität und psychische Abweichungen, geführt haben, spielen eine Rolle. Aber auch die demographischen Veränderungen, wie z. B. die veränderte Altersstruktur der Bevölkerung oder die Zunahme von Alleinerziehenden, die verstärkte Migration und Mobilität der Bevölkerung, neue Krankheiten wie Aids, die kulturellen Veränderungen, z. B. der sich ändernde Status von Frauen, das ökologische Bewußtsein und die sozialen Bewegungen für eine Stärkung der Rechte von Behinderten, ethnischen Minderheiten, Homosexuellen, Kindern und alten Menschen gehören dazu.

Das komplexe Wechselspiel dieser in den letzten zwei oder drei Jahrzehnten zu verzeichnenden Einflüsse (und diese Liste ist keineswegs vollständig) kann in vielen Bereichen als ein von Bürgern getragenes „Aktionsprogramm" gelten und steht in besonderer Beziehung zum Aufkommen von Selbsthilfegruppen, Bürgerinitiativen und Interessenvertretungen, von denen die meisten in starkem Maße auf Volunteers angewiesen sind. Der Nachweis, daß Volunteering eine soziale Infrastruktur aufbaut und die Informationslücken zwischen Staat und Bürgern schließt, gewinnt im Kontext der gegenwärtigen Auflösung sozialer Sicherheiten eine besondere Bedeutung. So ist das Konzept einer neuen Bürgergesellschaft nicht nur eines, das von oben, d.h. vom Staat, gefördert wird, sondern es kann auch von unten, durch Auflehnung der Gesellschaft des späten 20. Jahrhunderts entstehen.

Diese Interpretation einer neuen Bürgergesellschaft mag der Staat nicht unbedingt willkommen heißen, da sie oft neue gesetzliche Regelungen herausfordert bzw. bestehende in Zweifel zieht. Die Anstrengungen der Regierungen, das Volunteering für den Staat zu beanspruchen, können – etwas zynisch gesagt – durchaus als ein Versuch gesehen werden, zu kooperieren, um damit die neuen Bürgerimpulse zu kontrollieren. Trotz aller politischen Rhetorik gibt es gewisse Hinweise dafür, daß die Regierungen einige der Beweggründe des Volunteering nicht verstehen. Vor allem können sie häufig das Volunteering nicht von dem frei-gemeinnützigen Sektor unterscheiden. Sie setzen die Ausdehnung nicht-staatlicher Organisationen meist mit dem Wachstum des Volunteering gleich, so, als ob beides untrennbar miteinander verbunden wäre, und ersteres automatisch zu letzterem führen würde. Dies kann auch durchaus der Fall sein: Die Studie hat nämlich gezeigt, daß die Mehrheit der Volunteers in frei-gemeinnützigen Organisationen engagiert ist und daß diese Einrichtungen häufig vollständig von der Volunteer-Mitarbeit abhängig sind. Folglich kann mit dem Wachstum des frei-gemeinnützigen Sektors tatsächlich auch die Zahl der Volunteers ansteigen.

Dies steht jedoch auf keinen Fall von vornherein fest, besonders weil gewisse Entwicklungen im Bereich des freiwilligen Engagements einen Rückgang des Volunteering verursachen können. So ist es sehr wohl möglich, daß eine Ausweitung des freien gemeinnützigen Sektors die Volunteers hinausdrängen könnte, insbesondere dann, wenn die nicht-staatlichen Organisationen innerhalb des neuen Wohlfahrtspluralismus um den Preis einer stärkeren Formalisierung und höheren Professionalisierung überleben wollen. Die Organisationen könnten dann an einen Punkt gelangen, wo sie die Beiträge der Volunteers weniger hoch bewerten; die Volunteers könnten sich von dem äußerst anspruchsvoll gewordenen und reglementierten Bereich des Volunteering abwenden. Dies wiederum könnte, wie wir oben festgestellt haben, insbesondere in den größeren frei-gemeinnützigen Organisationen den Umfang des freiwilligen Engagements verringern und das Volunteering auf seine weniger formalisierten Formen (*grass roots*) beschränken.

Staaten, die Volunteering nur rhetorisch behandeln und es als eine Möglichkeit sehen, die Kürzungen der öffentlichen Ausgaben auszugleichen, müssen die Vielschichtigkeit der Beziehung zwischen dem Volunteering und dem frei-gemeinnützigen Sektor bedenken. In gesetzlichen Regelungen, die die Unterschiede zwischen beiden berücksichtigen und besonders auf eine Förderung des Volunteering setzen – was zu einem Abbau vorhandener Barrieren führen kann –, werden die Ziele der Regierungspolitik wahrscheinlich wirkungsvoller umgesetzt, als dies bei der einfachen Überzeugung, daß der Wohlfahrtspluralismus schon von sich aus zu einer größeren Bürgerbeteiligung beitragen werde, der Fall ist.

Im Hinblick auf die Frage nach einer europaweiten Politik für das Volunteering könnte es hilfreich sein, die Regierungen bei ihren Aktivitäten zur Entwicklung des Volunteering oder bei der Öffnung der Zugangsmöglichkeiten zu unterstützen. Überlegungen, die zur Standardisierung und übermäßigen Bürokratisierung des Volunteering angestellt werden, scheinen allerdings gegen ein solches Vorgehen zu sprechen. Wie diese Studie gezeigt hat, wäre eine solche Politik in Europa nur dann lebensfähig, wenn sie die Verschiedenartigkeit des Volunteering anerkennen und dafür großzügige Rahmenbedingungen schaffen würde, unter denen das jeweils landesspezifisch geprägte Volunteering gedeihen könnte.

Anlagen

1. ZUR UNTERSUCHUNG DES VOLUNTEERING IN DER BEVÖLKERUNGSSTRUKTUR

1.1. Methodologische Aspekte

Ein britisches Institut, das BMRB International, organisierte die Bevölkerungsstudien und koordinierte die Forschungsinstitute in den acht einbezogenen Ländern. Der Fragebogen wurde von den Projektkoordinatoren des *Volunteer Centre UK*, London, und dem *Centre for Research in Social Policy* der *Loughborough University* entworfen und mit den nationalen Teams beraten. Der Fragebogen ist auf S. xx abgedruckt. Dänemark hat seine Untersuchung im November 1993 getrennt durchgeführt. Durch die Rücksprache mit den Projektkoordinatoren wurde die Vergleichbarkeit des Fragebogens sichergestellt.

Die Tabelle A1 (siehe S. 200) faßt die wichtigsten Aspekte zur Durchführung dieses Untersuchungsteils zusammen. Dazu muß folgendes gesagt werden:

(a) Bei den Untersuchungen wurden Interviews nur mit Einwohnern durchgeführt, die die Landessprache beherrschten. Alle, die der Landessprache nicht mächtig waren, wurden von der Studie ausgeschlossen. Dieses Problem tauchte auf, nachdem die Einzelbefragungen durchgeführt worden waren, und wurde besonders vom deutschen Forschungsteam als rassistische Vorgehensweise kritisiert.

(b) Die belgische Untersuchung konzentrierte sich nur auf den französischsprachigen Teil Belgiens.

(c) In einigen Ländern mußten die Daten zur Korrektur von nicht ausgewogenen Verteilungen gewichtet werden. Diese Gewichtungen sind in Tabelle A1 aufgeführt.

(d) Die Methode der Stichproben-Bildung stellte sicher, daß ein repräsentativer Teil der Bevölkerung in die Befragung einbezogen wurde. Die Verfahren enthielten Erhebungen in Form von bestimmten prozentualen Anteilen und von Stichproben an zufälligen (randomisierten) Standorten. Einzelheiten zu jedem Land sind in der Tabelle A1 angegeben.

(e) Es gibt gewisse Abweichungen bei der unteren Altersgrenze der Bevölkerung in der Sample-Bildung, die geringfügige Auswirkungen auf die Vergleichbarkeit der Daten haben könnten.

Tabelle A1: Durchführung der Bevölkerungsstudien

Land	Forschungsein-richtungen	Methode der Sample-Bildung	Popu-lation	Gewichtung	Erhaltenes Sample
Belgien	Research International Belgium Omnibus	Quoten	15+	Alter und sozialer Status	870
Bulgarien	ULTEX Agency Ltd ULTbus Study	Repräsentativ	16+	Nein	1.073
Dänemark	Danish National Institute of Social Research	Repräsentativ	16+	Nein	1.843
Deutschland	Sample Institute GmbH	Random	14+	Region und Haushalts-einkommen	1.717
Republik Irland	IMS National Omnibus Study	Quoten	15+	Nein	1.404
Niederlande	Inter/View Nederland BV	„random location"	18+	Nein	1.020
Slowakei	ULTEX Agency Ltd ULTbus Study	Repräsentativ	16+	Nein	1.015
Schweden	GfK Sverige	Repräsentativ	15-74	Geschlecht und Alter	1.000
Großbritannien	BMRB ACCESS omnibus	„GRID ran-dom location"	15+	Nein	1.054

(1) Länderberichte

(1) *Belgien*: Die Bevölkerungsstudie durch die Forschungseinrichtung *Research International Belgium Omnibus* erfolgt monatlich im Rahmen einer national-repräsentativen Erhebung von 1.000 Erwachsenen über 15 Jahren. Da die Untersuchung nur in den französischsprachigen Teilen Belgiens stattfand, wurden zwei Durchgänge gemacht, die einen Gesamtumfang der Sample-Größe von 870 Personen brachten (ca. 42 % der belgischen Bevölkerung ist französischsprachig). Die Interviews fanden in Form von persönlichen Einzelbefragungen zu Hause statt. Die Sample-Bildung wurde unter Anwendung einer Quoten-Methode durchgeführt, wobei das Land nach Regionen und städtischen Ballungsgebieten aufgeteilt wurde. Die Interviewer erhielten Quoten über Alter, Geschlecht und sozialen Status, um Repräsentativität zu gewährleisten.

(2) *Bulgarien und die Slowakei*: Die *ULTbus-Study* erfolgt monatlich im Rahmen einer national repräsentativen Befragung von Erwachsenen, die über 16 Jahre alt sind. Die Interviews fanden in Form von persönlichen Einzelbefragungen zu Hause statt.

Die Erhebung wurde auf repräsentativer Basis durchgeführt. Innerhalb jeder Region wurden lokale Verwaltungsgebiete (bekannt als *Okres, Gmin* und *Jaras*) in einzelne Bereiche aufgeteilt – nach der Bevölkerungsdichte pro Quadratkilometer –, um eine korrekte Darstellung der ländlichen und städtischen Gebiete zu erhalten. 84 *sampling points* werden dann systematisch nach der Wahrscheinlichkeit, nach dem Zufallsprinzip und proportional zur Größe ausgesucht. Innerhalb dieser Gebiete werden Sample von in Computern namentlich erfaßten Einzelpersonen, aufgeteilt nach Geschlecht und Alter, entnommen. Diese Vorgehensweise führt zu einem Stichprobenergebnis, das nicht nur alle Regionen und städtischen bzw. ländlichen Teile des Landes, sondern auch das Geschlecht und die Altersgruppen korrekt darstellt. Eine einmal ausgewählte Person sollte so oft besucht werden, bis ein Interview möglich war.

(3) *Republik Irland*: Die *IMS National Omnibus Study* erfolgt vierzehntägig bei einer national repräsentativen Sample-Bildung von Erwachsenen, die über 15 Jahre alt sind. Die Interviews fanden in Form von persönlichen Einzelbefragungen zu Hause statt.

Die Studie wird mit der Quoten-Methode durchgeführt. Die IMS Computer-Fragebögen teilen das Land auf in etwa 1.000 *Primary Sampling Units*. Diese setzen sich aus einzelnen Stadt- oder Wahlbezirken oder aus Gruppen von Stadt- oder Wahlbezirken zusammen, so daß jede Einheit hinsichtlich der Bevölkerung etwa die gleiche Größe hat. Anfangs werden bei jeder einzelnen Omnibus-Studie 70 *Primary Sampling Units* von der Gesamtliste auf der Basis zufälliger Wahrscheinlichkeit ausgewählt. Diese bilden die *sampling points* für die spezielle Studie. Innerhalb eines jeden *Sampling-points* erhält ein Interviewer eine zu erfüllende Quote, die Alter und sozialen Status einschließt und in drei Bereiche aufgeteilt ist: Männer, Hausfrauen und andere Frauen. Die Daten für die Festlegung der Quoten stammen von der Volkszählung 1991, die vom *Central Statistics Office* in Irland durchgeführt wurde. In bezug auf den sozialen Status liefert diese Erhebung keine mit dem Bewertungssystem in der Forschungsstudie vergleichbare Information. Die Quoten hinsichtlich des sozialen Status stammen deshalb aus der groß angelegten Studie, die eine hohe Wahrscheinlichkeit garantiert und national einmal pro Jahr auf einer Basis von über 5.000 Interviews durchgeführt wird. Zehn Prozent aller Interviews sind entsprechend der IMS-Standardvorgehensweise bei Omnibus- und anderen Studien überprüft.

(4) *Deutschland*: Die Sample-Bildung für Deutschland erfolgt durch eine wöchentliche Umfrage mit einer Stichprobe von 1.000 Erwachsenen über 14 Jahren im westlichen Deutschland und von 300 Erwachsenen über 14 Jahren im östlichen Deutschland. Die Interviews fanden in Form von persönlichen Einzelbefragungen zu Hause statt.

Es wird eine randomisierte Methode benutzt, wobei die Interviewer bestimmte, für die Bevölkerung repräsentative Adressen erhalten. Im Haushalt werden alle Mitglieder über 14 Jahre aufgelistet, der Antwortgebende wird unter Anwendung einer systematischen Methode zufällig ausgewählt.

Insgesamt wurden 1.717 Interviews durchgeführt, von denen 1.013 (59 %) im früheren Westdeutschland (einschließlich West-Berlin) und 704 (41 %) im früheren Ostdeutschland stattfanden. Die Bevölkerung in Deutschland verteilt sich zu 79,6% auf die westlichen und zu 20,4% auf die östlichen Bundesländer. Die Daten wurden gewichtet, um die regionale Verteilung zu korrigieren. Diese Gewichtung wurde folgendermaßen vorgenommen: Für jede Region wurde eine Gewichtung berechnet. Dies erfolgte durch Teilung der Zahl der erhaltenen Interviews durch die Zahl der Interviews, die bei korrekter regionaler Verteilung stattgefunden hätten.

So gilt für die westlichen Bundesländer:

$$\frac{1,717 \times 79.6\%}{1,013} = 1,3495$$

und für die östlichen Bundesländer:

$$\frac{1,717 \times 20.4\%}{704} = 0,4972$$

Daher erhielt jeder „westliche" Meßwert eine Gewichtung von 1,3495 und jeder „östliche" einen von 0,4972.

(5) *Großbritannien*: Die ACCESS-Einzelbefragung wird wöchentlich persönlich durchgeführt, gewöhnlich mit einer Sample-Größe von 2.000 Erwachsenen, die über 15 Jahre alt sind. Ein Klientenfragebogen ist in Form des AC-CESS-Fragebogens in ausreichender Zahl in der wöchentlichen Erhebung enthalten, um die erforderliche Sample-Größe zu erzeugen.

Die bei der Erhebung in der Studie benutzte Methode ist als GRID *Random Location* bekannt. Dies ist ein Ein-Stufen-Sample-Entwurf, der insgesamt alle Zählbezirke (*Enumeration Districts*; im folgenden EDs genannt) in Großbritannien erfaßt. Es gibt etwa 130.000 EDs mit einer typischen Population von 150 Haushaltungen. Die Liste der EDs ist aufgeteilt nach dem ACORN-Typ innerhalb der Standard-Region, und die EDs werden für jede ACCESS-Untersuchung mit der proportional zu ihrer Population stehenden Wahrscheinlichkeit ausgewählt. Innerhalb jeder Standardregion werden EDs ausgewählt, um eine korrekte Verteilung von ländlichen und ITV-Gebieten zu erhalten. Typischerweise werden 150 EDs für die wöchentlichen Feldstudien benutzt. Innerhalb eines jeden *sampling points* werden Quoten-Kontrollen hinsichtlich der folgenden Gruppen festgelegt: Männer im Alter von 15 bis 64 Jahren versus 65 Jahre und älter; Hausfrauen mit Vollzeitarbeit oder ohne, mit Kindern im Haushalt oder ohne; andere Frauen. Männer unter 65 Jahren werden normalerweise abends befragt. Bis zu zwei Interviews während des Tages sind bei Befragten unter 20 Jahren oder mit Vollzeitarbeit jedoch erlaubt. Nach Vervollständigung eines Interviews läßt der Fragende drei Häuser aus, bevor er das nächste Interview beginnt. Die GRID-Sample-Methode unterscheidet sich von der konventionellen Sample-Quoten-Sammlung dadurch, daß die Wahl des Ortes nicht von dem Interviewer getroffen wird. Die Nutzung von ACORN *strata* garantiert, daß alle Gebietstypen korrekt dargestellt werden und macht Angaben zum sozialen Status unnötig. Die benutzten Quotenkontrollen wurden zur Korrektur der Variation zwischen den verschiedenen Gruppen für den Punkt „Wahrscheinlichkeit, zu Hause zu sein" entworfen. So wirkt die GRID-Methode der Neigung des Interviewers entgegen, sowohl den Ort als auch die leichter zu erreichenden

Antwortgebertypen auszuwählen, ohne dabei die negativen Folgen einer strengen Wahrscheinlichkeitsprüfung bei der Stichproben-Bildung von zuvor ausgewählten Personen auf sich zu nehmen.

(6) *Niederlande*: Der *Inter/View Face-to-Face Scanner* erfolgt wöchentlich mit wechselnden Daten von 500 Hausfrauen und 500 Einkommensbeziehern. Die Interviews werden zu Hause durchgeführt unter Nutzung von *Computer Assisted Personal Interviewing* (CAPI).

Die Sample-Methode ist die *Random Location*: Die Interviewer erhalten festgelegte Startpunkte und folgen einem vorgezeigten Weg, klopfen an jede fünfte Tür, um Interviewpartner zu finden. Mehr als 100 Startpunkte werden festgelegt.

10% aller Interviews werden entsprechend der *Inter/View's Standard*-Methode verifiziert.

(7) *Schweden*: Der *GfK omnibus* erfolgt monatlich mit national repräsentativen Stichproben von 500 Erwachsenen im Alter von 15 bis 74 Jahren. Die Interviews werden in Form von persönlichen Einzelbefragungen zu Hause durchgeführt.

Die Sample-Bildung erfolgt auf einer repräsentativen Basis. Innerhalb jeder Gebietskörperschaft wird für jede Umfrage eine bestimmte Anzahl von Gemeinden ausgewählt. Innerhalb jeder Gemeinde wird für die Befragung ein zufälliger Ausgangspunkt festgelegt. Von diesem Startpunkt aus folgt der Interviewer einer speziellen Route zur Kontaktaufnahme mit den Haushalten. In jedem Haushalt wird der Befragte durch Zufall ausgewählt, indem nach dem Kriterium „nächster Geburtstag" ausgesucht wird (die Person zwischen 15 und 74 Jahren, deren Geburtstag als nächster folgt). 84 *sampling points* werden nach der Wahrscheinlichkeit und proportional zur Größe ausgewählt. Innerhalb eines jeden Gebietes werden Stichproben von genannten Einzelpersonen aus Computer-Listen nach Alter und Geschlecht entnommen.

(2) Statistische Zuverlässigkeit

Die statistische Zuverlässigkeit der Daten wird auf der Grundlage der Standardabweichung berechnet, die sich auf ein Untersuchungsergebnis aus streng randomisierten Stichproben beziehen würde, sowie auf den Entwurf in bezug zur statistischer Genauigkeit der angewandten Untersuchungsmethoden.

(1) Der *design factor* variiert sogar innerhalb einer Studie entsprechend dem statistisch betrachteten Gegenstand. Deshalb kann hier nur eine Schätzung für die allgemeine Anwendung erfolgen. Für die persönlich durchgeführten Befragungen hängt die Größe des *design factor* vom Grad der Datenhäufigkeit ab. Diese wiederum steht in Beziehung zur ungewichteten Größe der Stichprobe oder Untergruppe und zu der Zahl der Wochen, während der die Daten gesammelt wurden (siehe Tabelle A2).

Die Untergruppen aller Erwachsenen innerhalb einer geographischen Region weichen von diesem Muster ab. In diesem Fall ist der *design factor* derselbe wie im Gesamtbeispiel.

Tabelle A2: Ungewichtete Sample-Größe (Stichprobengröße)

Wochen	250	500	750	1,000	1,500	2,000	3,000	4,000	5,000	6,000
1	1.0	1.1	1.1	1.2	1.2	1.3				
2	1.0	1.0	1.0	1.1	1.1	1.2	1.2	1.3		
3	1.0	1.0	1.0	1.0	1.1	1.1	1.2	1.2	1.3	1.3

(2) Standardabweichung (*standard error*): Wenn der *design effect* aus dem *design factor* gewonnen wurde, kann er zur Berechnung der effektiven Sample-Größe benutzt werden:

$$\text{effektive Sample-Größe} = \frac{\text{tatsächliche Sample-Größe}}{\text{design effect}}$$

Die Standardabweichung für einen Prozentsatz p wird dann wie folgt berechnet:

$$\sqrt{\frac{p \times (100\text{-}p)}{\text{effektive Sample-Größe}}}$$

Das 95%-Zuverlässigkeitsintervall für einen Prozentsatz ist die Standardabweichung multipliziert mit ± 2. Um zu testen, ob der Unterschied zwischen zwei, auf effektiven Sample-Größen von m und n basierten Prozentsätzen p und q von Bedeutung ist, wird wie folgt gerechnet:

$$\pm 2 \sqrt{\frac{p \times (100\text{-}p)}{m} + \frac{q \times (100\text{-}q)}{n}}$$

Der tatsächlich festgestellte Unterschied sollte nur mit einer 95%- Zuverlässigkeit für wesentlich gehalten werden, wenn er das Ergebnis dieser Formel überschreitet.

1.2. Fragebogen: Volunteers in Europa

Einführung in den Fragebogen

In den folgenden Fragen geht es um die Zeit, die freiwillig und ohne Bezahlung einer Organisation mit dem Ziel zur Verfügung gestellt wird, diese Zeit Menschen oder einer besonderen Sache zugute kommen zu lassen. Jede Art von Aktivität oder Arbeit kann eingeschlossen sein, wenn sie einer Gemeinde/einem Gemeinwesen, einer Gemeinschaft, einer Gruppe von Menschen oder einem einzelnen Mitmenschen außerhalb der eigenen Familie hilfreich ist, auch wenn Sie selbst oder Ihre nächsten Angehörigen aus diesem Vorgehen persönlichen Nutzen ziehen können. Unbezahlte Arbeit oder Aktivitäten zum Wohl einer bestimmten Sache, z.B. der Umwelt oder des Tierschutzes, zählen ebenfalls dazu.

Es ist wichtig, daß Ihre Antworten sich nur auf unbezahlte Arbeit oder Aktivitäten beziehen, die *für eine Organisation oder Gruppe, durch diese oder mit ihr durchgeführt wurden*. Dies könnte auch eine Kirche oder religiöse Gemeinschaft sein, eine gesellschaftliche Gruppe oder ein Verband, eine Gewerkschaft oder eine politische Organisation, ein Sportverein, eine Selbsthilfegruppe oder auch ein frei-gemeinnütziger Zusammenschluß (Projekt) oder eine staatliche Einrichtung. Es genügt jedoch nicht, nur Mitglied einer Organisation oder Gruppe zu sein. Was zählt ist, ob Sie der Organisation etwas von Ihrer freien Zeit zum Nutzen anderer in Form von unbezahlten Aktivitäten zur Verfügung stellen.

Wenn Sie solche Tätigkeiten ausüben und dafür weder Gehalt noch Lohn, wohl aber ein kleines, symbolisches Entgelt oder eine Ausgabenentschädigung (z.B. für Fahrtkosten) erhalten, dann schließen Sie bitte auch diese Aktivitäten in Ihre Antworten ein. (Diese Art der unbezahlten Arbeit wird *volunteering* oder Volunteer-Arbeit genannt).

Frage 1: Haben Sie im letzten Jahr irgendeine unbezahlte Arbeit oder Aktivität, die nichts mit Ihrer bezahlten Arbeit zu tun hat und nicht nur Ihrem eigenen Nutzen oder dem Ihrer nächsten Angehörigen dient, für oder mit einer Organisation erbracht? `ja` `nein`

Frage 2: Hier habe ich eine Liste von verschiedenen Formen[1] unbezahlter Arbeit, die von Menschen erbracht werden. Darf ich einfach abhaken, ob Sie im letzten Jahr eine von diesen Tätigkeiten bei irgendeiner Organisation verrichtet haben? *(Relevant für alle, die irgendeine unbezahlte Arbeit im letzten Jahr geleistet haben; ansonsten die folgenden Fragen bis zur Frage 22 überspringen).* `ja` `nein`

Frage 3: Ganz allgemein gefragt, leisten Sie unbezahlte Arbeit wenigstens einmal im Monat oder seltener? `ja` `nein`

Frage 4: Können Sie mir bitte sagen, welche Formen[1] unbezahlter Arbeit Sie im letzten Jahr für eine Organisation erbracht haben? *(Alles Zutreffende ankreuzen oder angeben. Zurückgehen zu Frage 3. Wenn mindestens einmal im Monat unbezahlte Arbeit erbracht wird, Frage 5 stellen. Bei den anderen bis Frage 6 überspringen).* `ja` `nein`

Frage 5: Können Sie mir nun bitte sagen, welche von diesen Formen unbezahlter Arbeit Sie wenigstens einmal im Monat erbringen? *(Alles Zutreffende ankreuzen).*

☐ Geldsammlungen
☐ Ausschuß/Komiteearbeit
☐ Büroarbeit/Administration
☐ Information und Vermittlung
☐ Interessenvertretung und Werbeveranstaltung
☐ Unterricht oder Ausbildung
☐ Transporte/Fahrdienste
☐ Besuchen sich um Menschen kümmern
☐ Beratung
☐ Therapeutische Dienste
☐ Persönliche Fürsorge
☐ Andere Aktivitäten oder Arbeiten *(eintragen und kodieren)*

---

[1] Liste aus Frage 5 vorlegen.

Frage 6: Auf dieser Liste[1] stehen verschiedene Tätigkeitsfelder, in denen Organisationen arbeiten. Bitte nennen Sie mir die (das) Tätigkeitsgebiet(e) der Organisation(en), für die Sie persönlich im letzten Jahr irgendeine unbezahlte Arbeit erbracht haben. *(Alles Zutreffende angeben. Zurückgehen zu Frage 3. Wenn wenigstens einmal im Monat unbezahlte Arbeit erbracht wird, Frage 7 stellen. Sonst bis zu Frage 10 überspringen).*

Frage 7: Nennen Sie mir bitte die (das) Tätigkeitsgebiet(e) der Organisation(en), für die Sie mindestens einmal im Monat tätig sind:

- ☐ Sport und Freizeit
- ☐ Gesundheit
- ☐ Soziale Dienste (z.B. Hilfe für ältere oder behinderte Menschen)
- ☐ Arbeit mit Kindern/an Schulen
- ☐ Erwachsenenbildung
- ☐ Kultur und Kunst
- ☐ Gemeinwesen
- ☐ Bürger- und Interessenvertretungen
- ☐ Beschäftigung und Ausbildung
- ☐ Unterkunft/Wohnungsbeschaffung
- ☐ Verbrechensbekämpfung
- ☐ Umwelt- und Naturschutz
- ☐ Politik
- ☐ Tierschutz
- ☐ Gewerkschaft/Berufsverbände
- ☐ Internationale Entwicklungshilfe, Menschenrechte und Frieden
- ☐ Religion
- ☐ Flüchtlinge
- ☐ Ethnische Vereinigungen
- ☐ Katastrophenschutz, zivile Verteidigung, Notfalldienste
- ☐ Sonstiges *(eintragen und kodieren)*

(Wenn wenigstens einmal im Monat unbezahlte Arbeit ausgeführt wird).

---

[1] Liste aus Frage 7 vorlegen.

Frage 8: In wieviel Organisationen leisten Sie wenigstens einmal im Monat unbezahlte Arbeit? □

Frage 9: Wieviel Zeit stellen Sie normalerweise jeden Monat für unbezahlte Arbeit zur Verfügung? *(Bitte an den Antwortenden: Wenn Sie für mehr als eine Gruppe oder Organisation unbezahlte Arbeit erbringen, beantworten Sie bitte die folgenden Fragen über die Organisation, für die Sie das meiste tun.)* □ Stunden

Frage 10: Für welche Organisationsform erbringen Sie Ihre hauptsächliche unbezahlte Arbeit?

☐ Freie gemeinnützige – lokale, unabhängige Organisation
☐ Freie gemeinnützige – landesweit tätige Organisation: Hauptstelle/Zentralbüro
☐ Frei-gemeinnützige – landesweit tätige Organisation: Zweigstelle/lokales oder regionales Büro
☐ Staatlich geleitete Organisation
☐ Kommerzielle Organisation
☐ Weiß nicht

Frage 11: Sind Sie dieser Organisation als Mitglied beigetreten? ja nein

Frage 12: Wie haben Sie diese spezielle Gelegenheit für unbezahlte Arbeit ausfindig gemacht? *(Alles Zutreffende ankreuzen.)*

☐ Durch Familie und Freunde
☐ Durch meine bezahlte Arbeit/ meinen Beruf
☐ Durch Zeitungsanzeigen oder -artikel
☐ Durch Fernsehwerbung oder -programme
☐ Durch Volunteer-Büros oder deren Informationsmaterial
☐ Durch Informationsmaterial der Organisation (Handzettel/Plakate usw.)
☐ Durch öffentliche Einrichtungen (Arzt/Bibliothek/ Sozialarbeiter usw.)
☐ Durch die Kirche oder religiöse Organisationen
☐ Durch Volunteer-Veranstaltungen oder Informationsstände
☐ Sonstiges *(benennen)*

Frage 13: Wie sind Sie dazugekommen, diese unbezahlte Arbeit anzunehmen?

☐ Ich habe nachgefragt oder meine Hilfe angeboten
☐ Ich wurde um Hilfe gebeten
☐ Ich habe die Gruppe (Projekt) begonnen
☐ Sonstiges

Frage 14: Aus welchem Grund haben Sie sich engagiert?

    ☐ Persönliche Gründe – in Verbindung mit meinen eigenen Bedürfnissen oder den Bedürfnissen von Menschen, die ich kenne

    ☐ In Verbindung mit meiner bezahlten Arbeit

    ☐ Es bestand Bedarf in der Gemeinde/im Gemeinwesen

    ☐ Aus eigenen sozialen oder politischen Grundsätzen

    ☐ Ich wollte Menschen begegnen

    ☐ Aus religiöser Überzeugung/moralischer Verpflichtung

    ☐ Ich hatte Zeit übrig

    ☐ Ich bin gut in der Tätigkeit

    ☐ Ich wollte meinen Tag strukturieren

    ☐ Gelegenheit zum Erlernen neuer Fertigkeiten oder Training für eine berufliche Anstellung

    ☐ Sozialer oder politischer Druck

    ☐ Sonstiges

Frage 15: Erhielten Sie irgendeine Einarbeitung für Ihre unbezahlte Arbeit bei dieser Organisation? |ja| |nein|
Wenn Frage 15 mit Ja beantwortet:

Frage 16: War die Einarbeitung angemessen? |ja| |nein|
Wenn Frage 15 mit Nein beantwortet:

Frage 17: Haben Sie den Eindruck, daß Sie Einarbeitung erhalten sollten? |ja| |nein|

Frage 18: Waren die Supervision, Unterstützung und Begleitung, die Sie erhalten haben

    ☐ sehr angemessen

    ☐ ziemlich angemessen

    ☐ nicht angemessen

    ☐ stand nichts dergleichen zur Verfügung?

Frage 19: Bietet Ihnen die Organisation Vergütung Ihrer Auslagen an, die Sie für die von Ihnen geleistete unbezahlte Arbeit aus eigener Tasche aufgebracht haben? |ja| |nein|

Frage 20: Menschen gewinnen verschiedenartige Befriedigungen aus Ihrer unbezahlten Arbeit. Welche dieser Gewinne (wenn überhaupt) sind für Sie persönlich (sehr) wichtig? *(Alles Zutreffende ankreuzen).*

    ☐ Es macht mir wirklich Freude

    ☐ Es ist eine Befriedigung, die Ergebnisse zu sehen

    ☐ Meine Lebenserfahrung wird erweitert

    ☐ Ich treffe Menschen und gewinne Freunde

    ☐ Ich habe die Gelegenheit, neue Fertigkeiten zu erlernen

- [ ] Ich habe die Chance, Dinge zu tun, die ich gut kann
- [ ] Ich erhalte soziale Anerkennung und einen Stand im Gemeinwesen
- [ ] Es hilft mir, aktiv und gesund zu bleiben
- [ ] Ich erhalte dadurch meine moralischen, religiösen oder politischen Prinzipien aufrecht oder verteidige sie
- [ ] Keine davon

Frage 21: Es kann bei der Ausübung unbezahlter Arbeit auch Schaden oder Nachteile geben. Wenn Sie an ihre unbezahlte Hauptarbeit denken, haben Sie jemals das Gefühl, daß einer der folgenden Punkte zutrifft? *(Alles Zutreffende ankreuzen.)*

- [ ] Vieles könnte besser organisiert sein
- [ ] Meine Bemühungen werden nicht immer geschätzt
- [ ] Ich fühle mich finanziell ausgenutzt
- [ ] Es wird zuviel von mir erwartet
- [ ] Es wird nicht genug von mir erwartet
- [ ] Ich werde nicht gefragt, das zu tun, was ich gerne tun möchte
- [ ] Es kostet mich zuviel Zeit
- [ ] Ich fühle mich unter Druck, es als soziale Verpflichtung zu tun
- [ ] Keines davon

(Frage 22-23 an alle richten, die keine unbezahlte Arbeit erbringen. Für die anderen Fortsetzung bei Frage 24.)

Frage 22: Es gibt eine Anzahl von Gründen, weshalb Menschen keine unbezahlte Arbeit leisten. Was sind Ihre Gründe für das Nicht-Ausüben unbezahlter Arbeit? *(Alles Zutreffende ankreuzen.)*

- [ ] Bin nie gefragt worden
- [ ] Kann es mir nicht leisten
- [ ] Habe keine Zeit zu erübrigen
- [ ] Krankheit oder Behinderung
- [ ] Vorschriften für Arbeitslosen- oder andere Unterstützungsleistungen oder Regeln für Rente
- [ ] Schlechte frühere Erfahrungen
- [ ] Glaube nicht daran
- [ ] Politische oder ideologische Gründe
- [ ] Habe das Gefühl, nichts anbieten zu können
- [ ] Habe nie darüber nachgedacht
- [ ] Kein spezieller Grund
- [ ] Sonstiges *(eintragen)* _____

Frage 23: Würden Sie unbezahlte Arbeit ausführen, wenn Sie darum gebeten würden? *(Frage an alle.)* | ja | nein |

Frage 24: Bitte geben Sie an, ob Sie den folgenden Statements zustimmen oder ob Sie sie ablehnen:

☐ Unbezahlte Mitarbeiter bieten etwas anderes an, was von bezahlten Professionellen nicht geleistet werden könnte.

☐ Wenn der Staat alle seine Pflichten erfüllen würde, sollte unbezahlte Arbeit nicht nötig sein.

☐ Jeder hat eine moralische Verpflichtung, irgendwann in seinem Leben unbezahlte Arbeit zu erbringen.

☐ Unbezahlte Arbeit ist eine Bedrohung für bezahlte Arbeit und wird zu Kürzungen der öffentlichen Ausgaben benutzt.

☐ Engagement in unbezahlter Arbeit hilft Menschen, eine aktive Rolle in einer demokratischen Gesellschaft einzunehmen.

☐ Organisationen, die unbezahlte Mitarbeiter beschäftigen, sind gewöhnlich amateurhaft und nicht professionell.

2. ZUR UNTERSUCHUNG DER ORGANISATIONSSTRUKTUR DES VOLUNTEERING

2.1. Methodologische Aspekte

Zur Untersuchung der Organisation des Volunteering haben 1994 spezielle Studien in zehn Ländern stattgefunden: Belgien, Bulgarien, Dänemark, der Republik Irland, Frankreich, Deutschland, den Niederlanden der Slowakei, Schweden und Großbritannien.

Zur Durchführung der Untersuchungen wurde ein gemeinsamer Rahmen mit folgenden Kriterien erarbeitet:

(a) Die Studie sollte sich auf Wohlfahrtsorganisationen konzentrieren, die soziale Dienstleistungen in folgenden acht Gebieten erbringen: für ältere Menschen, für Behinderte (Körperbehinderte, Sinnesbehinderte und Lernbehinderte), für chronisch Kranke, für Obdachlose, für Drogen-/Alkoholabhängige und Verbrechensopfer, für psychisch Kranke oder psychisch Notleidende, für humanitäre/Entwicklungshilfe (Dritte Welt-Hilfe) und in der allgemeinen Wohlfahrt.

(b) Die Erhebung sollte in jedem Land für alle Organisationen, die Volunteers einbeziehen, so repräsentativ wie möglich sein.

(c) Landesweit tätige Organisationen (Zentral- und Zweigstellen) und unabhängige, lokale Organisationen sollten einbezogen sein.

(d) Staatliche/öffentliche Organisationen sollten, wo angebracht und möglich, einbezogen werden.

(e) In allen Ländern sollte ein speziell entworfener Fragebogen benutzt werden.

(f) Die Analyse und die Kodierung der Antworten wurden standardisiert.

(g) In jedem Land sollte angestrebt werden, Daten über 200 bis 250 Organisationen zu erhalten.

Innerhalb dieser Richtlinien waren die Länder frei, den lokalen Gegebenheiten angepaßte methodologische Verfahrensweisen anzuwenden. In einigen Ländern bestand z.B. bei der Erhebung wegen der begrenzten Zahl der in Frage kommenden Organisationen keine Wahlmöglichkeit. In anderen Ländern war die Sample-Bildung durch bereits vorhandene Basisdaten der Organisationen eingeschränkt. Die Einzelheiten der in jedem Land angewandten methodologischen Verfahren werden unten näher beschrieben. Der standardisierte Fragebogen ist auf S. 218 ff. abgedruckt.

(1) Länderberichte

(1) *Belgien*: Die belgische Untersuchung wurde von der *Association pour le Volontariat* durchgeführt und konzentrierte sich nur auf den französischsprachigen Teil des Landes. Das Forschungsteam begann mit der Festlegung der geographischen Gebiete, die in die Studie einbezogen werden sollten. Dann wählte es aus den Basisdaten des *Centre for the Study of Non-Profit Institutions* (CERINM), das über 20.000 Eintragungen enthält, alle Vereinigungen (Organisationen) in jenen Gebieten aus, die in den folgenden Bereichen arbeiten: Gesundheit, Jugend, Soziales, Medizinisch-Soziales und Sozial-Kulturelles. Insgesamt wurden auf diese Weise 3.340 Vereinigungen vorausgewählt.

Der nächste Schritt war die Festlegung einer bestimmten Zahl von Organisationen, proportional zur Zahl der Einwohner in jedem Gebiet im Verhältnis von 50 Vereinigungen auf 100.000 Einwohner. Dies ergab 950 Organisationen mit folgender Verteilung: Braboon Wallon 150, Brüssel 500, Charleroi 100, Liège 100, Mons 50, Namur 50. Zusätzlich wurden 40 Organisationen mit einer Spezialisierung in „Kooperation in Entwicklung" (Dach-/Vermittlungs-Organisationen) aus ursprünglich 255 aufgestellten Organisationen ausgewählt.

Dann wurden alle 990 Einrichtungen schriftlich benachrichtigt und eine telefonische Kontaktaufnahme angekündigt. Von diesen Organisationen bestätigten 399 ihre Bereitschaft zur Teilnahme. 170 gaben Volunteer-Beteiligung an, und diese führten zur letzten Auswahl der Sample-Bildung. Bei den übrigen Organisationen wurden die Gründe für die Nicht-Beteiligung von Volunteers festgehalten. Ein persönlicher Besuch bei jeder der 170 Organisationen wurde zur Durchführung eines Interviews organisiert. Die telefonischen Anfragen wurden eingestellt, wenn die Minimalzahlen der für die Region oder den Sektor vorausberechneten Interviews erreicht waren.

Belgien ist insofern eine Ausnahme, als die Fragebögen während der persönlichen Interviews bei jeder Organisation vollständig ausgefüllt wurden und so die ganze Feldarbeit von Volunteers der *Association pour le Voluntariat* geleistet wurde. 27 Volunteers waren für die Durchführung der 170 Interviews verantwortlich. Das belgische Forschungsteam betont, daß dies viele Vorteile hatte: wenigstens 300 Stunden „freier" Zeit wurden für die Sammlung der Daten eingesetzt; die persönliche Überbringung des Fragebogens stellte sicher, daß die Fragen erklärt werden konnten und daß bei der Antwort die richtigen Informationen gegeben wurden. Außerdem hat der Einsatz von Volunteers als Interviewer Vertrauen und Begeisterung ausgelöst und gute Beziehungen hergestellt, was zur Qualität der Interviews beitrug.

Die gesammelten Daten wurden von Forschern der Universität Liège analysiert.

(2) *Bulgarien*: Die Untersuchung wurde von einem Forschungsteam am *Centre for Research of Transformations in Eastern Europe – Bulgaria* (CRTEE) durchgeführt. Das Team hat seine Sample-Bildung unter Nutzung von drei Quellen zusammengestellt: dem *Book of Reference „Bulgaria"*, veröffentlicht von BTA, 1994; dem *Catalogue of Firms in Bulgaria*, veröffentlicht von BTP, 1994 und der *List of Foundations*, herausgegeben von der *Union of Bulgarian Foundations,* 1994.

Bei der Vorauswahl wurden 400 frei-gemeinnützige und nicht-staatliche Organisationen erfaßt, von denen 217 in der Wohlfahrtsarbeit tätig waren. 15 Organisationen wurden von der Sample-Bildung ausgeschlossen, nachdem die ersten Kontakte deutlich gemacht hatten, daß sie nicht mehr aktiv sind. Weitere zehn Organisationen wurden später wegen „obskurer" Informationen oder Aktivitäten ausgeschlossen.

So erstreckt sich die Studie auf insgesamt 193 Organisationen. Damit sind fast alle Wohlfahrtsorganisationen in Bulgarien erfaßt. Die Einrichtungen sind über das ganze Land verteilt, der Schwerpunkt liegt aber mit 130 Organisationen in Sofia. Die Interviewer besuchten jede einzelne Organisation, um ein persönliches Interview entsprechend dem Fragebogen durchzuführen.

(3) *Dänemark*: Ein Forschungsteam der *Social Forsknings Instituttet* hat die Untersuchung durchgeführt. Die Grundlage zur Sample-Bildung bildete ein Handbuch der Volunteer-Organisationen in den Bereichen Soziales und Gesundheit (*Den Sociale Vejviser*), das vom dänischen Volunteer-Zentrum veröffentlicht wurde. Das Handbuch listet Organisationen auf, die auf frei-gemeinnütziger oder privater Basis in den Bereichen „Soziales und Gesundheit" gemeinnützig tätig sind und Volunteers zumindest auf der Komitee-Ebene beteiligen. Sie sind landesweit tätig (obgleich jene Organisationen, die ein großes geographisches Gebiet abdecken, wie z. B. Distrikte oder Regionen, ebenfalls eingeschlossen sind, wenn ihre Reichweite sich über das ganze Land erstreckt).

Das Handbuch teilt die Organisationen nach den Arbeitsgebieten ein. Alle Organisationen, die in den festgelegten Gebieten tätig waren, wurden ausgewählt. Insgesamt waren dies 295 Organisationen. Fragebögen wurden per Post verschickt, Mahnschreiben und eine zusätzliche Ausgabe des Fragebogens folgten. 74% der Befragten antworteten, 218 Organisationen wurden in der Sample-Bildung berücksichtigt. Das Ausbleiben von Antworten hing manchmal damit zusammen, daß die Organisationen nicht mehr existierten. Deshalb ist die Antwortrate wahrscheinlich etwas höher als 74%.

(4) *Republik Irland*: Die irische Untersuchung wurde von einem Forschungsteam des *Policy Research Centre of the National College of Industrial Relations* in Dublin geleitet. Das Team bildete nationale, randomisierte Samples aus einer Vielzahl von Handbüchern und Verbandslisten. Zu diesen Quellen gehörten das *Directory of National Voluntary Organisations, das Directory of Services for the Mentally Handicapped in the Republic of Ireland (The National Association for the Mentally Handicapped of Irland, 9.* Auflage) und das *Directory of Organisations Providing Services for Older People in Irland (National Council for the Elderly, 1993).* Zudem wurden Listen von Organisationen, die in den Bereichen „psychische und chronische Krankheiten" tätig sind, und solche von lokalen Stellen benutzt.

Aus diesen Quellen wurden 991 Organisationen in acht Gebieten der Wohlfahrt nach den Größen der anfänglichen Zielpopulation ausgewählt. Daraus wurden randomisierte Samples gebildet, die insgesamt 488 Organisationen, also etwa 50% der Einrichtungen, einbeziehen, an die Fragebogen geschickt wurden. 221 Rückantworten waren verwertbar; das sind 45,3 %. Um die Zahl der gültigen Rückantworten zu erhöhen, besonders in den kleineren Kategorien, wurden weitere 147 Organisationen einbezogen, um auf insgesamt 1.138 Organisationen zu kommen. Fragebögen wurden an jede der zusätzlichen Organisationen geschickt und weitere 29 gültige Antworten kamen zurück. Dadurch erhöhte sich die Gesamtzahl auf 250 Organisationen.

Die neue Antwortquote von 39,4 % wurde vom irischen Forschungsteam sorgfältig untersucht. Man stellte fest, daß die echte Antwortquote wegen der Zahl der vorübergehenden und mobilen Organisationen und der inadäquaten Basisdaten erheblich unterschätzt wurde. Eine ergänzende telefonische Nachfrage bei 380 Organisationen, von denen 169 die Fragebögen zurückgeschickt haben, zeigte, daß über die Hälfte der nicht-anwortenden Organisationen für die Untersuchung gar nicht in Frage kam und deshalb ausgeschlossen wurde. Auf dieser Basis beträgt die revidierte Antwortquote beinahe 60 %.

(5) *Frankreich*: Die Studie wurde von einem Team des *Centre d'Etudes des Solidarités Sociales, Université de Paris VIII* mit Unterstützung der Universität von Lille-1 bearbeitet. Die Forscher konzentrierten sich auf verschiedene Gebiete: städtische und ländliche Regionen, Stadtrandsiedlungen mit benachteiligten Einwohnern und mit Einwohnern aus der Mittelschicht. Die Hälfte der Organisationen befand sich in und um Paris. Eine Vielzahl von Quellen wurde benutzt, um sowohl einen Überblick über große, „typische" als auch über kleine Bürgerinitiativen (*grass roots*) und Gemeinwesenorganisationen zu erhalten. Das Team ist der Meinung, daß große frei-gemeinnützige Orga-

nisationen mit hohen Budgets und vorwiegend bezahlten Mitarbeitern bis zu einem gewissen Grad unterrepräsentiert sind.

(6) *Deutschland*: Das deutsche Forscherteam kam von der *Evangelischen Fachhochschule für Sozialwesen* in Reutlingen und vom *Sozialwissenschaftlichen Institut der Evangelischen Kirche in Deutschland* in Bochum. Das Team wählte zwei typisch erscheinende Gebiete aus, jeweils eines im früheren West- bzw. Ostdeutschland. In den alten Bundesländern wurde die Region „östliches Ruhrgebiet" ausgewählt und in den neuen Ländern Sachsen-Anhalt. Die Gebiete sind sich hinsichtlich ihrer industriellen Basis, der städtischen Struktur und der sozialen Probleme, einschließlich der Arbeitslosigkeit, sehr ähnlich.

Vollständige Listen von Wohlfahrtseinrichtungen gibt es nicht. Das Forschungsteam erhielt Adressen von sozialen Organisationen der Landesarbeitsgemeinschaft der Spitzenverbände der Freien Wohlfahrtspflege des Landes Nordrhein-Westfalen und der Liga der Freien Wohlfahrtspflege des Landes Sachsen-Anhalt. 450 Organisationen wurden ausgewählt, davon 328 im Westen und 122 im Osten. Diese umfaßten frei-gemeinnützige Einrichtungen der Wohlfahrtsverbände und Organisationen in öffentlich-rechtlicher Trägerschaft.

Nach einem kleinen vorausgehenden Test des Fragebogens wurde dieser an die 450 Organisationen geschickt. Drei telefonische oder schriftliche Mahnungen folgten. Die Antwortquote betrug 40 %, d. h. 183 Fragebogen waren verwertbar. Einige der Organisationen, die nicht geantwortet hatten, waren trotz Mahnungen nicht erreichbar. In anderen Fällen war der Fragebogen nicht an relevante Organisationen gegangen.

(7) *Großbritannien*: Die Untersuchung wurde von einem Forschungsteam am *Centre for Research in Social Policy*, Loughborough University, durchgeführt. Das Datenmaterial umfaßte 445 Organisationen. 100 landesweit tätige freie gemeinnützige Organisationen innerhalb der festgelegten Bereiche Sozialer Arbeit wurden nach der randomisierten Sample-Bildung aus dem *National Council for Voluntary Organisations The Voluntary Agencies Directory 1993 – 94* zusammengestellt. Für lokale Organisationen fiel die Wahl auf das „County of Leicestershire": 165 Anschriften von Organisationen wurden den Basisdaten der *Voluntary Action Leicester* entnommen, während die gleiche Anzahl aus den Basisdaten von Volunteer-Büros in vier Stadtbezirken stammte, von denen die meisten große ländliche Gebiete einschlossen. Um die Gesamtzahl der Stadtbezirke zu erhöhen, nahmen die Forscher auch Ersteinträge von Wohlfahrtsorganisationen in die Liste auf. Außerdem wurden 15 staatliche Einrichtungen ausfindig gemacht, die innerhalb des Distrikts Volunteers in Wohlfahrtsdiensten einsetzen konnten.

Nach vorherigen Tests wurde der Fragebogen an die 445 Organisationen verteilt. Zwei Mahnungen und eine zusätzliche Ausfertigung des Fragebogens wurden verschickt. In einer dritten Phase wurden die nicht-antwortenden Organisationen auf zufälliger Basis telefonisch angefragt.

Vollständig ausgefüllte Fragebogen kamen von 235 Organisationen zurück, dies entspricht etwa einer Quote von 53 %. Aufgrund der Unbeständigkeit, der Mobilität oder des Zusammenschlusses von Organisationen wird geschätzt, daß die Zahl der Adressaten unter 400 lag und die Antwortquote daher 60% oder mehr betrug.

(8) *Niederlande*: Ein Team des *Verwey-Jonker Instituut* führte die niederländische Studie durch. Bei der Sample-Bildung wurde so vorgegangen, daß gleichmäßig über das Land verteilte Gemeinden so ausgesucht wurden, daß jeder Bürger und jede Wohlfahrtsorganisation die gleiche Chance hatten, seine/ihre Stadt oder City repräsentiert zu sehen. Nach Ableitung des Anteils von Niederländern, die in Gemeinden einer bestimmten Größe leben, wählte das Team zehn Klein- und Großstädte aus, deren Bevölkerung einen Querschnitt der Gesamtbevölkerung bildet. In diesen zehn städtischen Gebieten – Rotterdam, Utrecht, Breda, Leeuwarden, Hengelo, Middelburg, Sittard, Tiel, Driebergen und Axel – leben etwa 1,5 Millionen Menschen, 10 % der Gesamtbevölkerung.

Unter Verwendung der *Municipal Social Guides* stellten die Forscher eine Liste von 891 Wohlfahrtsorganisationen in diesen zehn Gebieten zusammen. Fragebögen wurden an jede Organisation geschickt, Mahnungen gab es nicht. Insgesamt gingen 220 Antworten ein, dies entspricht einer Quote von beinahe 25 %.

(9) *Slowakei*: Die Studie wurde von der *Slovenska Akademicka Informacna Agentura* (SAIA) erstellt. Das Forschungsteam hatte eine Liste der 6.000 in der Slowakei registrierten *Non-Government Organisations* (NGOS) vorliegen, von denen aber angemommen wurde, daß sie mehrheitlich gar nicht aktiv sind. Aus dem von den NGOS selbst veröffentlichten Handbuch wurden etwa 460 Organisationen ausgewählt, die in der Wohlfahrt tätig waren. Auf schriftliche Anfragen gingen 183 Antworten ein, was einer Quote von etwa 40 % entspricht.

(10) *Schweden*: Die *University of Stockholm School of Social Work* und das *Sköndalinstitutet* bildeten die Basis für das Forschungsteam. Die Sample-Bildung wurde in verschiedenen Stufen durchgeführt. Zuerst wurden zwei von Schwedens 24 Distrikten (*lan*) ausgewählt, einer an der Küste und einer im Inland. In diesen beiden Distrikten liegen 22 von den insgesamt 286 Stadtbezirken des Landes. Sechs dieser Bezirke wurden aus repräsentativen Gründen ausgewählt: zentralisierte, industrialisierte Gemeinden, kleinere und größere Dienstleistungsgemeinden, ländliche und gemischte Gemeinden. Diese Typen wurden aus Analysen demographischer und ökonomischer Daten für das ganze Land abgeleitet.

In den sechs ausgewählten Gemeinden wurden über Kontaktaufnahme mit lokalen Behörden und anderen lokalen Informationsstellen Organisationen ausfindig gemacht. Die zusammengestellte Liste bestand aus 264 Einrichtungen/Verbänden, die entweder sicher oder mit großer Wahrscheinlichkeit an irgendeiner Art von Wohlfahrtsaktivitäten beteiligt waren. Zusätzlich wurde ein leicht modifizierter Fragebogen an 18, stichprobenartig ausgewählte Zentral-Büros der landesweit tätigen Organisationen mit lokalen Niederlassungen in den Gemeinden, die in die Untersuchung einbezogen wurden, geschickt. Ziel war die Feststellung der Aktivitäten dieser zentralen Einrichtungen. 14 staatliche Organisationen – Einheiten innerhalb des städtischen Distrikt-

Rates oder staatlicher Organisationen, die bei ihren Aktivitäten Volunteers beteiligen – wurden ebenfalls in den zwei Distrikten festgestellt. So wurden bei der Sample-Bildung insgesamt 296 Organisationen berücksichtigt.

Nach einem zögerlichen Eingang der Rückantworten wurde das schwedische Team sehr aktiv, fragte nach und versuchte zu überzeugen. Dazu gehörten besonders Telefonate, die Unterstützung und Beratung beim Ausfüllen des Fragebogens und in einigen Fällen auch die Durchführung des gesamten Interviews per Telefon. Es stellte sich heraus, daß 53 Einrichtungen/Verbände für die Erhebung unbrauchbar waren, da sie entweder nicht mehr existierten oder nicht in den geforderten Bereichen engagiert waren. Auf diese Weise wurde mit 243 noch aktiven Organisationen und 207 ausgefüllten Fragebögen eine Antwortquote von 85% erreicht.

(2) Kategorisierung der Variablen und Kodierungsrahmen

Die Koordinatoren erstellten sowohl einen Rahmen für die Kategorisierung der wiederkehrenden Variablen (z.B. Alter der Organisation, Zahl der Klienten oder Zahl der Volunteers) als auch für die Kodierung der offenen Fragen. Dieser Rahmen basierte auf einer vorläufigen Analyse der Ergebnisse und auf Informationen aus früheren Daten einiger Länder. Diese standardisierten Kodierungsrahmen wurden im allgemeinen von den nationalen Forschungsteams verwendet. Ausnahmen gab es, wenn die Forschungsteams den Eindruck hatten, daß die Kodierungsrahmen ihren Daten nicht entsprachen oder gerecht wurden. Diese Abweichungen wurden im Text oder in den entsprechenden Tabellen angemerkt.

(3) Erhaltene Samples

Zusammengefaßt erreichten fünf Länder Samples in der gewünschten Größenordnung von 200 bis 250 Organisationen. Die übrigen Länder kamen auf 150 bis 200 antwortende Einrichtungen. Insgesamt wurden die Daten von 2.008 Wohlfahrtsorganisationen analysiert und in die Studie einbezogen.

(4) Vergleichbarkeit der Daten

Wegen der Unterschiedlichkeit in der Methodologie sollten genaue Vergleiche nicht vorgenommen werden. Unterschiede bei der Sample-Bildung machen die Daten nicht immer vergleichbar.

(5) Fallstudien

Nach Beendigung der Untersuchungen wurden die Antworten geprüft, um für Fallstudien in jedem Land drei oder vier Organisationen auszuwählen. Diese sollten eine „traditionelle" Organisation, die freiwillig Engagierte einbezieht, eine für das Volunteering „typische" Einrichtung und eine Organisation mit Problemen bei der Beteiligung von Volunteers einschließen. Die Fallstudien sollten auch Aspekte hinsichtlich Umfang, Struktur und Feld der Aktivitäten abdecken. Besonders eine der Fallstudien sollte aus einem in der Organisationsstudie unterrepräsentierten Bereich stammen, z.B. Obdachlosigkeit oder Drogen-/Alkoholabhängigkeit. Um detaillierte Informationen über Beteiligung und Management von Volunteers zu sammeln, wurden Besuche gemacht sowie persönliche und telefonische Interviews durchgeführt. Dieses Material diente als Informationsgrundlage für die Interpretation der Untersuchungsergebnisse.

2.2. Fragebogen: Organisation des Volunteering

Vertraulich

Frage 1: Name der Organisation/Zweigniederlassung
_____

Frage 2: Adresse und Telefonnummer
_____

Frage 3: Name der Kontaktperson; Stellung oder Rolle in der Organisation
_____

Über Ihre Organisation

Frage 4: Ist Ihre Organisation
- ☐ unabhängig/frei-gemeinnützig? Wenn ja, ist sie:
  - ☐ eine landesweit tätige Organisation
  - ☐ eine Zweigstelle einer landesweit tätigen Organisation
  - ☐ eine örtliche, unabhängige Organisation/Gruppe
  - ☐ eine Nachbarschafts- oder Gemeindegruppe oder ein Gemeinwesenprojekt
  - ☐ ein(e) Selbsthilfeprojekt/-organisation
  - ☐ Sonstiges? (Bitte genaue Beschreibung)
- ☐ öffentlich-rechtlich? Wenn ja, ist sie:
  - ☐ eine kommunal verwaltete Organisation
  - ☐ staatlich verwaltete Organisation
- ☐ privat/kommerziell?

Frage 5: Wie lange besteht Ihre Organisation? Jahre: _____

Frage 6: Wer sind die Hauptklienten Ihrer Organisation?
(Mehr als eine Antwort möglich.)

☐ Ältere Menschen
☐ Junge Menschen
☐ Kinder und Familien
☐ Körperlich oder sinnesbehinderte Menschen
☐ Psychisch Kranke/psychisch Notleidende
☐ Menschen mit Lernschwierigkeiten
☐ Frauen
☐ Ethnische Minderheiten
☐ Drogen- oder Alkoholabhängige
☐ Gemeinwesen als Ganzes
☐ Flüchtlinge
☐ Arbeitslose
☐ Obdachlose
☐ Kranke Menschen
☐ Pflegebedürftige
☐ Verbrechensopfer
☐ Menschen in anderen Ländern
☐ Sonstige (eintragen) _____

Frage 7: Was sind die wichtigsten Aufgaben Ihrer Organisation?
(Mehrere Eintragungen möglich.)

☐ Unterstützung/Besuche im Gemeinwesen
☐ Tagespflege
☐ Häusliche Pflege
☐ Vermittlung/Information
☐ Beratung und Therapie
☐ Transport
☐ Gesundheitsfürsorge
☐ Interessenvertretung/Werbeveranstaltungen
☐ Überweisungen/Einweisungen
☐ Bildung und Ausbildung
☐ Praktische Dienstleistungen
☐ Unterstützung im Haushalt
☐ Gemeinwesenarbeit
☐ Soziale und Freizeit-Aktivitäten
☐ Sonstige (eintragen) _____

Frage 8: Wieviele Klienten/Adressaten unterstützt Ihre Organisation

☐ in einer typischen Arbeitswoche?
☐ in einem Jahr?

Frage 9: In welchem Umfeld versucht Ihre Organisation Dienste zu leisten?
(Bitte nur eine Eintragung.)
- ☐ Unmittelbare Nachbarschaft
- ☐ Örtliches Gemeinwesen
- ☐ Stadt oder Großstadt
- ☐ Stadt/ Großstadt und ländliches Gebiet
- ☐ Hauptstadtgebiet
- ☐ Ausschließlich ländliches Gebiet
- ☐ Landkreis oder Region
- ☐ Ganzes Land

Frage 10: Beschreiben Sie bitte die Zielgruppe, für die Sie Dienste leisten:
- ☐ Niedriges Einkommen
- ☐ Mittleres bis höheres Einkommen
- ☐ Eine Mischung
- ☐ Sonstige (eintragen) _____

Zur Einbindung Ihrer Volunteers

(Wenn Sie die Zentralstelle einer landesweit tätigen Organisation sind, beantworten Sie diese Fragen bitte hinsichtlich der ganzen Organisation. Wenn sich Ihre Antworten nur auf Volunteers in der Zentralstelle beziehen, zeigen Sie dies bitte auf.)

Frage 11: Beteiligen oder nutzen Sie Volunteers bei der Arbeit Ihrer Organisation?
Wenn ja: gehen Sie bitte weiter zu Frage 12.
Wenn nein: geben Sie bitte Gründe an, weshalb:
_____
Dann beantworten Sie bitte die Fragen 28 bis 31 und die Fragen 34 bis 38.

Frage 12: Wieviel Volunteers sind an der Arbeit Ihrer Organisation beteiligt:
- ☐ in einer regulären Arbeitswoche?
- ☐ in einem Jahr?

Frage 13: An welchen Tätigkeiten sind Ihre Volunteers beteiligt? (Bitte kreuzen Sie alle Aktivitäten an, bei denen Volunteers in irgendeiner Weise beteiligt sind und ordnen Sie dann die Tätigkeiten in der Reihenfolge des größten Zeitaufwandes aller Ihrer Volunteers. *(Wenn z.B. die meiste Zeit für „Besuche machen, sich um Menschen kümmern" aufgewendet wird, beginnen Sie mit 1, fahren Sie fort mit 2, 3 usw. und den Aktivitäten, die den nächsthöheren Volunteer-Zeitaufwand benötigen.)*
- ☐ Geldsammlungen
- ☐ Ausschuß-/Komiteearbeit

☐ Büroarbeit
☐ Verwaltung der Organisation
☐ Information anbieten oder erkunden
☐ Ratgeben und Begleiten
☐ Interessenvertretung
☐ Kampagnen oder Werbeveranstaltungen
☐ Ausbildung oder Unterricht
☐ Leitungstätigkeit (z.B. Pfadfinder)
☐ Transport/Fahrdienste
☐ Besuche/sich um Menschen kümmern
☐ Praktische Haushaltsarbeiten
☐ Therapeutische Aktivitäten
☐ Persönliche Fürsorge
☐ Beratung
☐ Freizeit-Aktivitäten
☐ Sonstige (eintragen) _____

Frage 14: Kennen Sie die durchschnittliche Zeit/Stundenzahl, die ein Volunteer in einer regulären Arbeitswoche erbringt? | ja | nein |
Oder können Sie diese schätzen? | ja | nein |

Frage 15: Kennen Sie den gesamten Beitrag aller Ihrer Volunteers in einer regulären Arbeitswoche im Vergleich | ja | nein |
zum Zeitaufwand der bezahlten Vollzeitmitarbeiter? Oder können Sie ihn schätzen? | ja | nein |

Frage 16: Könnte Ihre Organisation ohne Volunteers erfolgreich arbeiten? | ja | nein |

Gewinnung und Unterstützung von Volunteers

Frage 17: (a) Wie gewinnen Sie im allgemeinen Ihre Volunteers?
(Bitte alle Ihre Vorgehensweisen ankreuzen.)

☐ Durch persönliche Kontakte
☐ Durch unsere Mitglieder
☐ Durch bezahlte Arbeits-/Berufsnetzwerke
☐ Durch Zeitungsanzeigen oder -artikel
☐ Durch Radiowerbung oder -programme
☐ Durch Fernsehwerbung oder -programme
☐ Durch Volunteer-Büros oder deren Materialien
☐ Durch Materialien wie z.B. Handzettel/Plakate
☐ Durch öffentliche Einrichtungen (Ärzte, Bibliotheken, Sozialarbeiter etc.)
☐ Durch Kirchen oder religiöse Organisationen
☐ Durch Volunteer-Veranstaltungen oder Informationsstände
☐ Sonstiges

(b) Welche Methode halten Sie für die wirkungsvollste?

Frage 18: (a) Werden bei Ihren Volunteer-Bewerbern
Einführungsgespräche durchgeführt? `ja` `nein`

(b) Nehmen Sie schriftliche Empfehlungen für
Volunteer-Bewerber an? `ja` `nein`

(c) Verlangen Sie von Ihren Volunteer-Bewerbern
polizeiliche Führungszeugnisse oder Auszüge
aus dem Strafregister? `ja` `nein`

(d) Erhalten Ihre Volunteers Tätigkeitsbeschreibungen? `ja` `nein`

(e) Schließen Sie mit Ihren Volunteers Vereinbarungen oder Verträge ab? `ja` `nein`

Frage 19: Erhalten Ihre Volunteers eine Einführung oder
Einarbeitung und Informationen über die Arbeitsweise Ihrer Organisation? `ja` `nein`

Frage 20: Erhalten Ihre Volunteers:

(a) regelmäßige Unterstützung und Supervision? `ja` `nein`

(b) ein regelmäßiges Fortbildungsprogramm? `ja` `nein`

(c) Zugang zu externer Fortbildung? `ja` `nein`

*(Bitte geben Sie Beispiele für das von Ihrer Organisation
für Volunteers geleistete Training.)* _____

Frage 21: Hat Ihre Organisation einen Volunteer oder Volunteers, oder
(einen) bezahlte(n) Mitarbeiter oder niemand, der verantwortlich
ist für *(bitte nur eine Antwort auf jeder Zeile ankreuzen)*:

☐ Volunteer-Gewinnung
☐ Volunteer-Supervision und Unterstützung
☐ Volunteer-Einarbeitung

Frage 22: (a) Wird Ihren Volunteers eine Vergütung persönlicher Ausgaben angeboten? `ja` `nein`

(b) Wie hoch waren das Budget Ihrer Organisation oder die Ausgaben für Volunteer-
Aufwendungen im letzten Jahr? _____ `ja` `nein`

Frage 23: Hat Ihre Organisation schriftliche Richtlinien für
Volunteers? `ja` `nein`
*(Wenn ja, fügen Sie bitte bei der Rückgabe dieses Fragebogens
eine Kopie bei.)*

Frage 24: Bitte nennen Sie die drei Hauptvorteile, die sich durch die Beteiligung von Volunteers in Ihrer Organisation ergeben. *(Bitte listen Sie diese in der Reihenfolge ihrer Bedeutung auf.)*

_____

_____

_____

Frage 25: Bitte geben Sie die drei Hauptprobleme oder Herausforderungen in bezug auf die Beteiligung von Volunteers an, die sich auf Ihre Organisation auswirken. *(Bitte listen Sie diese in der Reihenfolge ihrer Bedeutung auf.)*

_____

_____

_____

Fragen zum Volunteering

Frage 26: Haben Sie versucht, einen speziellen Menschentyp als Volunteer anzusprechen/zu gewinnen? *(Wenn ja, geben sie bitte an warum.)*
☐ Weil er in Ihrer Volunteer-Einrichtung unterrepräsentiert ist?
☐ Weil Sie versuchen, Volunteers an Klienten anzupassen?
Anderer Grund *(bitte spezifizieren)* _____
Bitte geben Sie Einzelheiten über Ihre Versuche, Volunteers gezielt anzusprechen/zu gewinnen, an: _____

Frage 27: Bitte beschreiben Sie jegliche Auswirkung der Regierungspolitik auf die Beteiligung von Volunteers (z.B. durch Auflage von Bedingungen oder Einschränkungen für Empfänger sozialer Unterstützung, die deren Möglichkeit zur Volunteer-Arbeit beeinflussen können). *(Bitte beantworten Sie die Fragen 28 bis 31, unabhängig von der Beteiligung von Volunteers in Ihrer Organisation.)*

Frage 28: Was sind nach Ihrer Ansicht die drei Herausforderungen, denen frei-gemeinnützige Organisationen in den nächsten drei bis fünf Jahren gegenüberstehen?

_____

_____

_____

Frage 29: (a) Sind Sie persönlich optimistisch oder pessimistisch hinsichtlich der Zukunft von Volunteering in den nächsten Jahren oder haben Sie keine Meinung?

(b) Können Sie erklären, weshalb Sie so denken?

Frage 30: Bitte zeigen Sie Ihr Einverständnis oder Ihre Ablehnung mit folgenden Statements auf:

„Volunteers sind schwieriger zu gewinnen, weil die Menschen keine Zeit oder kein Interesse haben." | ja | nein |

„Es ist schwierig, einen Trennungsstrich zwischen geeigneter Arbeit für Volunteers und für bezahltes Personal zu ziehen." | ja | nein |

„Volunteers bringen besondere Qualitäten in die Arbeit der Organisation ein, die das bezahlte Personal nicht anbieten kann." | ja | nein |

„Der Hauptgrund für die Nutzung der Volunteers ist, daß sie billige Arbeitskräfte sind." | ja | nein |

„Volunteers helfen, Kürzungen in öffentlichen Ausgaben und Diensten auszugleichen." | ja | nein |

Frage 31: Hat Ihre Organisation einen Vertrag oder eine Dienstvereinbarung mit irgendeiner staatlichen Einrichtung? | ja | nein |

(Wenn ja:) Hat der Vertrag/die Vereinbarung irgendeinen Bezug zu Volunteers? | ja | nein |

(Wenn ja:) Welchen? _____

(Wenn Ihre Organisation keine Volunteers einbezieht, gehen Sie bitte gleich weiter zu den Fragen 34 bis 38.)

Profil der Volunteers

Um ein Bild von den Menschentypen zu bekommen, die Volunteer-Arbeit erbringen, wird im folgenden Abschnitt nach den Charakteristika Ihrer Volunteers gefragt. Schätzen Sie bitte, wenn Ihnen die exakten Antworten nicht bekannt sind.

Frage 32: Wieviel Volunteers in einem typischen Jahr

(a) beteiligen sich an der Arbeit Ihrer Organisation?

(b) beenden die Arbeit in Ihrer Organisation?

Frage 33: Wie setzt sich der Stamm Ihrer Volunteers zusammen?

(a) Alter
unter 18 ☐   45-54 ☐
18-24 ☐   55-64 ☐
25-34 ☐   65-74 ☐
35-44 ☐   75 und darüber ☐

(b) Geschlecht: männlich ☐
weiblich ☐

(c) Beschäftigungsstand

angestellt ☐   Vollzeit-Student/-Schüler ☐

arbeitslos ☐   Heimarbeiter ☐

im Ruhestand ☐   Sonstiges ☐

Finanzlage und Management

Bitte beantworten Sie die Fragen in diesem Abschnitt unabhängig davon, ob Ihre Organisation Volunteers beteiligt oder nicht.

Frage 34: Wie hoch waren die Einnahmen Ihrer Organisation im letzten Geschäftsjahr?

(a) Wie hoch war der Prozentsatz der Einnahmen aus

☐ zentralen oder lokalen staatlichen Zuschüssen?

☐ Ihrer eigenen Geldbeschaffung/Sponsoring?

☐ Gebühren für Dienste?

☐ Sonstiges *(spezifizieren)* _____

(b) Verlangen Sie von Ihren Klienten Gebühren für Dienste? | ja | nein |

Frage 35: Wie hoch waren die Ausgaben Ihrer Organisation im letzten Geschäftsjahr? _____

Frage 36: Wie viele bezahlte Mitarbeiter/Gehaltsempfänger haben Sie? Wieviel Vollzeit-, Teilzeitbeschäftigte? _____

Frage 37: Welche der folgenden Manangementtypen hat Ihre Organisation?

☐ Management-Komitee/Rat von gewählten Mitgliedern

☐ Management-Komitee/Rat von ernannten Mitgliedern

☐ Organisationsinternes Management

☐ Sonstiges *(spezifizieren)* _____

Frage 38: Wenn Sie ein(en) Management-Komitee/Rat haben:

(a) Wieviel Personen sind im Komitee? _____

(b) Bekommen irgendwelche Mitglieder Bezahlung? | ja | nein |

(c) Wie oft im Jahr trifft sich das Komitee? _____

(d) Sind im Komitee einbezogen:

☐ Klienten/Adressaten Ihrer Organisation?

☐ Aktive Volunteers in Ihrer Organisation?

Danke für Ihre Mitarbeit.

3. Das Forschungsteam der Studie mit Anschriften

Belgien

Marie-Thérèse Bregentzer, Anne Verbeek, Association pour le Volontariat, 11 Rue Royale, B-1000 Brüssel, Tel.: 003222195370, Fax: 003222193248

Michel Simon, Université Liège au Sart-Tilman, Bâtiment B 31, B-4000 Liège au Sart-Tilman, Tel.: 003241 563049/562786, Fax: 003241 562851

Bulgarien

Stefan Ivanov Dontchev, Centre of Research of the Changes in Eastern Europe, nl. Alabin No. 28 et. 3, 1000 Sofia, Tel.: 003592815492, Fax: 003592463773

Roumiana Hristova, Independent Researcher, c/o Lancashire Hotel, Room 211, 27-28 Norfolk Square, Hyde Park, London W2 1RS, Tel.: 01714024646 ext. 211 or 01714232189, Fax: 01717238184

Dänemark

Ulla Habermann, The Volunteer Centre Denmark, Vestergade 38,1, 5000 Odense C, Tel.: 004566146061, Fax: 004566142017

Jorgen Anker, The Danish National Institute of Social Research, Borgergade 28, 1300 Copenhagen, Tel.: 004533139811, Fax: 004533138992

Inger Koch-Nielsen, The Danish National Institute of Social Work, Borgergade 28, 1300 Copenhagen, Tel.: 004533139811, Fax: 004533138992

Deutschland

Irmtraut Paulwitz, Evangelische Fachhochschule für Sozialwesen Reutlingen, Ringelbachstr. 211, 72762 Reutlingen, Tel.: 00497121241411, Fax: 00497121241429

Sigrid Reihs, Sozialwissenschaftliches Institut (SWI) der Evangelischen Kirche in Deutschland, Querburger Höhe 294, 44801 Bochum 1, Tel.: 0049234702092, Fax: 0049234702813

Großbritannien

Katharine Gaskin, Andrew Shaw, Loughborough University, Centre for Research in Social Policy, Loughborough, Leicestershire, LE 11 3TU, Tel: 01509223372, Fax: 01509238277

Justin Davis Smith, The Volunteer Centre UK, Carriage Row, 183 Eversholt Street, London NW1 1BU, Tel.: 01713889888, Fax: 01713830448

Frankreich

Dan Ferrand-Bechman, Université de Paris VIII, 40, Allée Jules Verne, 78170 La Celle St. Cloud, Paris, Tel.: 0033130826320, Fax: 0033130824659

Francois Durin, Centre d'Études des Solidarités Sociales, 15, Rue Labrouste, Paris IV, Tel.: 0033144761224, Fax: 0033144761202

Niederlande

Henk Jan van Daal, Verwey-Jonker Instituut, Kromme Nieuwegracht 4-6, 3512 HG Utrecht, Tel.: 003130300799, Fax: 003130300683

Republik Irland

Freda Donoghue, Helen Ruddle, National College of Industrial Relations, Sanford Road, Ranelagh, Dublin 6, Tel.: 0035314972917, Fax: 0035314972200

Schweden

Eva Jeppsson Grassman, University of Stockholm, School of Social Work 5 – 10, 10691 Stockholm, Tel.: 00468163294, Fax: 00468165796

Britta Olby, Lars Svedburg, Sköndalinstitute, 12885 Sköndal, Tel.: 00468 6050600/46892964 oder 845100, Fax: 00468 6050916

Slowakei

David Daniel, Katarina Košt'álová, Slowak Academic Information Agency, Service Center for the Third Sector, SAIA-SCTS, Hviezdoslavovo nám. 14, POBox 108, 81000 Bratislava 1

Ergänzungen zur deutschen Ausgabe

Zum aktuellen Stand freiwilligen Engagements in Deutschland und in einigen Ländern Europas

Sigrid Reihs

Ich möchte im folgenden einige Ergebnisse der „Eurovol"-Studie für Deutschland vorstellen. Es handelt sich um eine vergleichende Untersuchung zum Thema „Freiwilligenarbeit" bzw. „Ehrenamtlichkeit". Schon im Titel wird deutlich, daß es sich um die Frage dreht, in welchem Ausmaß und mit welcher Bedeutung sich das Volunteering in Europa darstellt. Dabei ist als ein Problem von vornherein zu berücksichtigen, daß der englische Begriff *„volunteering"* nicht ohne weiteres z. B. ins Deutsche übersetzt werden kann. Gemeint ist damit ein freiwilliges und unbezahltes Engagement von Bürgerinnen und Bürgern. Der uns geläufige Begriff „Ehrenamt" trifft dies nur unzureichend. Um dennoch zu vergleichbaren Ergebnissen zu kommen, wurde der gesamten Untersuchung eine gemeinsam ausgearbeitete Definition zugrunde gelegt (siehe S. 63).

In der sich seit einiger Zeit abzeichnenden Debatte um den sogenannten Kommunitarismus, also dem Versuch auf der Theorieebene eine Konzeption von Partizipation aller an der Gestaltung gesellschaftlichen Lebens zu entwickeln, spielt bürgerschaftliches Engagement eine wichtige Rolle. Obgleich diese Debatte ihren Ursprung in den USA hat und auch stark von den dort bestehenden gesellschaftspolitischen Rahmenbedingungen geprägt ist, erscheint es interessant zu prüfen, inwieweit solche Ideen auch für Europa von Bedeutung sind, bzw. inwieweit auch in Europa durch eine gesteigerte Aufmerksamkeit für das Volunteering ein größeres Interesse an der Gestaltung gesellschaftlichen Lebens geweckt werden kann.

Die „Eurovol"-Studie war ein erster Schritt, zuverlässige Vergleichsdaten zu erheben. Dabei möchte ich unterstreichen, daß es sich um einen ersten Schritt handelt, was sich unter anderem schon an der Liste der beteiligten Länder zeigt (vgl. S. 226 f.).

Trotz dieses Mangels gilt es aber zu berücksichtigen, daß die an der „Eurovol"-Studie beteiligten Länder, die beiden skandinavischen Schweden und Dänemark, die beiden angelsächsischen Irland und Großbritannien, die beiden Beneluxstaaten Belgien und Niederlande, die beiden zentraleuropäischen Länder Frankreich und Deutschland und die beiden ehemaligen Ostblock-Staaten Bulgarien und die Slowakei, unterschiedliche Prägungen und Traditionen aufweisen, die unterschiedliche Gestaltungsformen von bürgerschaftlichem Engagement haben entstehen lassen. Dabei muß besonders beachtet werden, daß mit Bulgarien und der Slowakei zwei Länder beteiligt waren, ebenso wie Ostdeutschland, die auf eine zumindest 40jährige, anders geprägte Kultur von freiwilligem Engagement zurückblicken als die westeuropäischen Staaten. Dieser Unterschied bietet die Möglichkeit, zu prüfen, wie so etwas wie Volunteering oder bürgerschaftliches Engagement sich unter verschiedenen historischen und politischen Voraussetzungen entwickelt hat, welche Möglichkeiten es bietet, und auch, welche Grenzen ihm jeweils gesetzt sind. Ein Ziel dieser vergleichenden Studie war und ist, diese Unterschiede zu entdecken und zu prüfen, inwieweit sie für andere Länder einen Anstoß oder eine Perspektive zur Gestaltung von Volunteering bieten können.

Nach diesen Vorbemerkungen möchte ich an einigen Beispielen aufzeigen, was in anderen europäischen Ländern im Zusammenhang mit dem Volunteering geschieht, soweit es sich im Rahmen der Studie abbildet. Dabei sind die Ergebnisse in Deutschland der entscheidende Vergleichspunkt.

(1) Volunteering wird von einem Viertel aller Bürgerinnen und Bürger in Europa geleistet: Ein interessantes Ergebnis ist, daß in den befragten Ländern Volunteering von ungefähr 27 %, also von gut einem Viertel der Bevölkerung geleistet wird (siehe Tabelle 1, S. 65)[1]. Dieser Wert stellt einen Durchschnitt dar, von dem sich die deutschen Verhältnisse auf signifikante Weise unterscheiden. Hier liegen die Zahlen deutlich niedriger, und zwar nur bei 18 %. Dieser geringe Prozentsatz könnte damit zusammenhängen, daß vielleicht in den fünf neuen Bundesländern eine deutlich geringere Engagementbereitschaft festzustellen ist, die wohl ein Kennzeichen der ehemaligen Ostblock-Staaten insgesamt ist, wie Vergleiche mit Bulgarien und der Slowakei zeigen. Denn auch dort engagieren sich nur 19 % (Bulgarien) bzw. 12 % (Slowakei), während in den westeuropäischen Ländern die Anteile ansonsten fast überall bei über 30 % liegen. Aber gerade die Zahlen für Westdeutschland mit 16 % bleiben unter denen der übrigen europäischen Länder, so daß es sich wohl auch um ein deutsches Spezifikum handelt. Die Tatsache, daß die für den Osten ermittelte Zahl bei 24 % liegt, macht auch das Erklärungsmuster mit der dort vorhandenen besonderen Reserve gegenüber dieser Form des Engagements problematisch, da dieser Anteil höher ist als in den alten Bundesländern und auch höher als in den übrigen beteiligten ehemaligen Ostblock-Staaten.

---

[1] Die Tabellenhinweise beziehen sich auf die entsprechenden Abbildungen der „Eurovol"-Studie.

(2) In Deutschland engagiert sich eine relativ kleine Zahl von Volunteers sehr regelmäßig: Daß die Struktur des Volunteering in Deutschland im europäischen Vergleich etwas Besonderes ist, zeigt sich an einem weiteren Punkt. Während nur 66 % all derjenigen, die als Volunteers arbeiten, sagen, daß sie im vergangenen Jahr wenigstens einmal im Monat freiwillig tätig waren, gilt dies in Deutschland für 85 %, also knapp 20 % mehr (siehe Tabelle 5, S. 69). Die Kombination dieser beiden Daten weist darauf hin, daß in Deutschland die Entscheidung, als Volunteer tätig zu sein, zwar von weniger Menschen getroffen wird als im Durchschnitt Europas, gleichzeitig aber ist sie mit einer hohen Verbindlichkeit verknüpft, die in dieser Form im übrigen Europa weniger verbreitet ist. Die relativ kleine Zahl von Volunteers in Deutschland engagiert sich mit sehr viel größerer Regelmäßigkeit als in den meisten anderen Ländern. Und dieser Sachverhalt gilt für die alten wie für die neuen Bundesländer. Damit wird deutlich, daß auch bei dieser Frage die Antworten in den neuen Bundesländern deutlich anders ausgefallen sind als in Bulgarien und der Slowakei und sich eher den Verhältnissen im Westen annähern.

Umgekehrt formuliert läßt sich feststellen, daß die Bereitschaft zu Volunteering in den anderen europäischen Ländern nicht mit einem so hohen Verpflichtungsgrad verbunden ist wie in Deutschland.

(3) Das Verhältnis von Männern und Frauen ist in Deutschland weitgehend ausgeglichen: In Deutschland zeigt sich eine annähernd gleiche Verteilung von Männern und Frauen bei den Volunteers (siehe Tabelle 2, S. 65). Dabei gibt es keine gravierenden Unterschiede zwischen Ost und West, was sich auch in der gesamteuropäischen Situation abbildet. Erstaunlich sind diese Zahlen nur insofern, als sie den sonstigen Zahlen in der Wohlfahrtspflege hinsichtlich des Verhältnisses von Männern und Frauen nicht entsprechen.

(4) Die deutschen Volunteers sind im Durchschnitt jünger als in anderen Ländern: Bei der Altersverteilung unterscheiden sich die deutschen Verhältnisse von den Durchschnittswerten in Europa. Während im europäischen Durchschnitt der höchste Anteil an Volunteers in der Gruppe der Fünfundvierzig- bis Vierundfünfzigjährigen festzustellen ist (siehe Tabelle 3, S. 66), liegt er für Gesamtdeutschland in der Gruppe der bis zu 24 Jahre alten Menschen. Gleichzeitig weist insbesondere die Altersverteilung deutliche Unterschiede zwischen den alten und neuen Bundesländern auf. In den neuen Bundesländern liegt der Anteil der Fünfundvierzig- bis Vierundfünfzigjährigen bzw. der Fünfundfünfzig- bis Vierundsechzigjährigen bei 31 %, während deren Anteile in den

alten Ländern nur bei der Hälfte liegen. Hier bildet sich vermutlich die wirtschaftspolitische Situation ab, oder wir können die Früchte entsprechender Förderprogramme der Bundesregierung beobachten.

(5) In Deutschland zeigt das Volunteering eine Konzentration auf Sport, auf soziale und religiöse Tätigkeitsbereiche: Bei den Haupttätigkeitsbereichen, für die Volunteers in Deutschland tätig sind, zeigen sich im Vergleich mit anderen Ländern interessante Abweichungen. Nach dem Sport, der in ganz Europa die erste Stelle einnimmt, folgen in Deutschland mit nur geringem Abstand die sozialen Dienste und dann die Religion, womit in der Regel kirchliche Aktivitäten gemeint sind (siehe Tabelle 10, S. 75). Dann erst folgen mit deutlichem Abstand der Bereich „Bildung" und der Bereich, der sich mit den Fragen der Entwicklung des Gemeinwesens beschäftigt.

Aufschlußreich ist in diesem Bereich auch der Vergleich zwischen Ost und West. Im Osten spielt erwartungsgemäß der Bereich „Religion" mit nur 11 % eine deutlich geringere Rolle als im Westen mit 25 %. Diese für den Westen ermittelte Zahl liegt allerdings auch deutlich über den Ergebnissen in allen übrigen westeuropäischen Ländern. Vermutlich spiegelt sich hier noch einmal die besondere Verankerung der Kirchen in der bundesrepublikanischen Gesellschaft wider. Darüber hinaus zeigen die Vergleiche mit den anderen osteuropäischen Ländern, daß der Bereich „Religion" dort nur von sehr geringer Bedeutung ist.

Demgegenüber arbeiten Volunteers in den neuen Bundesländern weitaus häufiger im Bildungsbereich.

(6) Direkter menschlicher Kontakt ist der bevorzugte Typ des Volunteering in Deutschland: Bei der Frage danach, welchen Typ von Volunteer-Arbeit die Befragten hauptsächlich leisten, liegt in Deutschland der direkte menschliche Kontakt, der unter der Rubrik „Besuchen/sich um Menschen kümmern" erscheint, mit 32 % an der Spitze (siehe Tabelle 11, S. 79). Überdurchschnittlich hoch im europäischen Vergleich sind außerdem die Prozentzahlen für Unterrichts- und Ausbildungstätigkeiten mit 28 % gegenüber 17 % für Europa.

(7) Das Volunteering muß im eigenen engen sozialen Umfeld anerkannt sein: In diesem Kontext stellt sich natürlich die Frage, auf welchem Wege überhaupt Volunteers gewonnen werden, bzw. welche Methoden sich im Rahmen der Studie als erfolgreich herausgestellt haben und welche als weniger aussichtsreich. Neben der Mitgliedschaft ist die persönliche Beziehung zu anderen, die schon im selben Bereich als Volunteers arbeiten, von entscheidender Bedeutung (siehe Tabelle 14,

232

S. 84). Mit diesem Ergebnis wird bestätigt, daß es sich bei diesem Engagement um eine Form von erweiterter Beziehungsarbeit handelt, die innerhalb des eigenen engen sozialen Umfeldes anerkannt bzw. gepflegt sein muß. Demgegenüber ist es ein überraschendes Ergebnis, daß weder die Medien noch öffentliche Aufrufe oder Büros für Volunteers einen großen Einfluß haben.

Diese Struktur hängt wohl auch damit zusammen, daß es sich beim bürgerschaftlichen Engagement in der Regel um etwas handelt, nach dem ein Mensch gefragt wird. Es geschieht weitaus seltener, daß jemand es von sich aus anbietet. Dieses Ergebnis weist auf zwei unterschiedliche Perspektiven hin. Zum einen sind die, die angesprochen werden, wohl in der Regel durchaus bereit, sich zu engagieren – in welchem Rahmen auch immer. Und zum anderen gibt es bisher in keinem der an der Untersuchung beteiligten Länder eine Kultur, in der die eigene Engagementbereitschaft selbständig angeboten wird, so daß es nur noch um eine sachgerechte Vermittlung von Interesse und Bedarf ginge. Auf der anderen Seite muß jedoch berücksichtigt werden, daß die Existenz von sogenannten „Volunteer-Büros" oder „Ehrenamtsbörsen" eine sehr junge Entwicklung ist, die sich erst noch durchsetzen muß und eventuell durchaus dazu verhelfen kann, ein anderes Verständnis von Bürgerengagement zu etablieren. Hier wären allerdings weitere, tiefergehende vergleichende Untersuchungen notwendig, in denen der Frage nachgegangen werden könnte, ob in Großbritannien oder in den Niederlanden, wo es diese Einrichtungen schon länger gibt, ein anderer Typ von Volunteers auftaucht bzw. sich dort der Typ von Volunteers durch diese Büros qualitativ verändert hat.

(8) Volunteers reagieren mit ihrem Engagement in der Regel auf eine öffentliche Notlage: Diese als wünschenswert bezeichnete Untersuchung würde sich auch deshalb lohnen, weil sich innerhalb des Vergleichs der verschiedenen Länder auch deutliche Unterschiede bei den Gründen gezeigt haben, warum sich Menschen freiwillig und unentgeltlich engagieren (siehe Tabelle 16, S. 89). Zwar läßt sich allgemein sagen, daß es sich um einen Motivmix aus persönlichen, altruistischen und funktionalen Gründen handelt, doch insbesondere in Deutschland gibt es diesbezüglich spezifische Abweichungen. Hier gibt es eine auffallende Verbindung mit religiösen Überzeugungen, die einen bestimmten Sinn für Pflichterfüllung oder Moralität hervorgebracht haben. Demgegenüber wird in den anderen Ländern eher betont, daß es in der Regel eine öffentliche Notlage gibt, die in der Folge zu eigenem Handeln motiviert.

(9) Das Volunteering hat für die Volunteers eine große soziale Bedeutung: In dieselbe Richtung dürfte ein Weg führen, der die positiven Aspekte des Volunteering betont, die im Rahmen der Studie deutlich geworden sind. Denn immerhin betont über die Hälfte aller Volunteers, daß sie ihr Engagement wirklich genießen (siehe Tabelle 26, S. 98): Dort bieten sich Kommunikationsmöglichkeiten, können neue Beziehungen geknüpft werden, und es kann sich eine gewisse Genugtuung einstellen, wenn man die Ergebnisse der eigenen Arbeit sieht. Hierin wird der soziale Aspekt des Volunteering sichtbar, der in der Öffentlichkeit bisher zu wenig zur Geltung gebracht worden ist.

Diese positive Grundstimmung scheint auch die Aspekte aufzuwiegen, die von einem Teil der Volunteers als durchaus negativ benannt werden (siehe Tabelle 28, S. 103) So herrscht insgesamt der Eindruck vor, daß die Volunteer-Arbeit besser organisiert sein könnte, womit Information und Beratung bzw. Unterstützung gemeint sind.

(10) In Deutschland haben Volunteers zu häufig den Eindruck, nur benutzt und nicht geschätzt zu werden: Interessanterweise sind es die deutschen Volunteers, die am häufigsten den Eindruck haben, daß ihr Engagement nicht genügend geschätzt oder anerkannt wird (siehe Tabelle 28, S. 103), während dieser Kritikpunkt z.B. in Belgien so gut wie gar nicht genannt wird. Anscheinend spiegelt sich hier noch einmal wider, daß die Art, wie Volunteering in Deutschland organisiert ist, veränderungsbedürftig ist, weil sie bei den Betroffenen doch zu sehr den Eindruck erweckt, daß sie benutzt werden, ohne wirklich geschätzt zu sein. Die in anderen Ländern häufiger vorhandenen kleineren Organisationsformen, die eine unmittelbarere Beteiligung auch bei Entscheidungen zulassen, scheinen diese kritische Haltung eher zu verhindern.

Dieser Gesichtspunkt sollte auch deshalb nicht unterschätzt werden, weil Deutschland einen verhältnismäßig hohen Anteil von Menschen aufweist, die auch dann nicht bereit wären, sich zu engagieren, wenn sie gefragt würden (siehe Tabelle 31, S. 109). Daß dieses Faktum offensichtlich mit der gesamtgesellschaftlichen Einschätzung von Volunteering zusammenhängt, zeigt sich auch an den Antworten auf die vier Fragen zur Bedeutung des Volunteering (siehe Tabelle 32-38, S. 111 ff.).

Immerhin gehört Deutschland mit zu den Ländern, in denen das Statement, daß Ehrenamtliche etwas Besonderes gegenüber bezahlten Mitarbeitern in ihre Arbeit einbringen, vergleichsweise wenig Zustimmung erfährt (siehe Tabelle 33, S. 112). Der Zustimmungsgrad ist hier mit 41 % z.B. nur halb so hoch wie in Dänemark mit 82 %. Hier wird ein politischer und kultureller Kontext deutlich, der anscheinend in anderen Ländern ein anderer ist und diesen bedenklichen Eindruck nicht aufkommen läßt.

Ein wichtiger Hinweis, der sich aus der Studie ergibt, dürfte in diesem Zusammenhang sein, daß in vielen anderen westeuropäischen Ländern deutlich wird, daß Volunteering als Beitrag zu einer aktiven Gestaltung der demokratischen Gesellschaft aufgefaßt wird (siehe Tabelle 38, S. 118) Dies gilt sowohl für Belgien und die Niederlande als auch für Dänemark und Schweden. In diesen Ländern geht es bei dieser Form des Engagements anscheinend sehr viel stärker um Bürgerbeteiligung, also um eine Art der Demokratisierung gesellschaftlichen Lebens und weniger um eine Form karitativer Pflichterfüllung.

(11) Es gibt zufriedenstellende Angebote für die Einarbeitung der Volunteers: Auf die Frage, ob den Volunteers in der Regel ein Angebot zur Einarbeitung gemacht wird, geben die Zahlen für Deutschland einen Mittelwert an (siehe Tabelle 17, S. 91). Allerdings scheint es doch Unterschiede zwischen der Situation in den alten und in den neuen Bundesländern zugeben. Im Westen wird dieses Angebot häufiger gemacht als im Osten. Für eine gezielte Verbesserung dieser Situation spricht der hohe Grad der Zufriedenheit mit diesen Angeboten. Er liegt mit 85 % für ganz Deutschland auf einem vergleichsweise hohen Niveau (siehe Tabelle 19, S. 93), wobei deutlich wird, daß es im Westen noch eine deutlichere Zustimmung gibt als im Osten.

(12) Die Erstattung von Auslagen der Volunteers ist unterschiedlich geregelt: Die Auslagenerstattung für die Volunteers ist in den verschiedenen europäischen Ländern sehr unterschiedlich geregelt. Dabei sollte die ausgesprochen hohe Prozentzahl mit 53 % in Deutschland (54 % im Westen; 50 % im Osten) nicht darüber hinwegtäuschen, daß sie sich aus einem hohen Anteil von Antworten zusammensetzt, die auf dieser Frage mit „manchmal" geantwortet haben. Dies waren immerhin 33 % der Befragten, während nur 20 % mit einem uneingeschränkten „ja" geantwortet haben (siehe Tabelle 25, S. 96). Umgekehrt muß jedoch festgehalten werden, daß immer noch über ein Drittel der deutschen Volunteers ihr Engagement selbst finanzieren müssen.

(13) In den letzten zehn Jahren ist in ganz Europa die Zahl der Organisationen, die mit Volunteers arbeiten, beträchtlich gewachsen: Eine Frage an die Organisationen zielte auf das Datum ihrer Grün-

dung bzw. Entstehung ab. Für Europa insgesamt ergibt sich als Bild, daß die überwiegende Mehrheit der Organisationen erst in den letzten 30 Jahren entstanden ist. Allerdings wird durch diese globale Aussage verwischt, wie jung die überwiegende Zahl der Organisationen ist. Denn gerade in den osteuropäischen Staaten sind erst in den letzten drei bis vier Jahren solche Organisationen entstanden. Gründungsanlaß waren in der Regel die völlig neuartigen sozialen Probleme wie Obdachlosigkeit oder Armut. Aber gerade diese Art von Gründungsanlaß hat auch in den westeuropäischen Ländern in den vergangenen zehn Jahren zu der gestiegenen Bedeutung des Volunteering beigetragen. Vermutlich spiegelt sich in dieser Entwicklung die soziale Lage in Europa auf zweifache Weise wider. Zum einen hat sich in den letzten Jahren das Tableau der sozialen Probleme innerhalb der Gesellschaft erweitert (Aids; Asylsuchende; ausländische Bürgerinnen und Bürger). Anscheinend gibt es gerade in diesen Bereiche starke Impulse, eigenverantwortlich zu reagieren. Besonders hervorzuheben sind in diesem Zusammenhang neben den osteuropäischen Staaten Großbritannien, Belgien, Dänemark, Irland und Frankreich. Zum anderen ist das Anwachsen von Organisationen, die mit Volunteers arbeiten, auch ein Indikator dafür, daß die staatliche Wohlfahrtspflege überall in Europa kontinuierlich zurückgefahren worden ist.

(14) Das Volunteering in Europa hat bevorzugte Klientengruppen: Trotz des kontinuierlichen Anwachsen der freiwilligen sozialen Arbeit in Europa zeigt sich, daß dieses Wachstum überall bestimmte Schwerpunkte aufweist und dabei auch Defizite sichtbar werden. In erster Linie kümmert man sich um Jugendliche, Kinder, Familien und Senioren (siehe Tabelle 39, S. 137; eine Differenzierung nach alten und neuen Bundesländern ist an dieser Stelle leider nicht möglich). Zwar gibt es hier unterschiedliche Reihenfolgen, aber konstant bleibt, daß es die Zielgruppen sind, denen man sich am liebsten zuwendet. Hier ergeben die Untersuchungsergebnisse in Deutschland kein anderes Bild als in den Niederlanden, der Slowakei oder Schweden.

Bei dieser Konzentration handelt es sich um Gruppen, die zu den traditionellen „Objekten" der Wohlfahrtspflege gehören, die durch Voluntcers geleistet wird. Tatsächliche Randgruppe der verschiedenen europäischen Gesellschaften, wie z. B. Asylsuchende, jede Art von ethnischen Minderheiten, Drogenabhängige, Obdachlose, Flüchtlinge oder Opfer von Gewaltverbrechen, werden in jedem Land nur von einigen wenigen Gruppen betreut. Die einzige Ausnahme in diesem

Bereich bilden Arbeitslose, die z.B. in Irland eine wichtige Klienten-gruppe darstellen.

Dieser Tatbestand signalisiert einen meines Erachtens bedenklichen Gesichtspunkt: Auch wenn die Engagementbereitschaft durchaus groß ist, bildet der Volunteer-Sektor auch im Bereich der Diskriminierung die realen gesellschaftlichen Verhältnisse wieder ab. Auch hier scheint es in allen europäischen Ländern in erster Linie darum zu gehen, die Gruppen bzw. Menschen zu betreuen, die zu den innerhalb der Gesellschaft akzeptierten gehören. Die Diskriminierung von Außenseitern wiederholt sich – wenn man es quantitativ betrachtet – im Volunteer-Sektor. Die Gründe dafür mögen einmal die soziale Herkunft der Volunteers sein: Sie kommen aus vorwiegend bürgerlichen Schichten, was auch gewisse Berührungsängste erklärt. Zum anderen könnte es ein Hinweis darauf sein, daß bei diesen Gruppen eher auf professionalisierte Hilfe gesetzt wird. Doch auch dort gibt es deutliche Mängel.

(15) Die Einkommenssituation ist kein Kriterium für Volunteering: Gleichwohl ergibt sich dieser Handlungsschwerpunkt einigermaßen absichtslos, denn alle befragten Organisationen geben an, daß sie von sich aus keine diskriminierenden Entscheidungen hinsichtlich Mitarbeiter/innen und Klienten treffen. Nur in Belgien, Bulgarien und Frankreich gibt es eine größere Anzahl von Organisationen, die sich explizit mit den Problemen von Armen beschäftigen. In den übrigen Ländern ist der prozentuale Anteil der Organisationen in diesem Bereich weitaus geringer, und er tendiert teilweise gegen null (siehe Tabelle 39, S. 137; eine Differenzierung nach alten und neuen Bundesländern ist an dieser Stelle leider nicht möglich).

Aufgrund der Untersuchungsergebnisse scheint es so, daß sich hier die von den Organisationen bemühte Ideologie widerspiegelt, daß das persönliche Einkommen kein Kriterium für die Dienstleistung sein soll. Obgleich es sich bei dieser grundsätzlichen Überzeugung ja um den Versuch handelt, einen bestimmten Gleichheitsgrundsatz zu verwirklichen, zeigt sich in der Realität, daß diese Idealität zur Ausgrenzung von Menschen mit sehr niedrigem Einkommen führt. Aus diesem Grunde ist die Praxis in Belgien, Bulgarien und Frankreich – wie eben schon ausdrücklich erwähnt –, sich explizit für eine solche Arbeit auch im Volunteer-Sektor zu entscheiden, sicher bedenkenswert.

(16) Die Volunteers bilden das Rückgrat der meisten Wohlfahrtsorganisationen: In allen beteiligten Ländern stellt sich als Ergebnis der Untersuchung heraus, daß die Tätigkeiten der Volunteers in allen Bereichen der Wohlfahrtsorganisationen erbracht werden und daß

die Arbeit der Organisationen insgesamt stark von ihrem Engagement abhängt. Nur in Deutschland und in Dänemark konnte keine Aussage in dem Sinne erhoben werden, daß ohne das Engagement von Volunteers die Arbeit der Organisationen unmöglich wäre.

Eine derartige Einschätzung ist aber nur möglich, weil es anscheinend einen festen Kern von Volunteers gibt, auf deren regelmäßige Mitarbeit man sich verlassen kann. Für eine kontinuierliche und qualitativ hochwertige Arbeit im Wohlfahrtssektor ist dieser Grad von Verbindlichkeit wohl notwendig. Hier dürften nach den Untersuchungsergebnissen die Niederlande beispielgebend sein, während in Schweden und Bulgarien deutliche Mängel in dieser Hinsicht festzustellen sind.

In diesem Zusammenhang ist es allerdings überraschend, daß der größere Teil der Organisationen keine Auskunft darüber geben konnte, wieviel Zeit die Volunteers regelmäßig in diese Arbeit investieren. Dort jedoch, wo Angaben gemacht wurden, zeigt es sich, daß es sich um ein Kontingent von ein bis zehn Stunden in der Woche handelt (siehe Tabelle 45, S. 152). (Die befragten deutschen Organisationen waren insgesamt nicht in der Lage, auf diese Frage eine Antwort zu geben, so daß sich für Deutschland an dieser Stelle ein interessanter „blank" ergibt.) Auf der anderen Seite wird deutlich, daß in Ländern wie Belgien, Bulgarien, Dänemark und Frankreich ein Viertel der Organisationen von dem großzügigen Zeitangebot ihrer Volunteers profitieren, die zum Teil mehr als 20 Stunden in der Woche investieren. Anscheinend ist dieses Zeitinvestment von der Art der Arbeit und von der Art der Organisation und ihrem Umgang mit Volunteers abhängig.

(17) Für die Organisationen sind die Volunteers billige Arbeitskräfte, die auch nur geringe indirekte Ausgaben verursachen: Für die entsprechenden Organisationen gibt es eine Reihe von Gründen, mit Volunteers oder Freiwilligen zusammenzuarbeiten. Dabei ist es in allen beteiligten Ländern so, daß die Tatsache, daß es sich um billige Arbeitskräfte handelt, eine entscheidende Rolle spielt (siehe Tabelle 52, S. 167). Selbstverständlich ist damit vordergründig gemeint, daß sie nicht bezahlt werden müssen. Darüber hinaus geht es aber auch darum, daß sie die Anforderungen an bezahlte Kräfte verringern und so das Ausmaß von zu bezahlenden Überstunden verringern. Außerdem reduziert das kostenlose Engagement der Volunteers auf jeden Fall die Verwaltungskosten der Organisation.

Obwohl diese Aussagen recht „mißbrauchend" klingen, möchte ich betonen, daß es sich hier um die Perspektive der Organisationen handelt. Deren wichtigstes Kriterium ist die Funktionsfähigkeit ihrer Einrichtung, und aus diesem Blickwinkel erscheinen die angegebenen Vorteile nicht nur logisch, sondern durchaus sachgerecht. Sie verweisen außerdem darauf, daß die Freiwilligen für die Organisationen ein kostbares Gut sind, das sie auch entsprechend behandeln sollten.

(18) Volunteers schaffen eine Verbindung zwischen den Organisationen und dem Alltagsleben der Menschen in einer Region: Neben der mehr instrumentellen Wertschätzung der Volunteers scheinen die europäischen Organisationen, die mit ihnen arbeiten, auch einen klaren Blick dafür zu haben, daß die Volunteers als Personen eine wichtige Rolle für ihre Verankerung im Alltagsleben spielen. In allen europäischen Ländern betonen die Organisationen, daß die Volunteers ihnen dazu verhelfen, im gesellschaftlichen Leben verankert zu sein, und daß die Volunteers eine Art Botschafter in die Welt außerhalb der Organisationen sind. Ohne ihre Beteiligung wäre eine Verbindung nur schwer möglich. Vor diesem Hintergrund erweist sich z.B. die in Frankreich geltende gesetzliche Regelung, daß alle Organisationen, die im Bereich der Wohlfahrtspflege tätig sein wollen, einen bestimmten Prozentsatz von Volunteers haben müssen, als bedenkenswert.

Insgesamt hat sich gezeigt, daß Volunteering ein universales Phänomen ist, das eine relativ lange Geschichte in den jeweiligen Gesellschaften hat. Gegenwärtig investieren „Millionen von Menschen ... viel Zeit, Energie, Kompetenz und Erfahrung für andere Menschen, und das freiwillig und ohne Bezahlung."[2] Die Bereitschaft zu dieser Art von Engagement wird als Prüfstein dafür angesehen, „wieviel Solidarität und soziale Verantwortung in einer individualisierten Reichtumsgesellschaft noch zur Geltung gebracht werden kann" (ebd., S.8). Die sich verändernden gesellschaftlichen Rahmenbedingungen, die oftmals in einer gleichgültigen Lohnarbeitermentalität und in der privaten Aufrechnung von Kosten und Nutzen auch im Zusammenhang mit Humanität als besondere Charakteristika der gegenwärtigen „Reichtumsgesellschaft" beschrieben werden, verweisen darauf, daß sich auch das Gesicht des Volunteering in Europa verändern muß. Die ursprünglich mit Volunteering verbundenen Werte wie Freiwilligkeit, Unbezahltheit, Spontaneität, Ganzheitlichkeit und Zweckfreiheit stehen dazu in einem deutlichen Widerspruch. Die Figur des Volunteers

---

[2] Diese Formulierung ziert den Umschlagdeckel des von Siegfried Müller und Thomas Rauschenbach 1988 herausgegebene Bandes: Das Soziale Ehrenamt. Nützliche Arbeit zum Nulltarif. Weinheim und München.

als selbstloser, barmherziger Samariter hat anscheinend keine große Aktivierungs- und Überzeugungskraft mehr. In diese Richtung weist das wachsende politische Interesse und die von allen Seiten gestellte Frage, welche Rolle ein freiwilliges bürgerschaftliches Engagement in der Gesellschaft spielen kann. Gleichzeitig ist dabei auch zu berücksichtigen, daß dieses Engagement auch nötig ist, weil viele Dinge nicht mehr selbstverständlich aus lebensweltlichen Ressourcen zu haben sind. Mit dem Verlust dieser Handlungsform bzw. der Bereitschaft dazu geht der humane und solidarische Anspruch dieser Gesellschaft verloren, verändert sich also die Qualität dieser Gesellschaft erheblich. Dies wiederum wird zu einer erheblichen Glaubwürdigkeitskrise des Wohlfahrtsstaates führen, dessen Akzeptanz bei der Mehrheit der Bürgerinnen und Bürger davon abhängig ist, ob noch direkte soziale Mitmenschlichkeit erlebt werden kann.

An der Art, wie Volunteering politisch gefördert und unterstützt wird, läßt sich sicherlich ablesen, ob es darum geht, „mehr Demokratie zu unterstützen" oder nur die sozialen Probleme kostengünstig in den Griff zu bekommen. Dabei muß gleichzeitig berücksichtigt werden, daß bürgerschaftliches Engagement zu anspruchsvoll, zu eigensinnig und zu fragil ist, um ohne weiteres Gegenstand politischer Interventionen zu sein.

Bürgerschaftliches Engagement und Professionalität

Ausgewählte Ergebnisse der „Eurovol-Studie" für Theorie- und Praxisanregungen in Deutschland

Irmtraut Paulwitz

These 1: Volunteering bereitet Freude und ermöglicht eine persönliche Horizonterweiterung. Es hilft, aktiv und gesund zu bleiben. Fremde Menschen begegnen sich und schließen als Volunteers Freundschaften. Sie erfahren persönliche und soziale Anerkennung im Gemeinwesen (siehe Abbildung 1, S. 242).

Folgerungen für Theorie und Praxis

Bürgerinnen und Bürger unseres Landes zeigen in der Einzelbefragung auf, was sie mit dem Volunteering für ihr eigenes Wohlbefinden gewinnen wollen und was sie persönlich brauchen. Sie wandern handelnd zwischen Selbstbezug und sozialem Engagement identitätssichernd hin und her. Internationale Fachvertreter/innen in der Theorie- und Praxisentwicklung zum Volunteering (Schindler-Rainman 1987; Wilson 1981), übertragen Maslows (1970) humanwissenschaftliche Erkenntnisse zum Streben nach aktiver Befriedigung menschlicher Grundbedürfnisse (*basic needs*) auch auf das Zusammenwirken mit den Volunteers. Nach Maslow benötigen wir Menschen in unseren alltäglichen Lebenszusammenhängen – also auch im freiwilligen und bürgerschaftlichen Engagement – immer wiederkehrende, grundausstattende Befriedigungslagen, z. B. umgebungsgestaltende Rahmenbedingungen für Sicherheit und Geborgenheit im Handlungsfeld; zwischenmenschliche Beziehungen für eine gute soziale Ausgangslage; Interaktion und Kommunikation als Wertschätzungselemente; Selbstaktualisierung und Selbstbestätigung zur Identitätssicherung und als Bausteine im Geben und Nehmen.

Parallel dazu läßt sich auch die Definition für das menschliche Wohlbefinden der Weltgesundheitsorganisation (WHO) als interdisziplinäres Theoriekonstrukt und als Herausforderung zur Entwicklung neuer, ganzheitlicher Handlungsstrukturierungen für das Volunteering in

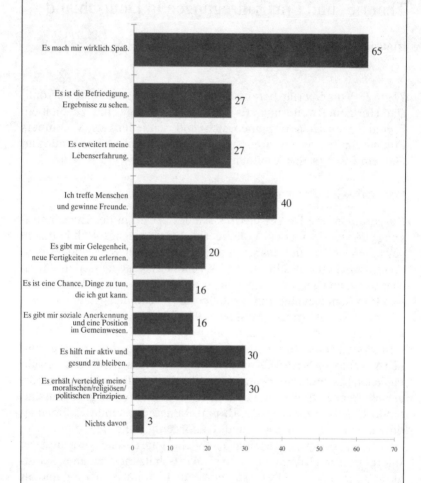

Abbildung 1: Vorteile und Gewinn durch Volunteering in Deutschland[1]

Prozentsatz der Befragten, die 1994 Volunteering geleistet haben.
[1] Siehe Tabelle 26, S. 98.

den Mittelpunkt rücken: „Gesundheit ist mehr als die Abwesenheit von Kranksein" (WHO-Deklaration, 1948). Es geht um den Einklang von physischem, psychischem und sozialem Wohlbefinden als ein ineinander verwobenes Arrangement. Aspekte aus der 1986 verfaßten Ottawa-Charta vermitteln dazu einen Rahmenplan, der für Volunteering wegweisend sein kann: „Gesundheitsförderung ist auf einen Prozeß ausgerichtet, der allen Menschen ein höheres Maß an Selbstbestimmung über ihre Lebensumstände und ihre Umwelt ermöglicht (...). Um ein umfassendes körperliches, seelisches und soziales Wohlsein (*well being*) zu erlangen, ist es notwendig, daß sowohl einzelne als auch Gruppen ihre Bedürfnisse (*basic needs*) befriedigen, daß sie ihre Wünsche und Hoffnungen wahrnehmen und verwirklichen, daß sie mit ihrer Umwelt umgehen und diese verändern können".

Well being steht also auch für die Handlungsnotwendigkeiten von Menschen mit Menschen, die gleichzeitig persönliche, soziale und milieubezogene Aufgaben meistern wollen. Es umfaßt das eigene Streben nach Erfüllung von *basic needs* als Lebensqualitätsprogramm und fällt deshalb nicht in die einseitige Zuständigkeit von hauptamtlicher Professionalität. Eine lebensweltlich orientierte *well being*-Perspektive setzt allerdings die Herstellung und Entwicklung dieses ganzheitlichen „Basic-needs-Bedingungsgefüges" voraus. Damit wird beim Volunteering in einem Ressourcen-Programm für entsprechende Ausstattungsbedingungen, Austauschverhältnisse, Barrierenminderungen und -abbau gesorgt. Durch Lehr-/Lernmodelle werden „Befähigung und Bemächtigung" (*empowerment*) für ein selbständiges Handeln und Entscheiden gestärkt. Das Volunteering geht in diesem Kontext von einer Identitätsarbeit über Sinnstiftung und von einer sozial-räumlichen Milieu-Arbeitsbeteiligung aus, wie diese unter anderem im Achten Jugendbericht (1990) als lebensqualifizierende Handlungsmaxime und gestaltende Sozialarbeit/Sozialpädagogik gefordert wird (Bundesminister für Jugend u. a. 1990).

HANDLUNGSBEDARF

Ein wesentliches Volunteer-Anliegen ist: „Mein Einsatz muß sich lohnen!" Auch unbezahltes Engagement hat seinen Preis. Persönlich gesuchte und gewünschte Vorstellungen davon, was man durch Volunteering „zurückbekommt", können sehr konkret, aber auch sehr verschwommen sein. Sie können sich an Volunteering-vermittelnde Personen, an Organisationen bis hin zu Hilfeempfänger/innen richten. Ein „Volunteer-zentrierter" Handlungsansatz ist deshalb auf persönliche Rückerstattungsvorstellungen, Wünsche und Bedarfslagen ausgerichtet und eingestellt. Dieses Handlungskonzept verringert auf allen Seiten Enttäuschungen und erhöht die *well being*-Erlebnisse durch Geben und Nehmen.

Wenn zum Volunteer-Engagement bereite Menschen sozial-räumlich vorfinden, was sie bewußt oder unbewußt persönlich suchen und im hier und jetzt brauchen, kann das Ergebnis ihres Mitwirkens eine doppelte Qualität beinhalten: Denn der Nutzen für andere, für Dienste und Einrichtungen, kommt durch sorgfältiges Zusammenfügen von Angebot und Nachfrage zustande. Das heißt *matching* oder „Passung mit Initialzündung" (Paulwitz 1988). Die Hauptquelle für Enttäuschungen und Unzufriedenheiten liegt in der Diskrepanz zwischen dem, was Volunteers vorfinden, und den Angebotsversprechungen ihrer Anwerber/innen. Diese „Fehl-Passung" ist häufig die Grundlage für „einen motivationalen Schock" und die Ursache für eine mögliche Abkehr vom Volunteering, und zwar für immer (Schindler-Rainman 1987).

These 2: Volunteering ist generationsübergreifend. Alle Altersgruppen engagieren sich: Junge Menschen ab dem 14. Lebensjahr mit deutlich höheren Prozentsätzen als die über Fünfundsechzigjährigen. Auffallend ist die hohe Beteiligung der mittleren Jahrgänge, vor allem in den ostdeutschen Bundesländern (siehe Abbildung 2).

FOLGERUNGEN FÜR THEORIE UND PRAXIS

Angesichts der demographischen Entwicklungen in der Bevölkerungsstruktur in den nächsten Jahrzehnten gilt es mehr denn je, generationsübergreifende Begegnungen zu initiieren und zu pflegen. Traditionelle Gemeinschaften wie Familie, Nachbarschaft, Kirchengemeinde, Verbände und Vereine drohen an Bedeutung zu verlieren.

Mit der rasanten Vorherrschaft der Informations-/Kommunikationstechnologien und der audiovisuellen Medien sind wir dabei, unser Mensch-zu-Mensch-Verhältnis aufs Spiel zu setzen. International wird in diesem Zusammenhang vom Verlust des lebensnotwendigen „psycho-sozialen Einkommens" gesprochen.

Biographisch erlebte und eingeprägte Vorbilder zur Entwicklung eigener Werte und Handlungsmuster, beispielgebend für die Wahrnehmung wechselseitiger Verantwortung, stehen nicht mehr so ohne weiteres zur Verfügung.

Das „Da-Sein" für andere und mit anderen hat sich – statistisch erkennbar an der Zahl der Singles oder Einpersonenhaushalte – für viele

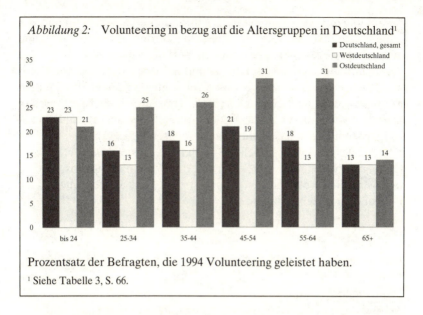

Abbildung 2: Volunteering in bezug auf die Altersgruppen in Deutschland[1]

Prozentsatz der Befragten, die 1994 Volunteering geleistet haben.

[1] Siehe Tabelle 3, S. 66.

Menschen überlebt. Traditionelle Verbindlichkeiten wie Briefeschreiben, gemeinsames Spazierengehen, generationsübergreifendes Festefeiern, gegenseitiges Besuchemachen drohen ins Unverbindliche abzugleiten. Sitten und Gebräuche, die Familie, Schule, Kirche und Vereine als vorgelebte Tradition vermittelt haben, veralten und verfallen. Konflikte entstehen innerhalb der Generationen zwischen unterschiedlichen Sinnentwürfen und Orientierungsansichten. Selbstverständlich gewordene Handlungssicherheit wird verunsichert, Identität in Frage gestellt. Individualismus und Pluralismus beherrschen unsere immer weiter ausufernden Lebenswelten und Lebensstile.

Parallel dazu entsteht Zugewinn an Freiraum mit permanenten Entscheidungsanforderungen nach dem Motto: „Wer die Wahl hat, hat die Qual", und häufig ohne Leitlinien, vor allem für die jüngere Generation. Frühe eigene Lebensvorstellungen mit persönlicher Zielsetzung und dazugehörigen Handlungsnotwendigkeiten werden von jungen Menschen einfach als „gekonnt" erwartet. Wegweisungen dazu – quasi als „Führerschein auf gebahntem Gelände" – werden wenig verläßlich gegeben und für mögliche Ernstfälle im Alltag übend auf den Prüfstand gestellt.

Viele Menschen unserer Tage setzen deshalb, sich selbst schützend, auf Kompetenzdelegation und Expertenhandeln durch Professionalität. Statt mehr Selbstvertrauen in eigene Fähigkeiten zu haben und eigenes Können zu erwerben, besteht die Gefahr einer Kompetenzberaubung mit Autonomieverlust. Zuständigkeiten von oben und von außen werden gesucht, erbeten und eingefordert, d.h. nach oben und außen wird abgegeben, abgeschoben, notfalls eingeklagt.

Wir benötigen ein neues Befähigen und Bemächtigen (*empowerment*) zur Rückgewinnung des Sozialen im weitesten Sinne: für jüngere Menschen als Lehr-/Lernmodell für das Hineinwachsen; für Menschen in der sogenannten „dritten Lebensphase" als Schutz und Sicherungssystem gegen das Nicht-Hinauswachsen in ein Abseits.

Das Soziale als ein wesentlicher Bestandteil von *well being* gehört zum kostbaren zwischenmenschlichen Gut des Humanvermögens, als eine lebenslänglich notwendige „psycho-soziale Einkommensquelle" für jung und alt gleichermaßen.

HANDLUNGSBEDARF

Die Professionellen sollten soziales Engagement als identitätsstiftende Einnahmequelle, aber auch als gemeinschaftsbildende Kraft in Form „vom eigenen Sinn zum Gemein-Sinn" neu ordnen.

Menschen in allen Altersstufen, in allen ihren Lebenslagen und -stationen sollten Mittel und Wege zum freiwilligen und bürgerschaftlichen Mitwirken leicht zugänglich vorfinden. Junge Menschen sollten durch sorgfältig „eingepaßtes" Volunteering Chancen erhalten, auf generationsübergreifende Begegnungen zu stoßen. Ältere Menschen sollten keine „Ruhestands-Ausmusterung" erleben müssen, stattdessen eine lebensnotwendige Zugehörigkeit in einem bunt gemischten Sozialmilieu, mit allen Alters- und Lebensschattierungen.

Volunteer-Förderprogramme und -Einrichtungen des Bundes, der Länder, der Kommune und der freien Träger sollten bewußt generationsvernetzend angelegt sein. Warum können nicht beispielsweise jung und alt durch dasselbe Volunteer-Büro informiert, beraten, vermittelt und begleitet werden? Warum werden vorzugsweise Seniorenbüros, Seniorengenossenschaften, Senioren- Treffs usw. öffentlich gefördert (vgl. Rönsch 1994)? Dagegen wird den Volunteer-Zentren als Agenturen für Freiwillige, den Kontakt- und Mitmachbörsen (KOMIT-Börsen), die sich als lokale Begegnungsforen, als Bürgertreffpunkte und Bürgerbüros für alle entwickeln, die finanzielle Förderung und Ressourcenausstattung schwer zugänglich gemacht.

Hier können wir von Ländern um uns herum lernen: Für Volunteering wird dort sowohl das Bildungs- als auch das Kultur- und Innenministerium – neben dem für Gesundheit und Soziales – bei der rechtlichen und finanziellen Förderung in die Pflicht genommen. Denn bürger-

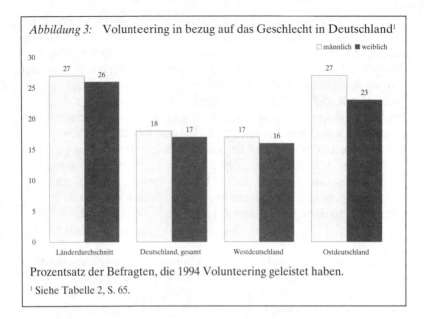

Abbildung 3: Volunteering in bezug auf das Geschlecht in Deutschland[1]

☐ männlich ■ weiblich

Prozentsatz der Befragten, die 1994 Volunteering geleistet haben.

[1] Siehe Tabelle 2, S. 65.

schaftliches Engagement ist dort für alle Ministerien förderungswürdig und deshalb wird die Zuständigkeit ressortübergreifend organisiert. Dafür setzen sich in anderen Ländern die nationalen Volunteer-Zentren stark ein.

Wir sollten uns davor hüten, bestimmte Altersgruppen in eine besondere Pflicht zum Volunteering zu nehmen. Wir sollten nicht „messen", wer mehr tut, wer zu wenig tut, wer gar aus sparpolitischen Gründen „geködert" werden sollte und deshalb als Zielgruppe besonders interessant erscheint. Menschen, die sich freiwillig engagieren, sind sehr sensibel für offene und/oder verdeckte sozialpolitische Absichten; sie reagieren enttäuscht und für immer „verstimmt".

These 3: Nach den Ergebnissen der Eurovol-Studie haben Frauen und Männer als Volunteers überraschenderweise beinahe gleiche Prozentzahlen erreicht; in Ostdeutschland überflügeln die engagierten Männer sogar die dortigen Volunteer-Frauen (siehe Abbildung 3).

FOLGERUNGEN FÜR THEORIE UND PRAXIS

Wenn beim Volunteer-Engagement nach der „freiwillig und ohne Bezahlung zur Verfügung gestellten Zeit" gefragt wird (siehe Fragebogen S. 205), zeigt sich, daß sich die geschlechter-bezogenen Ergebnisse offensichtlich verschieben, d.h. sich einander annähern. Die „Eurovol-Studie" erfaßte auf diese Weise zugleich einen wesentlich erweiterten Aktionsradius in den Tätigkeitsbereichen; diese liegen vor allem auf „sozialem, gesundheitlichem, sportlichem, ökologischem, politischem Gebiet, in Religion, Kunst und Kultur" (siehe Tabelle 10, S. 75).

Bis heute finden wir beim freiwilligen und bürgerschaftlichen Engagement geschlechtsspezifische und je nach Geschlecht bevorzugte Territorien. Die seit Jahren laufende, kritische Betrachtung gilt besonders dem traditionellen „sozialen Ehrenamt" in Form von „nützlicher Arbeit zum Nulltarif" (Müller/ Rauschenbach 1988) – eine häufig dem weiblichen Geschlecht zugewiesene und pflichtmäßig übernommene, sozialhelfende Domäne.

Eine kritische Betrachtung und gesicherte Bestandsaufnahme zur Schieflage und Einseitigkeit des bevorzugten männlichen Volunteer-Engagements mit nach außen sichtbaren Tätigkeitsmerkmalen in „Amt" und „Ehren" – mit möglichst abgesicherten Rahmenbedingungen und geregelten Ausgabenentschädigungen – stehen noch aus. Dieser Status quo zwischen männlichem und weiblichem Volunteer-Handeln sorgt vielleicht auch für das beharrliche deutsche Festhalten an einer längst überfälligen neuen Bezeichnung für „ehrenamtlich" und „Ehrenamt". Warum können wir uns angesichts der europäischen Vereinigung nicht auch auf die Bezeichnung „Volunteering/Volunteers" als ein internationales, sprachlich vereinheitlichendes Gastgeschenk verständigen? Viele ausländische Gäste könnten sich in Deutschland auf diese Weise mit dem Stichwort „Volunteer/Volunteering" an für sie vertraut handelnde Menschen mit den entsprechenden Strukturen wenden und im sonst so fremden Land leichter Fuß fassen.

Viele Länder um uns herum haben sich auf die Begrifflichkeit „Volunteering/Volunteers" eingelassen und auf national-sprachliche Eigenständigkeiten verzichtet (Paulwitz 1996a).

Parallel dazu ist bei einer neuen und jüngeren weiblichen Generation weltweit die Bereitschaft für eine auferlegte, freiwillige Fürsorgearbeit „zum Nulltarif" im Schwinden begriffen. Das vermeintlich „naturwüchsige" oder „genetisch kodierte" Verpflichtungsreservoir als Reservearmee im Wohlfahrtsdienst stirbt aus. Die „typisch weiblich" vorgefertigten, gelehrten und und gelernten Sozialisationsmodellierungen werden von Mädchen nicht mehr einfach in Kauf genommen.

Nach sozialwissenschaftlichen Erkenntnissen muß modernes Volunteering darauf eingestellt sein, daß Frauen und Männer gleichermaßen nach selbst zu bestimmenden und selbst zu gestaltenden, persönlichen

„Passungsverhältnissen" Ausschau halten – und daß dies immer öfter mit der Frage verknüpft wird: „Was habe ich davon?" Dabei möchten sie in jedem Fall Besitzer/in ihres persönlichen „Frei-Zeit-Budgets" bleiben, d.h. sie möchten selbst darüber verfügen, worin sie wieviel ihrer eigentlich freien Zeit investieren – in Konkurrenz zu Nichtstun, zu Spiel, Spaß und Erholung.

In einem solchen „Konzept des Selbstbezugs" (Jakob 1993) suchen Frauen und Männer sich „passend" zu verankern, z.B. in nachbarschaftlichen Nahräumen, in Angelegenheiten des Gemeinwesens, bei bürgerschaftlichen Interessenvertretungen und in davon ausgehenden selbstorganisierten Aktionen, bis hinein in emanzipatorische, friedensfördernde und weltumspannende Aktivitäten – getreu dem Motto: „So paßt es mir gerade" oder „so passe ich mich gerne an."

Im Kontext einer punktgenauen Verortung kann das Volunteering zu einem wesentlichen Baustein und einer „psychosozialen Einnahmequelle" im Prozeß des eigenen Lebensverlaufes werden und sogar auf lange Sicht bleiben. Frauen und Männer sind aber auch damit beschäftigt, entweder sozialisierte Musterungen getreu fortzusetzen oder bewußt Neues auszuprobieren und mittels Volunteering andere Lebensbahnen zu wagen. Manche versuchen, sich selbst helfende Wege zu erschließen, um eigene Krisen und Betroffenheiten mit Hilfe eines mitmenschlichen Gegenübers zu bearbeiten. Daß hier auch Grenzen liegen oder Gefahren bis hin zu „Benutzungsverhältnissen" lauern, liegt auf der Hand.

HANDLUNGSBEDARF

Für Frauen und Männer muß freiwilliges und bürgerschaftliches Engagement in dieser Konfiguration und als Experimentierfeld in eigener und fremder Sache gleichermaßen „Volunteer-zentriert" geplant und gestaltet werden. Zugleich sucht und fordert freigewähltes Engagement die Einhaltung von selbstgesteckten Vorgaben, z. B. an Zeit, an Arbeitsintensität, an sozialräumlichen Verflechtungen und an Aktionsfeldern. Männer haben sich bei der Auswahl schon immer eine Souveränität zugestanden und auf Passungsverhältnisse geachtet; Frauen wollen und sollten diese Handlungsspielräume nach eigenem Gutdünken ebenso zur freien Entscheidung vorfinden und passend auswählen können.

Die typische Sorgearbeit gemäß dem bekannten Slogan „Kinder, Küche, Kirche" darf nicht länger bevorzugt Volunteer-Frauen zudiktiert und von der Mehrzahl der Männer ferngehalten werden. Mittels Volunteer-Engagement könnten auch die Männer „für-sorgendes" soziales Arbeiten mit allen Licht- und Schattenseiten auf eigene Weise hautnah erfahren und als Neuland für sich erobern. Auf diesem Weg könnte es zu einem neuen Verstehens- und Verständigungsprozeß zwischen den Geschlechtern kommen und zu ungeahnten Lösungswegen für die zukünftig immer weniger öffentlich bezahlbaren Pflege- und Betreuungsnotwendigkeiten. Der Zivildienst hat z.B. bewiesen, wieviel Gewinn an Humankapital gerade auch Männer für sich und für die Gesellschaft durch ihr persönliches Einlassen in die Sorge- und Kümmerarbeit einbringen können.

Frauen dagegen sollten mehr Befreiung aus „typisch weiblichem" Volunteering erleben und bewußt Neuland zur Erfahrungs- und Kompetenzerweiterung betreten dürfen. Ihnen sollten Wege zu den Belangen des Planens, Entwerfens und Entscheidens im Gemeinwesen, in öffentlichen Aufgabenfeldern zwischen Politik, Dienstleistungssektor und Verbandsarbeit geebnet werden. Frauen sind sehr häufig Expertinnen im Budgetieren und Haushaltführen, im Erfinderischsein in ausweglosen Lagen. Warum sollten sie ihre Kenntnisse des Besorgens im kleinen nicht auch in größeren Zusammenhängen mit Sachverstand und Fingerspitzengefühl einbringen? Hierzu könnte der Hinweis aus einer Abschlußerklärung zu bürgerschaftlichem Engagement aufschlußreich sein: „Die Übernahme von Leitungsverantwortung, die Fähigkeit zur Selbstorganisation und zur öffentlichen Darstellung der Arbeit gegenüber Dritten wird beim bürgerschaftlichen Engagement immer wichtiger. Wenn dieses nicht durch gezielte Übungsfelder, Leitungsteams und Förderpläne begleitet wird, verstärkt sich die Chancenungleichheit der Frauen" (Deutsche Gesellschaft für Sozialarbeit u. a. 1995: 2).

Es besteht dringender Handlungsbedarf, daß z.B. auch in der dritten Lebensphase nicht nur (oder wieder nur) Männer in den neu konzipierten Bürgerbüros überwiegend das Sagen haben und Frauen die Basisarbeit erledigen. Änderungen sind gefordert, da Leitungsaufgaben auch in Volunteer-Bereichen wieder mehrheitlich von Männern wahrgenommen werden und Frauen auch hier nur mittels Frauenförderplänen, Frauenbeauftragten, Gleichstellungsfrauen usw. zum Zuge kommen könnten. Dies spielt sich ausgerechnet beim Volunteering ab, in dem Frauen weltweit Vordenkerinnen waren und sind, sich einmischen pragmatisch handelnd, wo immer „es brennt" und Ressourcen fehlen. Die gegenwärtig laufende, eher von Männern geführte Debatte zur Zivilgesellschaft sollte unbedingt neue Lösungen für dieses „Status quo-Verhältnis" finden, wenn sie den Weg bereiten soll für eine neue Wertschätzung des freiwilligen und bürgerschaftlichen Engagements, für Frauen und Männer gleichermaßen.

These 4: Freiwilliges und bürgerschaftliches Engagement lebt von einem Vertrauen schaffenden Anstiftungseffekt, vom freundlichen Angesprochenwerden und vom zuverlässigen Gefragtsein. Volunteers möchten am liebsten einzeln und persönlich um Mitwirkung gebeten und dazu eingeladen werden. Dieser Weg ehrt sie (siehe Abbildung 4).

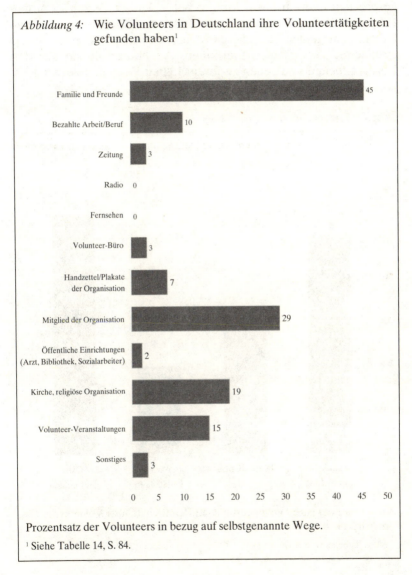

Abbildung 4: Wie Volunteers in Deutschland ihre Volunteertätigkeiten gefunden haben[1]

Prozentsatz der Volunteers in bezug auf selbstgenannte Wege.

[1] Siehe Tabelle 14, S. 84.

Die „Eurovol-Studie" weist nach, daß 44 % der Nicht-Volunteers in Deutschland bei einer persönlichen Anfrage über ihre Bereitschaft zum Mitwirken nachdenken würden (siehe Abbildung 5).

30 % der Nicht-Volunteers geben an, daß sie noch nie persönlich angesprochen und um Mitwirkung gebeten wurden. Wenn 22 % der Bürgerinnen und Bürger noch nie selbst an Volunteering gedacht haben, dann fehlen auch diesen Menschen offenkundig persönlich einladende Gesprächspartner/innen, Angebote, die sie aus der Reserve locken und genau zu ihrem Lebenskonzept passen (siehe Abbildung 6).

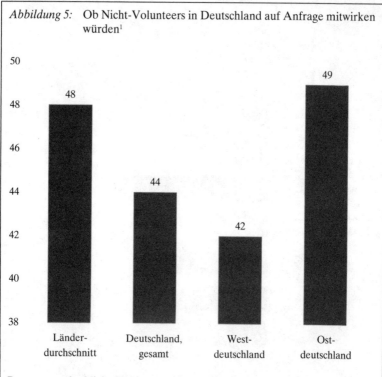

Abbildung 5: Ob Nicht-Volunteers in Deutschland auf Anfrage mitwirken würden[1]

Prozentsatz der Nicht-Volunteers mit der Bereitschaft, über Volunteering nachzudenken.

[1] Siehe Tabelle 31, S. 109.

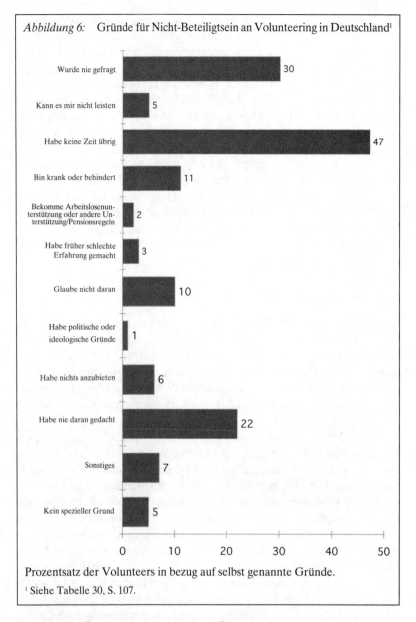

Abbildung 6: Gründe für Nicht-Beteiligtsein an Volunteering in Deutschland[1]

Prozentsatz der Volunteers in bezug auf selbst genannte Gründe.

[1] Siehe Tabelle 30, S. 107.

FRAGEN AN PROFESSIONALITÄT UND PRAXIS

Wann, wo und wie kommen die Hauptberuflichen mit ihren Mitbürgerinnen und Mitbürgern ins Gespräch, wenn sie freiwillige Beteiligung vor Ort planen? Wen sprechen sie mit welchen Anliegen spontan an, wen umgehen sie? Sind sie es nicht, die von vorn herein selektiv Ausschau halten? Wenden sie sich zielgerichtet nur an finanziell und sozial gut abgesicherte Menschen mit gehobener Ausbildung, an die sogenannten „Gutsituierten" und übergehen z. B. Minderbemittelte, Arbeitslose, Behinderte und Sozialhilfeempfänger/innen? Dürfen diese am Rande stehenden Mitmenschen sich überhaupt ein Volunteering wünschen, damit sie aus ihrer Randständigkeit, ja Isolation herauskommen und anderen Menschen begegnen? Sind sie bereit und in der Lage, in jedem Fall für Auslagenersatz und kostenlose Mitarbeitsbedingungen zu sorgen? Steht Volunteering tatsächlich allen Menschen, die es wollen, frei und ist der Zugang offen? Wen wählen sie aus für die Gremien- und Lobbyarbeit, z.B. als Aushängeschild und Werbeträger für Wohlfahrtsverbandsarbeit, wenn es dabei um Entscheidungskriterien zwischen Frauen und Männern geht? Wem trauen sie was zu, und nach welchem Auswahlmodus gehen die Hauptamtlichen vor?

HANDLUNGSBEDARF

Wir alle leben von „Bitte" und „Danke", vom persönlichen und öffentlichen Gefragtwerden und Gefragtsein, von Wertschätzungen – trotz der (oder neben den) uns selbst allzu vertrauten eigenen Licht- und Schattenseiten. Niemand möchte ohne Begründung, ohne ein erklärendes Wort von vornherein übergangen oder ausgesondert werden. International verbreitet sich in diesem Kontext der Slogan: „Niemand hat nichts zu geben" (Schindler-Rainman, 1987).

Zu einer Vertrauen erweckenden persönlichen Anfrage gehört aber auch Raum für eine selbst gewählte und bewußt gewollte offene Entscheidung. Im modernen Volunteering möchte niemand „über den Tisch gezogen" oder „hinters Licht geführt" werden. Viele Menschen wollen anfangs, vielleicht zum Probieren, nur „den kleinen Finger" hinhalten – genommen wird liebend gern die ganze Hand und die Person vollständig verbraucht, ohne daß jemand Einhalt gebietet. Bürgerinnen und Bürger reagieren empfindsam und verletzlich, wenn Staat, Kommune, Kirche und Verbände bürgerschaftliches und freiwilliges Mitwirken von vornherein vorbehaltlos als einen festen Bestandteil sozialpolitischer und sozialdienstleistender Programme einkalkulieren. Volunteers wollen in einer demokratischen Gesellschaft als handelnde Subjekte partnerschaftlich gefragt werden. Sie möchten einladende Strukturen vorfinden, denn Volunteering ist ein Geschenk an die Gemeinschaft, unbezahlbar und von außen nicht einfach als sparpolitische Rechengröße verfügbar. Volunteering ist

254

ein Aushängeschild für die Übereinstimmung von sozialen, demokratischen Verhältnissen in jedem Land, in jeder Gemeinschaft, in jedem noch so kleinen Projekt. Volunteers machen publik, was sie sehen und erleben.

These 5: Freiwilliges und bürgerschaftliches Mitwirken in Deutschland trägt im europaweiten Ländervergleich das herausragende Markenzeichen einer „Volunteer-Sozialarbeit". Mit den Handlungsfeldern in sozialen Diensten, im Gesundheits-, Erziehungs- und Bildungsbereich, über die Mitarbeit im Gemeinwesen und in den Religionsgemeinschaften – mit den dahinter stehenden Wohlfahrtsverbandseinrichtungen z.B. von Caritas und Diakonie – überrundet „sozial-arbeitendes Volunteering" in Deutschland sogar die Prozentsätze der Engagierten im Sport- und Freizeitsektor (siehe Abbildung 7, S. 256).

Trotz der niedrigen Prozentzahl bei den 1994 tätigen deutschen Volunteers (18 %, siehe Tabelle 1, S. 65) spiegelt sich in der Häufigkeit des Engagements eine regelmäßige Tätigkeit mit 85 % pro Monat wider. Dies beweist einen äußerst hohen persönlichen Verpflichtungs- und Verläßlichkeitsgrad. Das Ergebnis ist noch eindrucksvoller, da nur ein Prozent der Aktiven angibt, weniger häufig tätig zu sein (siehe Abbildung 8, S. 257).
Ein hohes Pflichtbewußtsein beweist auch der Umfang des Stundeneinsatzes. Pro Monat setzen 32 % der regelmäßig Engagierten fünf bis zehn Stunden ihrer privat gestifteten Zeit zugunsten von Volunteering ein (sieheTabelle 6, S. 70).

FOLGERUNGEN FÜR PROFESSIONALITÄT UND PRAXIS

Am Anfang der Entwicklung des Berufsprofils von sozialer „Für-Sorge" bis hin zur gegenwärtigen Professionalität von Sozialarbeit und Sozialpädagogik stand die durch Bürgerinnen und Bürger vorwiegend freiwillig und ehrenamtlich getragene soziale Arbeit. Die tätigen Mitarbeiter/innen setzten sich unentgeltlich in gemeindenahen, selbstverwalteten Aufgaben und „Ämtern" ein. Sie kümmerten sich um die Lösung von Problemen und um die Betroffenheiten ihrer Mitmenschen in deren sozialen Milieus. Damit waren eigenes öffentliches Ansehen und persönliche „Ehre" verbunden.
Zu Beginn dieses Jahrhunderts gingen wesentliche Konzepte von bürgerschaftlich engagierten, sozialpolitisch denkenden und „sozial arbeitenden" Frauen aus. Durch direkte Kontakte mittels „Besuche machen, sich um Menschen kümmern" bei Gemeindebewohner/innen er-

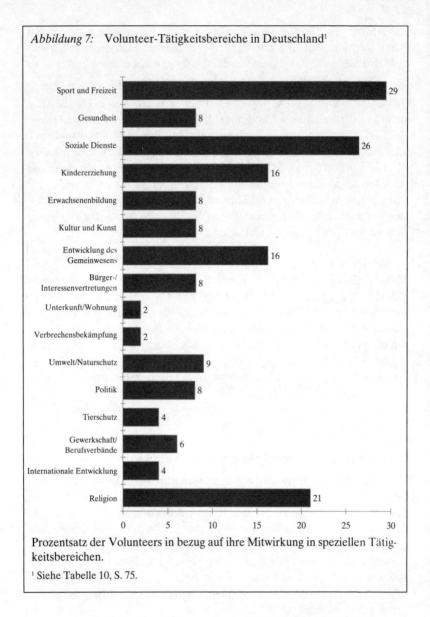

Abbildung 7: Volunteer-Tätigkeitsbereiche in Deutschland[1]

Prozentsatz der Volunteers in bezug auf ihre Mitwirkung in speziellen Tätigkeitsbereichen.

[1] Siehe Tabelle 10, S. 75.

kannten sie, daß Armut, Wohnungsnot, Arbeitslosigkeit, Geldmangel, Sucht und Krankheit usw. nicht in erster Linie selbst verschuldet waren, sondern daß dahinter gesellschaftlich bedingte Ursachen verborgen lagen.

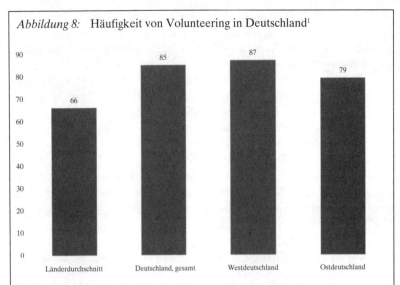

Abbildung 8: Häufigkeit von Volunteering in Deutschland[1]

Prozentsatz der Volunteers, die 1994 wenigstens einmal im Monat Volunteer-Arbeit geleistet haben.

[1] Siehe Tabelle 5, S. 69.

Eine weitere konzeptionnelle Richtung wurde von der Quartier- oder Siedlerarbeit (Settlement-Bewegung) eingeschlagen. „Settler-Volunteers" lebten, wohnten und arbeiteten möglichst ortsnah und praktizierten durch gemeinsame Lehr-/Lernmodelle mit Betroffenen Hilfe zur Selbsthilfe – auch im Umgang mit kommunaler Sozialpolitik.

Die Aufgaben und Funktionen dieser ersten Soziale Arbeit praktizierenden Mitbürger/innen sollten (als „learning by doing") im Interesse der eigenen Handlungssicherheiten und Fähigkeiten (Kompetenzen) der Adressaten rasch an diese zurückgehen. Auf diese frühe konzeptionelle und methodische Richtungsweisung läßt sich die bis heute weltumspannende Profilierung von *social work* (zugleich internationale Professionsbezeichnung) zurückführen (Paulwitz 1990).

Versucht man, aus dieser Rückblende eine gegenwartsbezogene Standortbestimmung vorzunehmen, ist dazu folgendes anzumerken:

Wendt (1982) schreibt in seiner Studie „Ökologie und soziale Arbeit" zur *social work*-Definition: „Der Vorgang, in einer Gesellschaft an den Lebensverhältnissen ihrer Angehörigen Anstoß zu nehmen und etwas mit dem Ziel zu tun, diese Verhältnisse zu verbessern, wird (...) soziale

Arbeit genannt". Bezogen auf die „Hülle" vieler „sozialer Tatsachen" (Lewin 1951) fährt Wendt fort: „Mit der sozialen Arbeit in der Gesellschaft korrespondiert heute die ökologische Sorge um den Zustand des Lebens überhaupt und um die Chancen menschlicher Gemeinschaft" (vgl. Wendt 1982:1). Bei einem europäischen Volunteer-Seminar wurde die These vertreten: Soziale Arbeit in Verbindung mit bürgerschaftlichem Engagement ist die „innere Werkstatt einer Demokratie" und gleichzeitig die Sicherstellung von bürgerschaftlicher Beteiligung mit verschieden gelagerten Fähigkeiten und Potentialen in Aktion (European Seminar Bristol 1990).

Soziale Arbeit ist im Lichte dieser Standortbestimmung Auftrag und Anliegen für alle Mitmenschen und nicht nur „Gegenstand" einer Profession, die sich als „Expertentum für Sozialarbeit" etabliert hat. Für alle hauptberuflichen Fachvertreter/innen stehen in Verbindung mit den Eurovol-Ergebnissen Fragen an: Wie geht es den hochengagierten, dienstverpflichteten Volunteers in den Handlungsfeldern der Sozialarbeit? Wer ist wo und mit welcher biographischen Ausstattung tätig? Werden diese intensiv beschäftigten Voluntees vor Überlastung und „Ausbrennen" geschützt? Dürfen sie auch „Nein" sagen? Was ist mit ihrem eigenen *well being* physischer, psychischer und sozialer Natur? Die Eurovol-Befragung der Wohlfahrtsorganisationen hat beispielsweise gezeigt, daß deutsche Einrichtungen – im Gegensatz zu anderen europäischen Ländern – wenig bis nichts darüber wissen, wer bei ihnen mit wieviel persönlich gestifteter Zeit tätig ist (siehe dazu die Tabellen 41 bis 43, S. 143 ff.). Bei uns wird offensichtlich Volunteering-bezogenes Mitwirken weder regelmäßig festgestellt noch dokumentiert.

Ein weiterer Aspekt zum fachlichen Nachdenken: Als Angehörige der beruflichen „Nachkriegs-Pioniergeneration" mit dem Aufbau der Sozialen Arbeit nach 1945 vertraut – seit 1953 parallel in hauptberuflicher und in Volunteer-Sozialarbeit tätig – ist mir als ehemaligem Flüchtlingskind auch der Fürsorgeempfänger-Status „hautnah" begegnet. Aus diesem Blickwinkel beschäftigen mich bis heute z.B. die Fragen: Was empfinden Hilfempfangende bei unbezahlten, freiwillig geleisteten Diensten? Wer hat einen Anspruch auf berufsmäßige Sozialarbeit? Wer entwickelt Kriterien dafür und kontrolliert diese? Was passiert mit Distanz und Nähe, Macht und Ohnmacht im Volunteering-Hilfeprozeß? Darf in Deutschland öffentliche Sozialarbeit betreiben, wer will? Was geschieht im „Niemandsland"?

Eine fachpolitische Vergleichsanalyse zwischen Volunteer-Engagement und Professionalität in Deutschland müßte sich gegenwärtig auf folgende brisante Zusammenhänge und Wechselwirkungen einstellen: Die anhaltende „Wende- und Umbaupolitik des Wohlfahrtsstaates" mit bevorzugter Stärkung der Investitionsfähigkeit der Wirtschaft hat Auswirkungen auf die fachlichen Standards in der Sozialarbeit. Dem in Deutschland garantierten, einklagbaren Rechtsanspruch auf öffentliche Unterstützung droht der Verlust dieser Absicherung. Der Regierung ist daran gelegen, persönliche soziale Hilfen in den familiären, nachbarschaftlichen und selbstorganisierten, ambulanten Bereich zu verlagern. Sie sollen von möglichst vielen, freiwillig und selbsthelfenden Händen der Mitmenschen kostensenkend bis zum „Nulltarif" übernommen werden. Dafür finden die Sparpolitiker im Sozialarbeitsbereich einen relativ „weichen" Sektor vor, d.h. hier ist der Widerstand gering. Es besteht so gut wie kein Mitspracherecht der betroffenen Klienten oder „Kunden", die diese Dienste in Anspruch nehmen. Sie müssen sich fügen und froh sein, wenn sie überhaupt (noch) Hilfe bekommen. Wird sich hierbei – so ist zu fragen – die Profession Sozialarbeit kompetent in das „kostendämpfende Anzapfen" von Leistungsreserven (z. B. durch Volunteering) ohne genügend Schutznormen, ohne Ressourcenausstattung, ohne eindeutig geregelte Rechte und Pflichten im Sinne von „Grauzonenarbeit" (Igl 1994) einmischen? Wird die Profession ein fachliches Instrumentarium entwickeln, um sorgfältige Trennschärfen zwischen Pflichtleistungen durch Hauptberufliche und Ergänzungs- bis „Kürleistungen" durch Volunteers sicherzustellen? Hochengagierte, sozialtätige Frauen und Männer – besonders in ihrer dritten Lebensphase – dürfen nicht rückhaltlos verbraucht, vielleicht sogar mißbraucht werden (und später umso pflegebedürftiger wieder in Erscheinung treten). Gegenwärtige politisch kursierende Mehrdeutigkeiten zwingen zur wissenschaftlichen und praxisbezogenen Klärung der allerorts spürbaren neuen Handhabung des Subsidiaritätsprinzips (vgl. Nolte 1995).

Die oben skizzierte, gewachsene symbiotische Beziehung zwischen hauptberuflicher und Volunteer-Sozialarbeit begründen die immer wieder neu auftretenden Ambivalenzen, ja Abstoßungstendenzen zwischen beiden Handlungssystemen. Werden diese beiden Ressourcenpools angesichts aufgetürmter ökonomischer, ökologischer und sozialer Umbrüche und Verwerfungen in der Lage sein, sich in Form von kreativen Kompromissen durch Nutzung der jeweiligen Stärken innovativ zu verzahnen? Wenn dagegen Hauptberufliche ihre seither fachlich geforderte Arbeit im Zuge von gegenwärtig laufenden Sparzwängen und „Streichkonzerten" einfach dem Volunteering überlassen sollen, empfinden sie sich selbst als entwertet und agieren schließlich als *gate keeper*, d. h. sie machen „dicht" (Paulwitz 1988: 161f.).

Parallel dazu dürfen Volunteers nicht (schon wieder) als „soziale Reservearmee der Nation" einbezogen werden. In den ostdeutschen Bundesländern steckt „volkssolidarische Verplanung von oben" noch tief in den Persönlichkeiten – verbunden mit den Ängsten einer Identitätsenteignung.

Solche tiefgreifenden Erfahrungen und Verletzungen der Würde und Freiheit eines Menschen begegnen einem immer noch: beispielsweise in Gesprächen bei Jury-Verpflichtungen im Auftrag der Robert Bosch Stiftung im Förderungsprogramm „Soziale Bürgerinitiative in den neuen Bundesländern". Dieses Programm läuft seit 1993 und will einen innovativen Beitrag leisten, um die gesellschaftlichen Herausforderungen nach der Wende anzunehmen. Es will alten Feindbildern („Macht – Ohnmacht", „oben – unten") mit selbstgewähltem, selbstpraktiziertem *empowerment* in Form von Volunteering entgegenwirken (vgl. Robert Bosch Stiftung ohne Datum).

HANDLUNGSBEDARF

Wenn berufliche Sozialarbeit an ihrer fachwissenschaftlichen Ziel- und Handlungsvorgabe „Hilfe zur Selbsthilfe – Hilfe als Selbsthilfe" festhalten will (und wenn sie dies angesichts laufender Sparzwänge überhaupt noch beibehalten kann), dürfte es zunächst keinen Zweifel an den unterschiedlich gelagerten Handlungssystemen geben – von den Professionellen über die Volunteers bis hin zu den Hilfesuchenden und Dienstenehmern als Klienten (oder Kunden). Dazu gehört allerdings auch eine fachlich versierte Positivbilanz über eigenes Können und Vermögen zu Beginn jedes gemeinsamen Handlungsprozesses. Dieser erste methodische Schritt zu einem Arbeitsbündnis wird immer wieder sträflich vernachlässigt. Stattdessen machen viele menschenerniedrigende „Kompetenz-Beraubungsmodelle" die Runde. Schon allein auf diesem konzeptionellen Wege könnte die professionelle Sozialarbeit ihr eigenständiges fachliches Handeln weitreichender entfalten und Übergänge vom Sich-selbst-Helfen über das Selbst-Organisieren zum Selbst-Gestalten mit Anstiftungseffekten schaffen – im Sinne von: „Wer selbst handelt, gewinnt – wer gewinnt, handelt wieder" (Paulwitz 1988: 198).

Bisher gelingt es der Sozialarbeitswissenschaft nicht genügend, die vorhandenen, breitgefächerten Theoriekonstruktionen in alltagsnahe, praxis- und milieurelevante Handlungskonkretionen umzumünzen; sie lehr- und lernbar in die Grundausbildungen und in die Praxisfelder anzubinden. Über meine internationalen Arbeitsfeld-

studien habe ich gelernt, daß wir Hochschullehrenden in den Aus-
bildungsgängen der Sozialarbeit/Sozialpädagogik Volunteering-be-
zogene Handlungstheorien und Handlungsprinzipien neu auf den
Weg bringen müssen. Dies gilt aber auch für andere personenbezogene Berufe, z. B. Lehrer, Pfarrer, Ärzte, Psychologen, Kranken-
pfleger usw. Hauptberufliches Handeln und Volunteer-Engagement
muß aus der vermeintlich konkurrierenden und spannungsreichen
„Ist-Lage" in eine neue „Soll-Lage" geleitet werden. Ein solcher
Lagewechsel ist auch bei der gegenwärtig vehement laufenden „Bür-
gerschafts-in-die-Pflichtnahme-Diskussion" wenig einleuchtend und
nicht in Sicht.

Dagegen wird international in Volunteering-Fachkreisen seit Jahren
mit dem Prinzip *collaboration* experimentiert und gearbeitet (1988
wurde dieses Konzept von mir vorgestellt und ausführlicher diskutiert). Nach Otto ist das Prinzip „Kollaboration" für das Zusammenwirken mit den Klientinnen und Klienten ebenso wichtig wie für das
Zusammenwirken mit den Angehörigen und dem sozialen Nahraum,
mit Ehrenamtlichen und mit Selbsthilfegruppen. Es bedeutet einen
Dauerprozeß des Abklärens gegenseitiger Stärken und Schwächen der
beteiligten Netzwerk-Partner; es bedeutet nicht das Verwischen von
Arbeitsteilung, Kompetenzen und Unterschieden. Aber diese Unterscheidung dient nicht einer weiteren Ausdifferenzierung arbeitsteili-
ger Hilfevollzüge, sondern setzt ein sinnvoll gestuftes und durchlässi-
ges System sozialer Hilfen voraus, das sich im Ineinanderverweben
beweist. Es geht dabei um ein dynamisches, kooperatives Modell der
Zusammenarbeit im Bewußtsein unterschiedlicher Zuständigkeiten,
Möglichkeiten und Leistungsbarrieren (vgl. Otto 1994: 5f.).

SCHLUSSFOLGERUNGEN

Das bestehende Spannungsverhältnis einer „Ist-Lage" zwischen
Hauptberuflichen und Volunteers in den Feldern der Sozialen Arbeit
und die hier anvisierte Aufgabe durch „Kollaboration" eine neue
„Soll-Lage" zu erreichen, lassen sich vereinfacht darstellen (siehe Abbildung 9, S. 262).

Ein konstruktives Ineinanderverweben der verschieden gelagerten
Handlungssysteme zur gegenseitigen Druck- und Spannungsminde-
rung kann allerdings nur im Rahmen einer verläßlichen Sozial- und
einer neuen Ordnungspolitik gelingen.

Professionelle im internationalen Bereich erkennen in wachsendem
Maße die Vorteile ihrer fachlichen Arbeit durch Volunteering, wenn

Abbildung 9: „Collaboration"

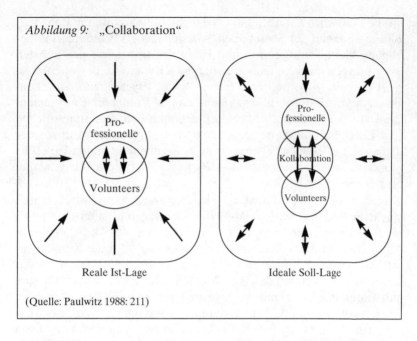

Reale Ist-Lage   Ideale Soll-Lage

(Quelle: Paulwitz 1988: 211)

diese Mitwirkung nicht als *hand maiden* (Handlanger/innen)-Tätigkeit vergeudet wird. Es geht um eine verknüpfte Partnerschaft mit interessiert-engagierten Menschen in eigener Verantwortungsbereitschaft. Sie möchten kollegial angenommen, konstruktiv begleitet und wertgeschätzt sein.

These 6: Das Volunteering in Deutschland könnte nach den Ergebnissen der Befragung von regelmäßig freiwillig und bürgerschaftlich Engagierten viel besser organisiert sein. Die eigenen Anstrengungen und Bemühungen werden nach diesen Angaben nicht immer geschätzt. Zum Mitwirken bereite Bürgerinnen und Bürger werden nicht unbedingt gefragt, was sie gerne möchten. Bei den einen sind es die hohen Erwartungen, die sie stören, bei den anderen ist es das hohe Ausmaß an persönlichem Zeitaufwand. Beim höchsten Prozentsatz (41%) der befragten Volunteers bleiben die Gründe dessen, was sie stört, im dunkeln. Hier ist weitere Forschung angesagt (siehe Abbildung 10).

HANDLUNGSBEDARF FÜR PROFESSIONALITÄT UND PRAXIS

Die Bereitschaft, sich persönlich für ein bestimmtes Anliegen mit eigener Zeitsouveränität und passenden Anreizen zu engagieren, liegt

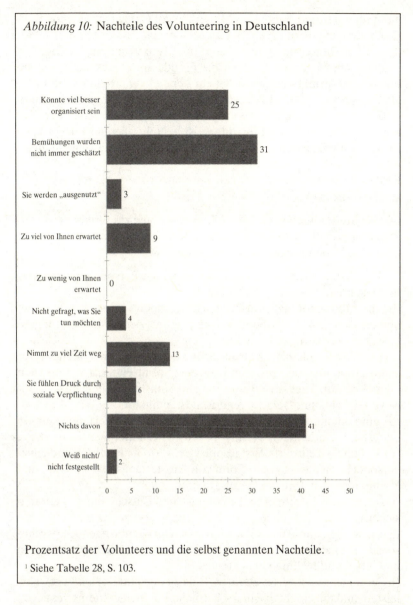

Abbildung 10: Nachteile des Volunteering in Deutschland[1]

Prozentsatz der Volunteers und die selbst genannten Nachteile.

[1] Siehe Tabelle 28, S. 103.

in der Bevölkerung weltweit zwischen 30 und 50 % (Paulwitz 1996b). In Deutschland liegt die Bereitschaft bei 44%. Viele Bürgerinnen und Bürger wissen allerdings nicht, wo und wie sie sich am besten einbringen können. Deshalb benötigt potentielles Volunteer-Engagement für ein frei zu wählendes Mitwirken vor Ort entsprechende Rahmenbedingungen, um Angebot und Nachfrage zu sondieren. Ziel ist, diesen Passungsvorgang (*matching*) mit „Initialzündung" so optimal wie möglich zu gestalten, damit die Freude an Volunteering wie ein Funke überspringt und möglichst ein Leben lang erhalten bleibt.

Hierfür gibt es in vielen Ländern ein systematisches Konzept mit Schlüsselaufgaben und Handlungsprinzipien (Paulwitz 1988). Jede Organisation, jedes Projekt, jede Einrichtung ist bemüht, dieses Konzept beim Zusammenwirken von Volunteers und Hauptberuflichen einzuhalten.

ERSTES BAUELEMENT FÜR EIN PERSONENBEZOGENES „MATCHING" MIT INITIALZÜNDUNG

Die Schlüsselaufgaben und Handlungsprinzipien zur Optimierung des Zusammenspiels zwischen Volunteer-Kompetenzen und hauptberuflichen Fachkompetenzen sind (Paulwitz 1994):

(a) Die Arbeitsvoraussetzungen des bezahlten Personals als *gate keeper* beachten;

(b) die Motivationsaspekte der nachfragenden und suchenden Volunteers zwischen „Dienst und Selbstbezug" als Anhaltspunkte für gute Passungs-Verhältnisse berücksichtigen;

(c) neue Wege gehen im Aufspüren und Gewinnen von Volunteers für einen „Tauschhandel" mit dem Angebot „Sozialzeit", z.B. in Form von Gemeinschaft, Tagesstrukturierung und Sinnstiftung gegenüber Langeweile/Nichtstun, Isolation und Randständigkeit;

(d) gute, kleine und konkrete Tätigkeitsprofile entwerfen (*good job design*) mit eindeutigen Trennschärfen zu bezahlter Berufsarbeit;

(e) Volunteer-zentrierte Erstgespräche (*face to face*) führen und dabei persönliche Bedarfslagen in Form von Ausstattungs-, Austausch-, und Kompetenzverhältnissen herausarbeiten;

(f) orientieren, informieren, Handlungs- und Entscheidungsspielraum sichern;

(g) auswählen und Auswahl treffen lassen; gewinnbringende „psychosoziale Einnahmen" in Form von ausgewogenen Wechselwirkungen im Geben und Nehmen beachten;

(h) Volunteer-zentriertes Beraten, Einarbeiten und Begleiten gewährleisten und in einem partnerschaftlichen Arbeitsbündnis festlegen („Kontrakt");

(i) Zeitvorgaben einhalten, Grenzen ziehen, Volunteers wieder gehen lassen.

(k) Volunteer-zentriertes Anerkennen und Ehren.

In vielen Ländern, die mir durch Arbeitsfeldstudien bekannt geworden sind, wird jede Organisation, die mit Volunteers zusammenwirken will, per Vertrag verpflichtet, einen/eine hauptamtliche(n) oder kompetente(n) Volunteer-Mitarbeiter/in zur Volunteer-Koordination einzusetzen und öffentlich bekanntzugeben. Diese Personalentscheidung gilt als ein wesentlicher Baustein für ein systematisches Zusammenspiel zwischen dem organisationsbezogenen Dienstleistungssektor und den sogenannten Volunteer-Büros als „Clearing-Stellen" und Vermittlungsinstanzen für potentielle Volunteers. Solche Volunteer-Clearing-Agenturen arbeiten überkonfessionell, überparteilich und nicht ausschliessend. Clearing-Stellen müssen auf sehr unterschiedliche Lebenslagen, Lebensbedingungen und Lebensstile potentieller Volunteer-Bewerber eingestellt und ausgerichtet sein. Zum Beispiel haben Schüler/innen andere „Tauschwünsche" als Berufstätige; Familienmütter/-väter andere als Singles; Ausländer/innen andere als Inländer/innen; Arbeitslose andere als Rentner/innen und Senioren/innen; Menschen mit physischen, psychischen und sozialen Handicaps andere als Gutsituierte.

Clearing-Agenturen sind zentral gelegen und leicht erreichbar. Sie arbeiten mit niedrigen Zugangsschwellen und einladenden Öffnungszeiten. Sie werden häufig von einem Beirat unterstützt und begleitet. Dieser ist paritätisch mit Volunteers und Professionellen der Kommune, der Kirchen, der Verbände und Vereine, der Schulen und Ausbildungsstätten, aus Betrieben, Firmen und Medien besetzt – kurz: mit kompetenten Verbündeten für Angelegenheiten des Volunteering aus der Region.

International hat sich die infrastrukturelle Rahmenkonstruktion „Volunteer-Büro als Clearing-Agentur für Volunteering" bewährt und ist dabei, sich konzeptionell weltweit durchzusetzen. In solchen Agenturen für freiwilliges und bürgerschaftliches Engagement – oder Kontaktbüros und Mitmachbörsen (KOMIT-Börsen) – sind in Ländern um Deutschland herum spezialisierte Hauptberufliche in der Geschäftsführung tätig (eine Leitungsaufgabe als besondere Chance für Frauen). Sie besitzen Fachkenntnisse in Gemeinwesenentwicklung und Sozialplanung, sind mit der Erwachsenenbildung und dem Journalismus vertraut. Bei guter Einführung und fachlicher Begleitung ist partnerschaftliches Mitwirken durch engagementerfahrene Bürgerinnen und Bürger im Leitungsteam äußerst interessant und wirkungsvoll. Sie sind das beste Aushängeschild für eine Volunteer-Werbung vor Ort. Solche Volunteering-Förderagenturen könnten mit „Sozial-Reisebüros" verglichen werden.

ZWEITES BAUELEMENT FÜR ORGANISATORISCHES „MATCHING"
IN EINER VOLUNTEER-CLEARING-AGENTUR

Die Schlüsselaufgaben und Arbeitsprinzipien zur Optimierung des Zusammenspiels zwischen Organisationen und Volunteering lauten wie folgt:

Die Mitarbeiter/innen-Teams in einem Volunteer-Büro
(a) erstellen Programmleitsätze in Abgrenzung zu bezahlter Arbeit vor Ort,
(b) erarbeiten Kooperations- und Koordinationsverträge für alle interessierten Einrichtungen,
(c) beraten Hauptberufliche und leitende Volunteers beim Entwerfen und Beschreiben einzelner Tätigkeitsprofile (*good job designs*) für bürgerschaftliches Engagement,
(d) informieren öffentlich und medienwirksam über Volunteer-zentrierte Mitwirkungsangebote auf Zeit,
(e) führen Einzel- und Gruppengespräche mit Menschen aller Altersstufen, die sich von dem „Markt der Tauschmöglichkeiten" ein Bild machen wollen,
(f) laden potentielle Volunteers ein zu klärender Beratung zwischen Mitwirkungswünschen und vorhandenen Angeboten,
(g) vermitteln zwischen eigenen Vorstellungen der Volunteers, den Angebotsbedingungen und Grenzen der Organisationen,
(h) bestehen auf präzisen Zeitvorgaben, auf einer Arbeitsplatzgestaltung und auf einem strikten Einhalten von gegenseitigen Rechten und Pflichten,
(i) orientieren sich regelmäßig mit Besuchen vor Ort über das Wohlbefinden aller Vertragspartner/innen,
(k) bieten Fort- und Weiterbildungsveranstaltungen für Beteiligte und Interessierte an,
(l) organisieren regelmäßige Öffentlichkeitsarbeit und Medienberichterstattung über Volunteer-Angelegenheiten,
(m) werben in Schulen, beruflichen Ausbildungsstätten, Firmen und Betrieben für freiwilliges und bürgerschaftliches Engagement, z. B. statt Klassenarbeiten soziale Projekte, Gesellen- und Meisterstücke als Geschenk für kommunale Zwecke, firmeneigene Vorruhestandsprogramme zur Wegbereitung in Gemeinwesenaufgaben,
(n) initiieren Sozialsponsoring in der Region als einen Weg für Industrie und Gewerbe, sich am lokalen Wohlbefinden ihrer Arbeitnehmer/innen aktiv zu beteiligen – sei es durch Freistellung für das

Volunteering unter Fortzahlung der Bezüge oder durch Benutzung firmeneigener Arbeitsmittel u.ä.,

(o) sorgen mit Phantasie und Kreativität für Ehrungen von Menschen, die sich mittels Volunteering im Gemeinwesen „verschenkt" haben,

(p) beenden das Engagement, wenn im Bündnissystem der Beteiligten Schaden droht,

(q) führen Statistik und publizieren die durch Volunteers „erwirtschafteten" Arbeitsergebnisse – in Form einer jährlichen Volunteer-Berichterstattung in der Region, landesweit und zusammengefaßt auf nationaler Ebene.

SCHLUSSBEMERKUNGEN

Mit unserem traditionellen, unübersichtlichen Volunteering-Vorgehen in Deutschland wird die Mitwirkungsbereitschaft in der Bevölkerung nicht geehrt, eher vernachlässigt und abgewertet. Dieser Weg ist schädlich. Er verhindert die Entwicklung von dringend notwendigen Lehr-/Lernmodellen für Geben und Nehmen, für Teilhabe und Beteiligung, für eine soziale Kultur der gegenseitigen Verantwortung im Generationenvertrag.

Weitere Forschungsfragen für Theorie- und Praxisentwicklungen stehen an: Wie kommen wir zu einer arbeitsteiligen Rückgewinnung des Sozialen zwischen Bürger/innen-Kompetenz und Professionalität? Tragen die Hauptberuflichen und Experten/innen des Sozialen sogar zu einer „Handlungsentmündigung und Kompetenzberaubung" der Mitmenschen bei? Wie gelingt es, mehr aktivierendes Wissen und mehr Anreize zum Selbsthandeln auf die „Konten" der Suchenden bis passiv gewordenen Bürgerinnen und Bürgern „zu buchen" (siehe Freire 1971)?

Die Eurovol-Studie ist ein erster Schritt zu einer zeitgemäßen Volunteer-Bestandsaufnahme mit Wegweisungen in ein noch wenig gebahntes Gelände. In Deutschland fehlt es vor allem an einer durchgängig anerkannten Kultur der Verknüpfung und des Ineinanderverwebens von formellen und informellen, sozial arbeitenden Handlungssystemen.

Literatur

Adamsen, L./Habermann, U. (1995): Self-help groups in Denmark developed in the concept of a Welfare State. Center for frivilligt socialt arbejde. Odense/Dänemark

Anker, J. (1995): De frivillige sociale organisationer (mit englischer Zusammenfassung). Social Forsknings Instituttet. Köbenhavn/Dänemark

Anker, J./Koch Nielsen, I. (1995): Det frivillige arbejde (mit englischer Zusammenfassung), Social Forsknings Instituttet. Köbenhavn/Dänemark

Barker, D./Halman, L./Vloet, A. (1992): The European Values Study 1981-1990. Gordon Cook Foundation. London/England

Barrie, G. (1994): Social Justice, Strategies for National Renewal: The Report of The Commission on Social Justice. London/ Vintage/England

Bechmann, D. (1995): Bénévolat et Association. Données Quantitatives, Etude Eurovol. Centre d'Etude des Solidarités Sociales, Université de Paris 8 à Saint-Denis, UFR 8, Frankreich

Bundesminister für Jugend, Familie, Frauen und Gesundheit (1990): Achter Jugendbericht. Bericht über Bestrebungen und Leistungen der Jugendhilfe. Bonn

Bútorová, Z./Daniel, D.P. (Hrsg.) (1995): Nonprofit Sector and Volunteering in Slowakia. SAIA-SCTS a FOCUS Slovak Academic Information Agency – Service Center for the Third Sector. Bratislava/Slowakia

Community Development Foundation (1995): For Love or money. Local communities and world social policy. A full analysis of the UN Summit from the viewpoint of the community sector.

Deutsche Gesellschaft für Sozialabeit und Ministerium für Arbeit, Gesundheit und Sozialordnung Baden-Württemberg (1995): Bürgerschaftliches Engagement, Abschlußerklärung. Erster Kongreß, 2.-4. November. Stuttgart

European Seminar Bristol (1990): The Decade Ahead, involving older Volunteers in Community Care, Education and Health. RSVP (Retired and Senior Volunteer Programme) and Volonteurope. CSV (Community Service Volunteers), People for People. London/England.

European Volunteer Centre (1996): 5 december 1995. European Day on Volunteering. Final Reports, Brussels, Belgium. Edition: Kind's Community Partnership for Nederlandse Organisation Vrijwilligerswerk. Utrecht/Holland

Ferrand-Bechmann, D. (1992): Bénévolat et Solidarité. Paris/Frankreich

Freire, P. (1971): Pädagogik der Unterdrückten. Bildung als Praxis der Freiheit. Stuttgart

Gaskin, K., Smith, D.J. (1995): A new civic europe? A Study of the Extent and Role of Volunteering (The Eurovol-Study). The Volunteer Centre UK. London/England

Habermann, U. (1993): Folkelighed of frivilligt arbejde (mit englischer Zusammenfassung). Köbenhavn/Dänemark

Home Office (1990): Profiting from Partnership: Efficiency Scrutiny of Government Funding of the Voluntary Sector. London, HMSO/England

Home Office (1992): The Individual and the Community: The Role of the Voluntary Sector. London, HMSO/England

Igl, G. (1994): Rechtsfragen des freiwilligen sozialen Engagements – Rahmenbedingungen und Handlungsbedarf. Gutachten im Auftrag des Bundesministeriums für Familie und Senioren, Band 26, Schriftenreihe. Stuttgart/Berlin/Köln

Jakob, G. (1993): Zwischen Dienst und Selbstbezug. Eine biographieanalytische Untersuchung ehrenamtlichen Engagements. Opladen

Jeppsson Grassman, E. (1993): Frivilliga insatser i Sverige – en befolkningsstudie (Voluntary work in Sweden – a national survey). In Frivilligt socialt arbete Kartläggning och kunskapsöversikt. SOU 1993:82. Stockholm: Socialdepartementet/Schweden

Jeppsson Grassman, E. (1994): Third Age Volunteering in Sweden. Sköndals institutes skriftserie, nr. 2. Hrsg.: Sköndal Institute Research Group. Schweden

Košt'álová, K. (1995): Non-governmental nonprofit sector in Slovakia, Bratislava, SAIA, manuscript, Slowakia

Košt'álová, K. (1995): Services for Non-governmental Organisations. Paper for the Third Stupava Conference Nonprofit, May 1995, SAIA, Bratislava/Slowakia

Labour Party (1992): Building Bridges – Labour and the Voluntary Sector, London/England

Lewin, K. (1963): Feldtheorie in der Sozialwissenschaft. Bern

Lynn, P., Smith, J.D. (1992): The 1991 national survey of voluntary activity in the UK. The Volunteer Centre UK. London/England

Maslow, A. (1981): Motivation und Persönlichkeit. Reinbeck bei Hamburg

Müller, S./Rauschenbach, Th.(Hrsg) (1988): Das Soziale Ehrenamt. Nützliche Arbeit zum Nulltarif. Weinheim/München

Nolte, C. (1995): Das Ehrenamt in der sozialen Arbeit – Herausforderungen und Perspektiven. Rede der Bundesministerin für Familie, Frauen und Jugend bei der Veranstaltung des Deutschen Vereins und des Bundesministeriums zum Tag des Ehrenamtes am 4. Dezember in Königswinter. Pressemitteilung. Bonn

Olk, Th. (1991): Ehrenamtliche Arbeit in England. Freiburg

Ottawa-Charta zur Gesundheitsförderung (1986) in: Hildebrand, H.: Neue Brücken-Instanzen für Gesundheitsförderung. Werkstatt Gesundheit, Hamburg

Otto, U. (1994): Freiwillige Tätigkeit statt selbstlosem Dienst für andere? Perspektiven des verbandlichen Ehrenamtes zwischen Ködern, Überreden und Ernstnehmen des Selbstbezuges. Vortrag auf der Klausurtagung der Hauptgeschäftsstelle des Diakonischen Werkes der EKD am 13. 4. 94 in Beutelsbach

Paulwitz, I. (1988): Freiwillige in sozialen Diensten. Volunteers und Professionelle im Wohlfahrtssektor der USA. Weinheim/München

Paulwitz, I. (1990): Die Bedeutung des Ehrenamtes in anderen Ländern – ein überlegenswertes Modell für eine neue Sozialarbeit, in: Universitätsstadt Tübingen, Frauenbeauftragte 1992: Ehrenamt – Amt ohne Ehre? Ehrenamtliche Arbeit von Frauen im sozialen Bereich. Dokumentation einer Veranstaltungsreihe im November 1990 in Tübingen, S.61-82

Paulwitz, I. (1994a): Entwicklung von neuen, infrastrukturellen Rahmenbedingungen zur Qualifizierung des Zusammenwirkens von sozialem Bürgerengagement und professiellen Dienstleistungen – ein Vergleich zwischen In- und Ausland, in: Evangelische Akademie Bad Boll (Hrsg): Kommunale Sozial- und Gesundheitsdienste angesichts leerer Kassen. Dokumentation einer Tagung vom 20.-22.April, S. 93-106

Paulwitz, I. (1994b): Review of Government Policy on Volunteering in Germany. Unveröffentlichtes Manuskript. Reutlingen

Paulwitz, I. (1996a): Wem gebührt die Ehre? Ehrenamtliche Arbeit im Vergleich zu anderen Ländern, in: Caritas (1996), Zeitschrift für Caritasarbeit und Caritaswissenschaft, Heft 5, S. 226-232

Paulwitz, I. (1996b): Stichwort „Volunteer", in: Maier H. (Hrsg.) (1996): Handbuch für Ehrenamtliche in der sozialen Arbeit.
Band 1: Organisation, Recht, Kooperation, Freiburg

Robert Bosch Stiftung (1994): Bericht 1992-1993, Stuttgart

Robert Bosch Stiftung: Aktiv und gemeinsam. Soziale Bürgerinitiative in den neuen Bundesländern. Förderungsprogramm der Robert Bosch Stiftung Stuttgart, ohne Datum

Rönsch, H. (1994): Rede der Bundesministerin für Familie und Senioren anläßlich des Deutschen Seniorentages am 10.6.94 in Wiesbaden. Pressereferat. Bonn

Ruddle, H./Donoghue, F. (1993/1995): Reaching Out. Charitable Giving and Volunteering in the Republic of Irland. Published by Policy Research Centre (PRC). Dublin/Republik Irland

Ruddle, H./Donoghue, F. (1995): The Organisation of Volunteering. A Study of Irish Voluntary Organisations in the Social Welfare Area. Published by Policy Research Centre, NCIR (The National College of Industrial Relations Limited). Dublin/Republik Irland

Salamon, L./Anheier, H. (1994): The Emerging Sector: The nonprofit sector in comparative perspective – An overview. Institute for Policy Studies, The John Hopkins University. Baltimore/Maryland/USA

Schindler-Rainman, E. (1987): The Creative Volunteer Community – A Collection of Writings. Vancouver Volunteer Centre, Canada

Smith, I. D. (ed.) (1993): Volunteering in Europe. Opportunities and challenges for the 90s. The Volunteer Centre UK. Second Series Paper No. 4, London/England

Smith, I. D. (1995): The Voluntary Tradition: Philanthropy and Self-Help in Britain, 1500-1945; in: Smith, D.J./Rochester, C./Hedley, R.: An Introduction to the Voluntary Sector. London: Routledge/England

Svedberg, L./Jeppson Grassman, E. (1995): Some Notes on Policy Concerning the Voluntary Sector in Sweden. The Sköndal Institute Stockholm/Schweden

Svedberg, L. (1995): Voluntary Work in Sweden – An Introduction. Unveröffentlichtes Manuskript, Europäischer Volunteer Kongreß, 3.-6. September. Stockholm/Schweden

The Danish Volunteer Centre, The Danish Council on Social Welfare, The Danish National Institute of Social Research (1995): Voluntary Action in Denmark. Socialpolitisk Forlag. Copenhagen/Dänemark.

The Sköndal Institute (1995): Research on Voluntary Social Work at the Sköndal Institute. Stockholm/Schweden

Universal Declaration on Volunteering 14.9.1990: in: IAVE 1995, International Association for Volunteer Effort. Linking Volunteers around the world. Membership Directory. IAVE Secretariat, Sydney/Australien

Wendt, W.R. (1982): Ökologie und soziale Arbeit. Stuttgart

Wienand, M. (1988): The Social System and Social Work in the Federal Republic of Germany. Deutscher Verein für öffentliche und private Fürsorge. Frankfurt a.M.

Wilson, M. ([7]1981): The Effective Management of Volunteer Programs. Volunteer Management Associates. Boulder/Colorado/USA

Adressen von Anlauf- und Vermittlungsstellen

International Association for Volunteer Effort (IAVE)
Linking Volunteers around the World
Präsidentin Margaret Bell
IAVE Secretariat
GOP Box 4427
Sydney NSW 2001, Australien

Kenn Allen (gewählter IAVE-Präsident ab Herbst 1996)
Points of Light Foundation
1737 H Street NW
Washington, DC 20006, USA

IAVE Treasure, Board of Directors
c/o Heidi Thoenen
Buendackerstr. 134
CH-3047 Bremgarten-Bern

IAVE Regional Director Europe
Centre Européen du Volontariat/European Volunteer
Centre CEV/ECV
Präsidentin Monique Verstraeten
11, Rue Royale
B-1000 Brüssel

Third Sector Training Network
83, Rue du Prince Royal
B-1050 Brüssel

Belgien

Association pour le Volontariat
c/o Anne Verbeek, Marie-Thérèse Bregentzer
11, Rue Royale
B-1000 Brüssel

Platform voor Voluntariaat
Marie-Josélaan 57
B-2600 Berchem

Bulgarien

Prof. Leerstelle Dr. Stefan Ivanov Dontchev
Centre of Research of the Change in Eastern Europe
nl. Alabin No.28 et.3
1000 Sofia

Académie Médicale Sofia
c/o Christo Christozor, Ludmila Marinova
24, Rue Krivolak
1421 Sofia

Dänemark

Center for frivilligt socialt arbejde
(The Volunteer Centre in Denmark)
Ulla Habermann, Direktorin
Kontaktudvalget til det frivillige sociale arbejde
Vestergade 38,1
5000 Odense C

Deutschland

Treffpunkt Hilfsbereitschaft Berlin
C. Schaaf-Derichs, Geschäftsführung
Märkisches Ufer 28
10179 Berlin

Das Freiwilligenzentrum
Ansprechpartner: Erich Sass & Brigitte Christiansen
Steinstr. 48
44147 Dortmund

Die Freiwilligenagentur Bremen, ein Projekt im
Sozialen Friedensdienst Bremen e.V.
Ansprechpartner: H. Jannig
Dammweg 18-20
28211 Bremen

Großbritannien

The Volunteer Centre UK, Carriage Row
183 Eversholt Street
London NW1 1BU

National Association of Volunteer Bureaux (NAVB)
Helen Reeve, Director
New Oxford House
Birmingham B2 5UG

Community Service Volunteers (CSV)
Elisabeth Hoodless, Direktorin von Volonteurope
237 Pentonville Road
London N1 9NJ

The Prince's Trust Volunteers: Developing young people
through teamwork in the community
8 Jockey's Fields
London WC/R 4BW

Volunteer Development Scotland
The National Centre for Volunteering in Scotland
Liz Burns, Director
80 Murray Place
Stirling FK8 2BX

Republik Irland

Carmichael Centre for Voluntary Groups
Carmichael House
North Brunswick Street
Dublin 7

Nordirland

Voluntary Service Belfast
Wendy and Bill Osborne
70-72 Lisburn Road
Belfast BT9 6AF

The Northern Ireland Volunteer Development Agency
Annsgate House,
70-74 Ann Street,
Belfast BT1 4EH

Finnland

The Citizen Forum/Kansalaisareena ry
Käenkuja 3-5 N, 6th floor
Fin-00500 Helsinki

The Evangelical Lutheran Church of Finland
Division of Diacon and Society
Mr. Seppo Lusikka
Satamakatu 11A
SF-00161 Helsinki

The Finnish Federation for Social Welfare
Mr. Yrjö Laasanen
Kotkankatu 9
SF-00510 Helsinki

Frankreich

Centre National du Volontariat
Jacqueline Cousté, IAVE-Vice President
127, rue Falguière
F-75015 Paris

Griechenland

Voluntary Work Thessaloniki
Ethelontiki Ergasia Thes/niki
Marathonos 11
56121 Ampelokipi
Thessaloniki

Niederlande

Nederlandse Organisaties Vrijwilligerswerk (NOV)
Dr. Theo van Loon, Director
Post-office box 2877
Plompetorengracht 15a
3500 GW Utrecht

Kinds' Community Partnerships
Distelvink 69/7827
DC Emmen

Gilde Amsterdam,
Hartenstraat 18,
1016 CB Amsterdam

Israel

Center for Voluntarism in Israel (CVI)
Att. Dr. Baruch Levi
P.O.Box 20428
Tel Aviv 67012

Israel Volunteer Association (IVSA)
Att. Mirjam Mayer
P.O.Box 7480
Jerusalem 91703

Italien

Centro Nazionale Per Il Volontariato
Via Alfredo Catalani 158
55100 Lucca

Fondazione Italiana Per Il Volontario
c/o Dr. Stefania Mancini
39, Via Nazionale
00184 Roma

Lettland

International Exchange Center
c/o Edward Geller
POBox 151
226080 Riga

Litauen

Lituanian Red Cross
Gedimino ave 34
Vilnius

Norwegen

FRISAM – The Norwegian Centre for Voluntary Work
c/o Mr.Terje Skjeldam and Mr.Björn Tore Österaas
Postboks 8135 Dep.
N-0033 Oslo

Österreich

Europäisches Zentrum für Wohlfahrtspolitik und Sozialforschung
Charlotte Strümpel
Berggasse 17
A-1090 Wien

Katholische Frauenbewegung Österreichs
Margarete Artner
Spiegelgasse 2/II
A-1010 Wien

Polen

BORIS Support Office for Self-Help Initiative
ul. Nowo Lipie 25B
PL-011-011 Warzawa

Portugal

Associacao do Hospital
c/o Maria Pia, Manuela Almeida
Rua da Boavista 713
P-4000 Porto
Tel: 351-295-20-668, Fax: 351-202-65-18

Ligo Portuguesa centra O Cancro Nucleo Regional do Sul
Att: Dr. Martens, Barbara Ferreira, Rua Professor Lima Baso
Lisbon Codex 1093
Tel: 351-172-633-63, Fax: 351-172-640-99

Rumänien

Associata Handicapati Fizie
c/o Monica Stanciu
Str. Gral Haralamble Nr. 30
75208 Bucarest

Rußland

Centre du Volontariat
Mr. Youri Permiakov
4-1 Slavianskja Sq.
RU-103715 Moskau

Association Nationale des Volontaires
Mme. Marica Livitschi
Bd Stefan cel Mare nr. 105
MD-277073 Chisinau

Rehabilitation of Handicapped
Ukrainian Fund
LVIV Regional Council
c/o Galina Tupailo
St Puluya 2/107
290071 Lviv

Schweden

The Swedish National Forum for Social Voluntary Work
c/o Gunilla Wirmark. Kicki Obsson
Box 49005
Igeldammsgatan 22
S-100 Stockholm

Schweiz

Action Bénévole
c/o Marie Chantal Collaud, Claire-Lise Gerber
Maupas 49
CH-10004 Lausanne

United Nations Volunteers
Palais des Nations
CH-1211 Genf 10

Slowakei

Slovak Academic Information Agency
Service Center for the Third Sector
– SAIA-SCTS –
c/o David Daniels, Katarina Košt'á lová
Hviezdoslavovo nám. 14
POBox 108
81000 Bratislava 1

Slovak Humanitarian Council
Att: Blazej Slaby, Eva Lysicanová
Blumentalska 19
Bratislava 81613

Spanien

Plataforma para la Promoción
del Voluntariado en España
Ricardo Alba Benayas
Avda Federico Rubio y Gali 84
E-28040 Madrid

Federatio Catalana de Voluntariat Social
Grasso 3-2
E-08025 Barcelona

IAVE, Youth Representation Europe Region
Anna Cornudella
C/Asturies 83, 2-3
E-08024 Barcelona

Ungarn

Autonomia Alapituany
c/o Andreas Biro
Folyoka U20
02 Budapest

Die Robert Bosch Stiftung

Die Robert Bosch Stiftung GmbH verkörpert innerhalb der Verfassung des Hauses Bosch die gemeinnützigen und sozialen Bestrebungen des Stifters Robert Bosch (1861 – 1942). Sie wurde 1964 gegründet und gehört seitdem zu den großen Industriestiftungen in Deutschland. Rund 92 Prozent des Stammkapitals der Robert Bosch GmbH befinden sich im Besitz der Robert Bosch Stiftung GmbH, die ausschließlich und unmittelbar gemeinnützige Zwecke verfolgt.

Die Dividende der Robert Bosch GmbH fließt der Robert Bosch Stiftung GmbH anteilig zu. Im Jahre 1995 wurden 53,7 Mio. DM für Fördervorhaben eingesetzt.

Die Robert Bosch Stiftung fördert vor allem Gesundheitspflege, Völkerverständigung, Wohlfahrtspflege, Bildung und Erziehung, Kunst und Kultur sowie Geistes-, Sozial- und Naturwissenschaften.

In ihrem Förderungsprogramm „Soziale Bürgerinitiative in den neuen Bundesländern" unterstützt die Robert Bosch Stiftung bürgerschaftliche Initiative, Selbsthilfe und ehrenamtliches Engagement im sozialen Bereich.

ROBERT BOSCH STIFTUNG

Robert Bosch Stiftung GmbH
Heidehofstraße 31
70184 Stuttgart

Postanschrift:
Postfach 10 06 28
70005 Stuttgart

Telefon   (07 11) 46 08 40
Telefax   (07 11) 46 20 86